WALTER SEGER

DIE JÜDISCHEN BEWOHNER IN ZEPERNICK 1933 - 1945

PANKETALER GESCHICHTSVEREIN „HEIMATHAUS" E.V.

WALTER SEGER

DIE JÜDISCHEN BEWOHNER IN ZEPERNICK 1933 - 1945

PANKETALER GESCHICHTSVEREIN
„HEIMATHAUS" E.V.

Bibliografische Information der Deutschen Nationalbibliothek:
Die Deutsche Nationalbibliothek verzeichnet diese Publikation in der Deutschen
Nationalbibliografie; detaillierte bibliografische Daten sind im Internet über
http://dnb.dnb.de abrufbar.

Satz: BOSCA Wandlitz

Coverdesign: Hintergrund: KostenloseFotos.net,
                Foto Vorderseite: Wilhelm Dunckert, Eigentum des Panketaler
                Geschichtsvereins „Heimathaus" e.V.
                Entwurf: Nadine Muth, Heidrun Bünsche und
                BOSCA Wandlitz

Herstellung: BoD - Books on Demand, Norderstedt
ISBN: 9 783 752 644 487

Inhaltsverzeichnis

Vorwort

Diese Arbeit hat das Ziel, die historischen Ereignisse aus der Zeit vor 1945 in Zepernick, soweit sie den Holocaust betreffen, zu erzählen. In der Erzählung sollen die Einzelschicksale, soweit bekannt und erforscht, hervortreten, und nicht in der Anonymität der Geschichte der Verfolgung und Vernichtung der Juden in den Jahren 1933 bis 1945 verschwinden. Bei diesem Vorhaben gilt es, die besondere Beziehung der Verbrechen der Täter, die Haltung der seinerzeitigen Gesellschaft sowie die Reflexe der Opfer als miteinander verbunden zu betrachten. Eine solche auf breiter Basis angelegte Betrachtungsweise erst macht es möglich, die Tragweite, das Ausmaß und die enorme Entfaltung dieser Verbrechen deutlich zu machen.

Der in der Mitte der 1980er Jahre in der Bundesrepublik Deutschland geführte „Historikerstreit" war Anlass zu einem sehr kontrovers geführten Diskurs durch das Aufeinandertreffen der unterschiedlichen Meinungen namhafter Historiker. Einerseits wurde geäußert, der Holocaust sei in der Geschichte nicht einzigartig, sondern vergleichbar mit den stalinistischen Terrorakten. Jürgen Habermas befürchtete, dass ein solches Geschichtsbild die historischen Ereignisse verfälschen könnte. Ein Höhepunkt dieses die gesamte Bundesrepublik erfassenden Streites bildete der vielbeachtete Briefwechsel zwischen dem Direktor des Münchner Instituts für Zeitgeschichte Martin Broszat und Saul Friedländer über die „Historisierung des Nationalsozialismus".

Broszat: *„[...] die Wahrnehmung dieser Vergangenheit durch die jüdischen Überlebenden und ihre Nachkommen sei zwar zu respektieren, jedoch als eine «mythische Erinnerung», als eine subjektive Version ihrer Erfahrungen aufzufassen, die einer «rationalen deutschen Geschichtsschreibung ein vergröbertes Hindernis in den Weg legten», da diese Geschichtsschreibung auf einer wissenschaftlichen, leidenschaftslosen Analyse der Fakten beruhe. Insbesondere neigten die Opfer infolge ihrer Befangenheit dazu, den verbrecherischen Charakter des nationalsozialistischen Regimes in den Mittelpunkt zu stellen und somit als einen Faktor zu betrachten, der die gesamte Geschichte des Dritten Reiches definiere. [...] die Jahre des Nationalsozialismus sollten ebenso* *behandelt werden wie jede andere «normale» historische Epoche. Anstatt sie aus der Rückschau, ausgehend von der «Endlösung der Judenfrage» zu analysieren, sollte man die Geschichte des Dritten Reiches, «wie das der historischen Methode entspricht, nach vorwärts ... entfalten». Übrigens sei die Endlösung, [...] gerade dadurch möglich gemacht worden, dass man sie systematisch vor der deutschen Bevölkerung geheim hielt und diese die organisierte Vernichtung bestimmter Bevölkerungsteile erst kurz vor Kriegsende wahrnahm; der Mangel an Kenntnis von den schlimmsten Verbrechen des Regimes habe es möglich gemacht, dass die überwiegende Mehrheit der Deutschen weiterhin ein normales Alltagsleben führte.[...]"* [1]

Diese Deutung von Broszat will Friedländer nicht übernehmen und weist darauf hin, dass dem Alltagsleben im Dritten Reich vor dem Einsetzen der «Endlösung» im Spätherbst 1941, keine Normalität zugebilligt werden kann. Man denke an die außerordentliche Wirkung der allgegenwärtigen antijüdischen Propaganda auf die «Volksgemeinschaft».

Friedländer: *„[...] Es habe klare Erkenntnisse über die offene Verfolgung der Juden und anderer Gruppen vor Kriegsbeginn gegeben und die deutsche Bevölkerung habe schon früh Kenntnis von den Verbrechen des Regimes, speziell von den Massenmorden — und seit 1942 dann auch von der totalen Vernichtung — gehabt, das sei im allgemeinen stillschweigend hingenommen, häufig auch komplizenhaft unterstützt worden.[...]"* [2]

Wenn man sich dem Holocaust nähern will, so ist es nach Auffassung des Verfassers wichtig, den Stimmen der Opfer ein übergeordnetes Gewicht beizumessen. Diese Stimmen, nicht zu verwechseln mit fehlbaren Memoiren, entspringen der unmittelbaren Wahrnehmung. Es gab viele glaubhafte Zeitzeugen, die Tagebücher und Briefe geschrieben haben. Diese Aufzeichnungen erlauben einen unverstellten Blick auf das tatsächliche Geschehen. Sie geben uns Gewissheit, wo wir zuvor nur Ahnungen hatten. An solchen Stellen wird die wissenschaftliche Distanz und die Sicht «auf das Ganze» schmerzlich durchbrochen. Die persönlichen Aufzeichnungen gestatten dem interessierten Leser einen klaren Blick auf die Ereignisse. Diese Herangehensweise ist leider in den letzten Jahren zunehmend verloren gegangen. In der Geschichtsschreibung legte man verstärkt den Fokus auf die abstrakten Strukturen und die Darstellung einer blindwütigen bürokratischen Dynamik der NS-Verfolgung und des Holocaust. Das Verhalten der Opfer zum Fortschritt des Tötungsprozesses war immer wieder Anlass zu weitreichenden Überlegungen und Diskussionen. Möglicherweise kann die Lektüre von Tagebüchern und Briefen beispielhaft zeigen, dass in ganz Europa die Bevölkerung nach und nach über die Vernichtung der Juden informiert war. Bezeichnenderweise wussten die Opfer selbst, mit Ausnahme einer kleinen Minderheit, nicht, was tatsächlich hinsichtlich ihres schrecklichen Schicksals geplant war. Die Juden in West- und Mitteleuropa waren nicht in der Lage, aus den ihnen verfügbaren Informationen ein Gesamtbild zusammenzusetzen. Im Osten glaubte die jüdische Bevölkerung überwiegend nicht den detaillierten Berichten, die in ihre gegen die Außenwelt verschlossenen Kreise gelangten.

Dass die Juden die Lage nicht erkannten, sich vielerorts weigerten, das Schicksal zu begreifen, das sie erwartete, ist von historischer Bedeutung; diese Tatsache erklärt zumindest zu einem Teil ihre erschütternde «Passivität», die viel zum reibungslosen Verlauf der Deportationen und der Vernichtung fast eines ganzen Volkes beitrug. Hinzu kamen die perfiden Taktiken der Nationalsozialisten zur Verschleierung des Vernichtungsprozesses gegenüber den Opfern.

In der aktuellen Darstellung der jüngeren deutschen Geschichte gibt es Strömungen, die versuchen, den Genozid an den Juden als Maßnahme der Nationalsozialisten zu interpretieren, die dazu dienen sollte, überzählige Bevölkerungsteile (neben den Juden gab es noch weitere verfolgte Bevölkerungsgruppen) zu dezimieren, damit in Europa wieder ein ökonomisches und demographisches Gleichgewicht herrschen könnte. Die «Endlösung» wurde in diesem Kontext als Korrektiv zu einer umfassenden ethnischen Neuordnung durch Dezimierung erklärt. Es sollte damit Hitlers Ziel «Lebensraum im Osten schaffen», erreicht werden. Zudem wurde die im Laufe der Schreckensherrschaft perfektionierte Ausplünderung der Juden mit ökonomischen Zwängen begründet. Die deutsche Bevölkerung sollte finanziell von den Kosten des Krieges, wenigstens teilweise entlastet werden.

Friedländer allerdings war überzeugt davon, dass die Nationalsozialisten in der Vernichtung der Juden ihr Hauptziel sahen. Dass dadurch der gesamte Besitz der Juden Europas dem Deutschen Reich zugeschlagen wurde, war eine willkommene Folge des Vorgehens. Warum sonst hätte Hitler im Herbst 1943 persönlich beschlossen, mit der Deportation der Juden in Dänemark ebenso wie in Rom ernst zu machen, obgleich dies mit erheblichen Risiken verbunden war (in Dänemark konnte es zu Unruhen kommen, und in Rom bestand die Möglichkeit, dass der Papst öffentlich Protest einlegte), zumal beide Operationen keinerlei Gewinn einbrachten? Genauso wenig dringlich wie gewinneinbringend war die Deportation der armen jüdischen Gemeinden von den griechischen Inseln in der Ägäis im Sommer 1944. Warum wurden drei Wochen vor der Befreiung von Paris noch Hunderte jüdischer Kinder deportiert?

Diese antijüdischen Zwangshandlungen wurden zum Selbstbild des nationalsozialistischen Regimes, es war sozusagen symptomatisch. Die Erbarmungslosigkeit und das mörderische Handeln bis zum letzten Augenblick kann nur erklärt werden, wenn man die Person Hitler in den Mittelpunkt stellt. Von seinem ersten ausführlichen Brief vom 16.09.1919 bis zu seinem politischen Testament, geschrieben am Vorabend seines Selbstmordes in der Reichskanzlei in Berlin, sogar bis zu dessen allerletzter Zeile, stand der Hass auf Juden und deren Vernichtung im absoluten Mittelpunkt seines Glaubens und der Ideologie dieses selbsternannten bestialischen „Führers", der einen bisher nicht dagewesenen, auf grausamste Weise geführten Krieg zu verantworten hatte.

Am 16.09.1919 schrieb Hitler:

„[...] Und daraus ergibt sich folgendes: Der Antisemitismus aus rein gefühlsmäßigen Gründen wird seinen letzten Ausdruck finden in der Form von Progromen [sic]. Der Antisemitismus der Vernunft jedoch muß führen zur planmäßigen gesetzlichen Bekämpfung und Beseitigung der Vorrechte des Juden, die er nur zum Unterschied der anderen zwischen uns lebenden Fremden besitzt (Fremdengesetzgebung). Sein letztes Ziel aber muß unverrückbar die Entfernung der Juden überhaupt sein. Zu beidem ist nur fähig eine Regierung nationaler Kraft und niemals eine Regierung nationaler Ohnmacht.[...]

[...] Ohne Rücksicht auf die auch von den heutigen Führern sicher erkannte Gefahr des Judentums (Beweis dafür sind verschiedene Aussprüche derzeitig leitender Persönlichkeiten) sind sie gezwungen, die Ihnen zum eigenen Vorteil von den Juden bereitwillig gewährte Unterstützung anzunehmen, und damit auch die geforderte Gegenleistung zu bringen. Und dieser Gegendienst besteht nicht nur in jeder möglichen Förderung des Judentums überhaupt, sondern vor allem in der Verhinderung des Kampfes des betrogenen Volkes gegen seine Brüder, in der Unterbindung der antisemitischen Bewegung. [...]" [3]

Am 29.04.1945, kurz vor 24:00 Uhr, begann Hitler sein politisches Testament zu diktieren. Es war dann am 30.04.1945 um 4:00 morgens fertig geschrieben, kurz bevor er sich durch Selbstmord seiner Verantwortung entzog. In diesem Testament stellte Hitler nochmals seinen Hass und seinen Willen zur Vernichtung der Juden an erste Stelle in seinem Vermächtnis:

„[...] Ich habe aber auch keinen Zweifel darüber gelassen, dass, wenn die Völker Europas wieder nur als Aktienpakete dieser internationalen Geld- und Finanzverschwörer angesehen werden, dann auch jenes Volk mit zur Verantwortung gezogen werden wird, das der eigentlich Schuldige an diesem mörderischen Ringen ist: Das Judentum! Ich habe weiter keinen darüber im Unklaren gelassen, dass dieses Mal nicht nur Millionen Kinder von Europäern der arischen Völker verhungern werden, nicht nur Millionen erwachsener Männer den Tod erleiden und nicht nur Hunderttausende an Frauen und Kindern in den Städten verbrannt und zu Tode bombardiert werden dürften, ohne dass der eigentlich Schuldige, wenn auch durch humanere Mittel, seine Schuld zu büssen hat.[...]"

Als letzten Satz in seinem politischen Testament diktierte Hitler:

„[...] Vor allem verpflichte ich die Führung der Nation und die Gefolgschaft zur peinlichen Einhaltung der Rassegesetze und zum unbarmherzigen Widerstand gegen den Weltvergifter aller Völker, das internationale Judentum.[...]" [4]

Hitler war besessen vom Antisemitismus. Hinzu kam der persönliche Einsatz erst als Führerfigur der „Bewegung" und dann auf internationaler Ebene. Nur so lässt sich erklären — nicht verstehen —, wie sich der in der deutschen Gesellschaft seiner Zeit weit verbreitete Antisemitismus zu einem solchen strukturierten Handeln mit dessen mörderischen Konsequenzen ausbreiten konnte.

Die antijüdische Ideologie der Nationalsozialisten spielte unter den Faktoren, die das politische Handeln bestimmten, eine herausragende Rolle. Sie trieben die Akteure immer radikaler in einen genau überlegten, durchorganisierten Völkermord, wie er noch nie geschehen war. Im Zentrum dieser halluzinatorischen Logik stand für Hitler ein tödlicher unablässig aktiver Feind des Reiches, der es auf die Zerstörung abgesehen hatte — das Judentum. Nachdem der Krieg auf Befehl Hitlers auch im Osten ausgeweitet wurde und das Deutsche Reich im Osten wie im Westen kämpfte, war es mit den schnellen Erfolgen und Siegen vorbei. Erste Anzeichen für eine Niederlage waren bereits erkennbar, als sich Hitler zur sofortigen vollständigen Vernichtung der Juden entschloss. Eine politische Lösung für Europa wäre, so glaubte er, mit den Juden nach Beendigung des Krieges nicht realisierbar.

Das Bild des Juden als tödliche Gefahr, als zerstörerische Kraft, kam nicht von ungefähr. In den Jahrzehnten, die dem Nationalsozialismus unmittelbar vorangingen, kam der Antisemitismus verschiedener nationaler, sozialer und religiöser Gruppen im Zuge sich wandelnder Umstände in Deutschland und ganz Europa in verschiedenen Formen zum Ausdruck. Doch wie auch immer seine vielfältigen Facetten beschaffen sein mochten — der Antisemitismus der Neuzeit war nur eine späte Entwicklungsform einer gemeinsamen Geschichte, die im Wesentlichen im christlichen Antijudaismus wurzelte. Dieser christliche Judenhass wandelte sich von der Anschuldigung, die Juden planten die Zerstörung des Christentums, hin zu dem weitverbreiteten Glauben, die Juden versuchten die Weltherrschaft zu erringen.

Im Westen erhielt die Zunahme des Antisemitismus jener Jahre eine intensiv politische-nationalistische Färbung, die überwiegend mit der Krise des Liberalismus in Europa begründet war. Die liberale Gesellschaft von damals wurde erschüttert durch Aggressionen seitens des revolutionären Sozialismus (aus dem in Rußland der Bolschewismus und weltweit der Kommunismus hervorgehen sollte). Von revolutionären

Rechten vorangetriebene Angriffe auf den Liberalismus ließen nach dem Ersten Weltkrieg in Italien den Faschismus und in Deutschland den Nationalsozialismus entstehen. In ganz Europa wurden die Juden als verantwortlich für den Liberalismus und oft auch für den Sozialismus gemacht. Antiliberale und antisozialistische (antikommunistische) Bewegungen bildeten sich und bekämpften die Juden als Vertreter der verhassten Ideologien und benannten sie als Anstifter und Träger solcher Lehren.

Durch die ständigen Angriffe von rechts wie links geriet der Liberalismus in der Zeit immer weiter unter Druck. Der fortschrittliche Liberalismus, der den Juden bisher ihre Emanzipation und ihre rasche soziale Mobilität ermöglicht und unterstützt hatte, konnte sich so nicht weiterentwickeln. Die Juden gerieten verstärkt unter Druck und wurden in die Isolation getrieben.

Der neue völkisch-militante Nationalismus des Reiches verband sich mit rassischen Argumenten, zunehmend genährt von der Vorstellung, es bestehe ein unüberbrückbarer Gegensatz zwischen der arisch-deutschen und der semitisch-jüdischen Rasse. Diese Form des Antisemitismus begründete sozusagen einen Glaubenskrieg zwischen der arischen Menschheit und den Juden. Die „Erlösung" des Volkes, der Rasse oder der arischen Menschheit war aus dieser Sicht nur durch die Ausschaltung der Juden zu erreichen.

Dieser Typus von Antisemitismus fand eine ideologische Grundlage im späten 19. Jahrhundert in Deutschland, besonders im sogenannten Bayreuther Kreis und den Publikationen Houston Stewart Chamberlains, des Schwiegersohns von Richard Wagner und Ideologen des völkischen Antisemitismus.

Seit dem Ende des Jahrhunderts war in Bayreuth tatsächlich das Denken Chamberlains dominierend. Einen besonders starken Einfluss hatte es auf den judenfeindlichen Schwadroneur und Bayreuth-Verehrer Dietrich Eckart aus München, ein früher ideologischer Mentor Hitlers. Infolge der Inspiration von Eckart entwickelte Hitler kurz nach Beginn seiner politischen Karriere die Wahnvorstellung, als Messiasgestalt, von der Vorsehung ausgewählt, Deutschland in diesen schicksalhaften Kampf zu führen.

Hitlers Vision von einem apokalyptischen Endkampf gegen die Juden erfüllten den Kern seiner Bewegung mit der Inbrunst einer Sekte, die einen Kreuzzug führt. Hitler war in der Lage, seine Ziele in moderne Politik, moderne Organisationen und in moderne Begriffe zu übertragen. Diese eigentümliche Verschmelzung scheinbar unterschiedlicher Welten verlieh dem Regime sowohl seinen Fanatismus als auch seine tödliche Effizienz.[5]

Nachdem Hitler den Befehl zum Überfall auf die damalige Sowjetunion gegeben hatte, überquerte die Wehrmacht am 21.06.1941 die Grenze und konnte in den ersten Monaten auf breiter Front schnelle und enorme Geländegewinne erzielen. Die Wehrmacht hatte freie Hand erhalten, und so wurde der Krieg mit bis dahin nicht gekannter Erbarmungslosigkeit gegen die Rote Armee und die Zivilbevölkerung geführt.

In einer Botschaft vom 02.07.1941 an die höheren SS- und Polizeiführer in den soeben besetzten Ostgebieten fasste Reinhard Heydrich[6] die Instruktionen zusammen, die er den Einsatzgruppen zuvor schon erteilt hatte: Alle jüdischen Amtsträger aus Partei und Staat waren hinzurichten, und auf lokaler Ebene waren Pogrome anzuregen. 15 Tage danach gab Heydrich den Befehl, sämtliche jüdische Kriegsgefangene, die bei den Kämpfen in der Ukraine und Weißrusslands, in den Herrschaftsbereich der Wehrmacht geraten waren, sofort zu liquidieren. Während der ersten Wochen des Krieges gegen die Sowjetunion wurden überwiegend jüdische Männer getötet. Danach übernahmen hinter der Front die sogenannten Einsatzgruppen und andere SS-Einheiten sowie Bataillone der Ordnungspolizei, unterstützt zunächst von einheimischer Bevölkerung und örtlichen Hilfstruppen sowie häufig von regulären Einheiten der Wehrmacht, die Ermordung sämtlicher Juden ohne Unterschied. Auf breiter Front geschahen Massaker von unvorstellbarer Grausamkeit. Bis Ende 1941 waren in den neu eroberten Gebieten des Ostens etwa 600.000 Juden umgebracht worden.

In dem allgemeinen Chaos des Krieges entlud sich der aufgestaute Judenhass der ukrainischen Bevölkerung und sie töteten jeden Juden, den sie fassen konnten. Die gleichen Pogrome ereigneten sich im Baltikum und auf dem Balkan. Die Massaker verbreiteten sich in allen besetzten Gebieten im Osten, immer angeführt von den Deutschen.

Während die Deutschen und ihre einheimischen Helfer im Norden, in der Mitte und im Süden der Ostfront aktiv ihre Mordkampagne betrieben, übertrafen die Armee und die Gendarmerie der Rumänen sogar noch die Einsatzgruppen. Innerhalb von zwölf Monaten hatten sie etwa 270.000 Juden abgeschlachtet.

Angestachelt von der nationalsozialistischen Rassenideologie waren die Völker wie entfesselt. Die Juden waren von den Deutschen zum größten Feind erklärt worden, und die von den Deutschen eroberten Länder schlossen sich in Teilen dieser Ideologie an. Sie beteiligten sich hemmungslos an den massenhaften Tötungen und Folterungen ohne Scham.

Auch in den eroberten Ländern im Westen fand die Judenverfolgung nach den bereits im Deutschen Reich erprobten Methoden statt. Da es sowohl in den Niederlanden als auch im besetzten Frankreich national gesinnte Gruppen gab, beteiligten sich auch Niederländer und Franzosen an der Verfolgung und Deportation der Juden im Lande. Viele der Juden, die nach der Kapitulation der Niederlande und Frankreich nun erneut Opfer wurden, hatten wenige Jahre zuvor in Panik Deutschland verlassen; sie wurden nun vom tödlichen deutschen Rassenwahn eingeholt.

EINLEITUNG

Jüdische Bewohner in Zepernick ab 1933 [7]

In Zepernick hatte sich im Laufe der vergangenen Jahrhunderte eine Vielzahl jüdischer Menschen niedergelassen. Der Verfasser möchte mit dieser Arbeit den Versuch unternehmen, einen Überblick über die jüdische Einwohnerschaft Zepernicks in der Zeit von ca. 1930 bis 1945 und deren Schicksale zu geben. Dieser Überblick mag nicht vollständig sein. Im Falle von Auslassungen oder Unvollständigkeiten sind diese nicht wissentlich erfolgt. In einem solchen Fall bittet der Verfasser um Verzeihung und einen Hinweis. Möglicherweise gibt es Nachlässe von Personen aus Zepernick, die für die historische Forschung interessant sein könnten. Der Panketaler Geschichtsverein „Heimathaus" e.V. würde sich sehr freuen, solche Nachlässe sichten zu können. Bitte informieren sie ggf. den Verein, wenn sie etwas gefunden haben.

Der Überblick soll an die Verbrechen, die an den hier erwähnten jüdischen Menschen begangen wurden, erinnern. Nach und nach wurde die jüdische Bevölkerung aus dem gesellschaftlichen Leben und dem Wirtschaftsleben in Deutschland hinausgedrängt. Durch verbrecherische gesetzgeberische Maßnahmen des NS-Staates wurde den Juden nach und nach alles Eigentum genommen. Auf Grund der Verfolgungen und Übergriffe seitens des Staates, der Gestapo, der SA und SS wurde die jüdische Bevölkerung gezwungen in größere Städte, dort in sogenannte „Judenhäuser", umzuziehen. Auch die jüdischen Bewohner von Zepernick konnten sich, wie überall im damaligen Deutschen Reich, diesen Maßnahmen nicht entziehen. Nach den reichsweiten Pogromen am 09.11.1938 wurde am 05.12.1938 eine weitere Entrechtung der Juden mit der „Verordnung über den Einsatz des jüdischen Vermögens" in Kraft gesetzt.

„[...] Unter Artikel II – Land- und forstwirtschaftliche Betriebe. Grundeigentum und sonstiges Vermögen – wurde darin verkündet:

[...] § 6

Einem Juden [...] kann aufgegeben werden, [...] sein sonstiges Grundeigentum oder andere Vermögensteile ganz oder teilweise binnen einer bestimmten Frist zu veräußern. [...]

§ 7

(1) Juden können Grundstücke, grundstücksgleiche Rechte und Rechte an Grundstücken nicht durch Rechtsgeschäft erwerben.

(3) Bei Zwangsversteigerungen von Grundstücken hat das Vollstreckungsgericht Gebote zurückzuweisen, wenn Anlass zu der Annahme besteht, dass der Bieter Jude ist. [...]" [8]

Unter diesen vorgenannten und anderen nationalsozialistischen Gesetzen wurde die vollständige Ausschaltung der Juden aus dem deutschen Wirtschaftsleben vorbereitet. So ist auch zu verstehen, dass jüdische Grundstückseigentümer ihr Eigentum in Zepernick aufgeben mussten und danach zum Teil in sogenannten „Judenhäusern" zusammengefasst wurden. Die Gestapo hatte anschließend leichtes Spiel, wenn es darum ging, die Deportationen vorzunehmen.

Nach Verkündung der vorgenannten Verordnung hatte Göring am 14.12.1938 per Runderlass alle wichtigen Entscheidungen, die Menschen mit jüdischem Glauben betrafen, an sich gerissen. Göring setzte damit das Werk zur Vernichtung der Juden in Europa in Gang, indem er den Willen Hitlers umsetzte. Dass dabei Grundstücke und Betriebe weit unter Wert an verdiente Parteigenossen verschoben wurden, Wertsachen und Kunstgegenstände, liquide Mittel in Form von Sondersteuern an das Reich fielen, war dabei eine willkommene Nebenwirkung.

In einem kleinen Ort wie Zepernick gab es nicht, wie in den größeren Städten, jüdische Hilfsorganisationen, die beispielsweise bei der Wohnungssuche, bei Unterstützungsleistungen oder rechtberatend weiterhelfen konnten. Im Zeitraum 1933 bis zum Reichspogrom 1938 verließen einige jüdische Bewohner Zepernick. Der Mieterschutz für Juden wurde nach und nach aufgehoben. Die jüdische Bevölkerung war größtenteils gezwungen, im größeren Berlin eine Wohnung zu nehmen. Sie konnten allerdings nur in so genannte „Judenhäuser" ziehen.

Diese Häuser waren in jüdischem Besitz und ausdrücklich von der Arisierung ausgenommen. Es handelte sich meistens um Häuser mit mehreren Wohnungen. Diese „Judenhäuser" waren über die ganze Stadt Berlin verteilt. Natürlich stand alles unter der rigorosen Aufsicht der Gestapo. Man wollte Ghettobildung vermeiden; denn

18

in einem Ghetto konnte die Gestapo das einzelne Individuum nicht lückenlos überwachen; in den „Judenhäusern" hingegen half die nachbarschaftliche Bevölkerung tatkräftig mit, eine vollständige Überwachung zu gewährleisten.

Ältere Menschen zogen es manchmal vor, in einem jüdischen Altersheim unterzukommen, andere schlüpften bei Verwandten unter, jüngere Menschen suchten einen Ort mit jüdisch geprägten Ausbildungsstätten. Allerdings konnten auch diese Maßnahmen nur unter der totalen Überwachung der Gestapo stattfinden. Insgesamt war das Angebot an Möglichkeiten, als Juden unterzukommen, sehr begrenzt. Die Aussicht, eigenes Einkommen zu generieren, war durch die nationalsozialistische Ausgrenzungspolitik fast unmöglich geworden. Unter normalen, vielleicht demokratischen Bedingungen hätte die jüdische Bevölkerung Zepernick sicherlich nicht verlassen, sondern weiterhin das kulturelle und wirtschaftliche Leben bereichert.

Nach dem Reichspogrom 1938 verstärkte sich dieser Verdrängungsprozess aufgrund der massiven Repressionen der Gestapo und der SS, und die dann erfolgte endgültige wirtschaftliche Ausgrenzung führte zu einer Verschärfung der Fluchtbewegungen in andere deutsche Städte oder in europäische und außereuropäische Länder.

Im Folgenden möchte der Verfasser einige von den Nationalsozialisten geschaffenen Gesetze nennen und beschreiben, die maßgeblich zur totalen Entrechtung der jüdischen Bevölkerung dienten.

………………………..

Exkurs: Nürnberger Gesetze

„ [...] Mit den Nürnberger Gesetzen – auch als Nürnberger Rassengesetze oder Ariergesetze bezeichnet – institutionalisierten die Nationalsozialisten ihre antisemitische und rassistische Ideologie auf juristischer Grundlage. Sie wurden anlässlich des 7. Reichsparteitags der NSDAP, des sogenannten „Reichsparteitags der Freiheit", am Abend des 15. Septembers 1935 einstimmig vom Reichstag angenommen, der eigens zu diesem Zweck telegrafisch nach Nürnberg einberufen worden war. Sie umfassten:

Das Gesetz zum Schutze des deutschen Blutes und der deutschen Ehre (RGBl. I S. 1146) – das sogenannte Blutschutzgesetz – und

Das Reichsbürgergesetz (RGBl. I S. 1146).

Die vorgenannten zwei Gesetze wurden im Reichsgesetzblatt Teil I Nr. 100 am 16. September 1935 mit dem Zusatz „am Reichsparteitag der Freiheit" verkündet. Sie wurden durch das alliierte Kontrollratsgesetz Nr. 1 vom 20. September 1945 aufgehoben.

Blutschutzgesetz

Das am 15. September 1935 erlassene Gesetz zum Schutze des deutschen Blutes und der deutschen Ehre verbot die Eheschließung sowie den außerehelichen Geschlechtsverkehr zwischen Juden und Nichtjuden. Es sollte der sogenannten „Reinhaltung des deutschen Blutes" dienen, einem zentralen Bestandteil der nationalsozialistischen Rassenideologie. Verstöße gegen das Gesetz wurden als „Rassenschande" bezeichnet und mit Gefängnis und Zuchthaus bedroht. Die Strafandrohung für außerehelichen Geschlechtsverkehr zwischen Juden und Nichtjuden richtete sich nur gegen den Mann, nicht gegen die Frau, egal, welcher Beteiligte Jude war.

Diese Bestimmung wurde oft Adolf Hitler persönlich zugeschrieben. Sie zeuge von seinem Frauenbild, nach dem die Frau sexuell unmündig sei. Auch eine von Hitler gewünschte Ergänzungsverordnung vom 16. Februar 1940, nach der die Frau trotz des Vorwurfs der Begünstigung ausdrücklich straffrei bleiben sollte, weist in diese Richtung. Die Juristen Wilhelm Stuckart und Hans Globke [10] liefern in ihrem Gesetzeskommentar von 1936 eine rein praktische Begründung: Zur Überführung sei meist die Aussage der beteiligten Frau erforderlich, und dieser stehe bei Straffreistellung ein Auskunftsverweigerungsrecht nicht mehr zu.

Im § 3 des Gesetzes, der erst zum 1. Januar 1936 in Kraft trat, wurde es Juden untersagt, „deutschblütige" Dienstmädchen unter 45 Jahren zu beschäftigen. Dahinter stand die ideologische Unterstellung, „der Jude" werde sich sonst an diesen vergehen.

20

Kurz nach der Verabschiedung der Rassengesetze wurde am 14. November 1935 in einer Ersten Verordnung zum Blutschutzgesetz (RGBl. I S. 1334 f.) festgeschrieben, dass „jüdische Mischlinge mit zwei jüdischen Großeltern" nur noch mit ausdrücklicher Genehmigung „Deutschblütige" oder „jüdische Mischlinge mit einem jüdischen Großelternteil" ehelichen durften. Entsprechende Anträge blieben jedoch meist erfolglos; nach 1942 wurden sie „für die Dauer des Krieges" nicht mehr angenommen. Ehen zwischen zwei „Vierteljuden" sollten nicht geschlossen werden. „Vierteljuden" und „Deutschblütige" dagegen durften heiraten. Dahinter stand das rassistische Paradigma „deutsches und artverwandtes Blut" zu bewahren. Der § 6 der Ersten Verordnung weitete das Eheverbot auf andere Gruppen aus: Es sollten grundsätzlich alle Ehen unterbleiben, die die „Reinerhaltung des deutschen Blutes" gefährdeten. Ein Rundschreiben zählte dazu „Zigeuner, Neger und ihre Bastarde" auf.

In § 4 verbot das „Gesetz zum Schutze des deutschen Blutes und der deutschen Ehre" den Juden, die Reichs- und Nationalflagge zu hissen oder die Reichsfarben zu zeigen. Die Strafandrohung war Gefängnis bis zu einem Jahr. Juden wurde jedoch „das Zeigen der jüdischen Farben" gestattet.

Bereits im Februar 1935 hatte die Gestapo, zu dieser Zeit noch ohne gesetzliche Grundlage, den Juden die Verwendung der Hakenkreuz-Fahne verboten; im April folgte ein entsprechender Erlass des Reichsinnenministeriums. Angeblich sollte damit der Versuch jüdischer Firmen verhindert werden, sich durch Beflaggung zu tarnen und als „arisch" auszugeben.

Einen Sonderfall stellten, aufgrund möglicher diplomatischer Verwicklungen mit dem japanischen Bündnispartner, deutsch-japanische Ehen dar. Diese waren unerwünscht und wurden trotz mangelnder Rechtsgrundlage häufig von deutschen Stellen verhindert. Hierzu wurden nach Recherchen des Historikers Harumi Shidehara Furuya in jedem Einzelfall intensive Untersuchungen zum Hintergrund der Betroffenen – insbesondere zur diplomatischen Relevanz – durchgeführt. In Japan bemühten sich die Auslandsvertretungen nach außen hin den Eindruck *zu erwecken, Japaner seien „Ehren-Arier" und bezeichneten den Begriff des „Ariers" als „vielleicht wissenschaftlich nicht einwandfrei". Praktisch bedeute er einfach: „Nichtjude". Intern wies die deutsche Botschaft in Tokio im Februar 1939 aber darauf hin, dass „eine grundsätzliche Regelung getroffen werden" müsse. Bei dieser sei jedoch zu beachten, dass „der japanische Rassenstolz und die japanische Empfindlichkeit" geschont werde.*

Adolf Hitler selbst vertrat im September 1940 die Auffassung, „daß es doch richtiger sei, im Interesse der Reinerhaltung der deutschen Rasse solche Eheschließungen in Zukunft nicht zu gestatten, selbst wenn außenpolitische Gründe für eine Genehmigung sprächen".

Der Chef der Reichskanzlei, Hans Heinrich Lammers, überzeugte ihn jedoch davon, „von jetzt ab alle ähnlichen Anträge durch dilatorische Behandlung auf mindestens 1 Jahr zurückzustellen, um alsdann zu Ablehnungen überzugehen." Diesem Vorschlag stimmte Hitler zu.

Reichsbürgergesetz

Das Reichsbürgergesetz schuf eine besondere Art des Bürgers: den „Reichsbürger".

Die vollen politischen Rechte sollte nach diesem Gesetz allein der „Reichsbürger" haben (§ 2 Abs. 3 Reichsbürgergesetz – RBG). Dieser müsse – zunächst – deshalb Staatsangehöriger „deutschen oder artverwandten Blutes" sein und durch sein Verhalten beweisen, dass er „gewillt und geeignet ist, in Treue dem deutschen Volk und Reich zu dienen." Das Reichsbürgerrecht wird durch einen Reichsbürgerbrief verliehen (§ 2 Abs. 2 RBG).

Auf diese Weise wurde rechtlich eine Dreiteilung vorbereitet:

„Reichsbürger" (§ 2 RBG), die dies allerdings nur unter der „Maßgabe der Gesetze" sind (§ 2 Abs. 3 RBG)

„Staatsangehörige" (zwar mit Verweis auf das Reichs- und Staatsangehörigkeitsgesetz von 1913, der jedoch dem Staat „dafür

besonders verpflichtet ist" (§ 1 Abs. 1 Halbsatz 2 RBG)) und letztlich die, die keines der beiden Kriterien erfüllen konnten.

Zur Verleihung der vorgesehenen „Reichsbürgerbriefe" (§ 2 Abs. 2 RBG) kam es bis zum Ende des Zweiten Weltkrieges nicht: Ein Reichsbürgerbrief hätte selbst den „Deutschen" als Staatsbürger per se in solche, „der durch sein Verhalten beweist, daß er gewillt und geeignet ist, in Treue dem deutschen Volk und Reich zu dienen" (§ 2 Abs. 1 Halbsatz 2 RBG), die also „Reichsbürger" hätten werden können und damit „alleinige Träger der vollen politischen Rechte" (§ 2 Abs. 3 RBG) sind – und die, dieses nicht erreichen konnten oder wollten – „klassifizieren müssen".

Diese aus diesem Gesetz vorgegebene „Dreiteilung" wurde praktisch nur in einem Fall – im Vorgehen gegen die, die nicht „deutschen oder artverwandten Blutes" sind – Gebrauch gemacht: Der § 3 des Reichsbürgergesetzes ermöglichte deshalb auf dem Verwaltungsweg jedwede – juristisch-formale – Verwaltungsvorschrift zur Auslegung dieses Gesetzes, die in Folge sich auf die Personen bezog, die nicht „Staatsangehörige deutschen oder artverwandten Blutes" sind.

So wurde z. B. den assimilierten „jüdischen Mischlingen" nur das Wahlrecht und eine „vorläufige Reichsbürgerschaft" zugestanden. Das Reichsbürgergesetz hatte – auf dem Verordnungsweg – mittelbar zur Folge, dass kein Jude mehr ein öffentliches Amt innehaben durfte. Auch die jüdischen Beamten, die bislang durch das so genannte Frontkämpferprivileg im Gesetz zur Wiederherstellung des Berufsbeamtentums 1933 von der Entlassung verschont geblieben waren, mussten zum 31. Dezember 1935 den Dienst quittieren. Außerdem verloren Juden das politische Wahlrecht. Durch weitere Verordnungen zum Reichsbürgergesetz wurde 1938 jüdischen Ärzten und Rechtsanwälten die Zulassung entzogen (4. Verordnung zum RBG vom 25. Juli 1938 und 5. Verordnung zum RBG vom 30. November 1938). Bedeutsam wurde schließlich die von Hitler initiierte 11. Verordnung zum Reichsbürgergesetz vom 25. November 1941. Deutschen Juden wurde damit die Staatsangehörigkeit aberkannt, wenn sie ihren

Wohnsitz im Ausland nahmen. Bei Deportation verloren deshalb Juden mit dem Grenzübertritt ihre Staatsangehörigkeit, zugleich gingen ihr gesamtes Eigentum und Vermögen einschließlich ihrer Ansprüche aus Lebens- und Rentenversicherungen förmlich an den Staat über.

Einstufung

Die Erste Verordnung zum Reichsbürgergesetz vom 14. November 1935 definierte, wer als „jüdischer Mischling" Reichsbürger bleiben könne und wer als „Jude" davon ausgeschlossen sei:

Personen mit mindestens drei jüdischen Großeltern galten als (Voll-)„Jude".

Personen mit einem jüdischen Elternteil oder zwei jüdischen Großeltern galten als „Mischling ersten Grades".

Personen mit einem jüdischen Großeltern-Teil wurden als „Mischling zweiten Grades" eingestuft.

„Mischlinge ersten Grades", die der jüdischen Kultusgemeinde angehörten oder mit einem Juden verheiratet waren, wurden als „Juden" eingestuft. Für sie kam später der Begriff „Geltungsjude" auf. Alle anderen „Halbjuden" und „Vierteljuden" wurden amtlich als „jüdische Mischlinge" bezeichnet.

Ausnahmebestimmungen

In § 7 der Ersten Verordnung zum Reichsbürgergesetz behielt sich Hitler persönlich die Zustimmung für Ausnahmen vor: „Der Führer und Reichskanzler kann Befreiungen von den Vorschriften der Ausführungsverordnungen erteilen". Der oft verkürzt zitierte Ausspruch „Wer bei mir Jude ist, bestimme ich!" wird Hermann Göring zugeschrieben, trifft aber nicht den Sachverhalt.

Von mehr als 10.000 Anträgen zur Besserstellung, die durch mehrere Vorinstanzen geprüft und gefiltert wurden, waren nur wenige erfolgreich. Dabei waren die Teilnahme der Bittsteller am Weltkrieg und politische Verdienste um die „Bewegung", ihr „rassisches Erscheinungsbild" und ihre charakterliche Beurteilung

*wesentliche Kriterien. Nur in zwei Fällen wurden „Volljuden"
begünstigt. Bis zum Jahre 1941 erreichten 260 „Mischlinge
ersten Grades" ihre Gleichstellung mit einem „Deutschblütigen"
(„Bescheinigung über die Einordnung im Sinne der ersten
Verordnung zum Reichsbürgergesetz vom 14. November 1935").
In 1.300 Fällen wurden Bittsteller vom „Geltungsjuden" zum
„jüdischen Mischling" umgestuft.*

*Nach einem Erlass des Oberkommandos der Wehrmacht
vom 8. April 1940 sollten die „Mischlinge ersten Grades" sowie
die „jüdisch Versippten" (die „deutschblütigen" Ehepartner in
sogenannten Mischehen) aus der Wehrmacht entlassen werden.
Ausnahmen waren ausschließlich mit persönlicher Genehmigung
Hitlers bis 1942 möglich, im Ausnahmefall aber noch weiter
geduldet. Im Juni 1944 sollten auch die „Mischlinge zweiten
Grades" vom Dienst in der Wehrmacht ausgeschlossen werden.
Mit stillschweigender Unterstützung ihrer Vorgesetzten verblieben
einige dieser für wehrunwürdig erklärten Soldaten dennoch in
der Wehrmacht. Nach dem Attentat vom 20. Juli 1944 widerrief
Hitler seine Ausnahmegenehmigungen für Offiziere, die als
„Mischlinge ersten Grades" galten; zugleich wurden auch alle
„jüdisch versippten" Offiziere zum Jahresende 1944 entlassen.
In der Realität dienten einzelne Soldaten, denen frühzeitig eine
„Deutschblütigkeitserklärung" ausgestellt worden war, teilweise
bis Kriegsende weiter.*

*Mitglieder der NSDAP, Mannschaften und Unterführer der
SS sowie Bauern im Sinne des Reichserbhofgesetzes waren noch
weit strengeren Kriterien unterworfen. Sie mussten einen Großen
Ahnenpaß vulgo Großer Ariernachweis erbringen, welcher einen
durchgehend „deutschblütigen" Stammbaum bis zum Stichjahr
1800 auswies. Für Führer der SS galt das Stichjahr 1750. [...]"* [11]

....

Die nachfolgend geschilderten Schicksale sollen an die
unvergessliche, vitale ehemalige Zepernicker Gemeinschaft der jüdisch
Gläubigen erinnern.

Jüdische Bewohner in Zepernick
1933 - 1945

Abraham, Hugo

geb. 06.03.1881 in Pilligsdorf (Pommern).[12] Er wohnte in Zepernick in der Planettastraße 25.[4] Hugo Abraham war verheiratet mit **Leonore Abraham.** Nach den nationalsozialistischen „Nürnberger Gesetzen" vom September 1935 waren die Großeltern von Abraham und Leonore väterlicher- und mütterlicherseits jüdischen Glaubens. Hugo und Eleonore Abraham wurde deswegen als „Jude" bezeichnet.

Letzte Adresse vor der Deportation: Pankow, Mühlenstraße 77.

Von Berlin am 15.08.1942 (Nummer 429, Seite 23, Transportliste des „18. Osttransportes, Zug Da 401"[13,14,15]) in das Ghetto Riga verschleppt. Dort ermordet, als Todeszeitpunkt wird der 18.08.1942 genannt.[16]

Abraham, Leonore

geborene Altmann, geb. 09.08.1888 in Arnswalde [17] (Brandenburg). Sie wohnte in Zepernick in der Planettastraße 25.[4] Leonore Abraham war verheiratet mit **Hugo Abraham.**

Letzte Adresse vor der Deportation: Pankow, Mühlenstraße 77.

Von Berlin am 15.08.1942 (Nummer 430, Seite 23, Transportliste des „18. Osttransportes, Zug Da 401"[18,19,20]) in das Ghetto Riga verschleppt. Dort ermordet, als Todeszeitpunkt wird der 18.08.1942 genannt. [21]

Abraham, Heinz

geb. 12.06.1912 in Berlin (Weißensee)[22]. Er wohnte in Zepernick in der Planettastraße 25.[4] Heinz Abraham war der Sohn von Hugo und Leonore Abraham. Da seine Eltern durch die nationalsozialistische Definition als Juden bezeichnet wurden, wurde auch Heinz Abraham als Jude klassifiziert. Er war verheiratet mit **Edith Abraham**, geborene Klein.

Letzte Adresse vor der Deportation: Berlin W 50, Eislebenerstraße 6 v III bei Sonntag.

Von einer Sammelstelle in Berlin am 19.02.1943 (Nummer 780, Seite 40, Transportliste des „29. Osttransportes"[23,24,25]) nach Auschwitz verschleppt. Dort ermordet, genaues Todesdatum ist nicht bekannt.

ABRAHAM, EDITH

geborene Klein, geb. 10.09.1919 in Berlin. Edith Abraham war verheiratet mit **Heinz Abraham**. Nach Angabe im Gedenkbuch „Opfer der Verfolgung der Juden unter der nationalsozialistischen Gewaltherrschaft in Deutschland 1933 - 1945" wohnte sie vor ihrer Heirat in Fürstenberg a.d.Oder.

Letzte Adresse vor der Deportation: Berlin W 50, Eislebenerstraße 6 v III bei Sonntag.

Von einer Sammelstelle in Berlin am 19.02.1943 (Nummer 781, Seite 41, Transportliste des „29. Osttransportes"[26]) nach Auschwitz verschleppt. Dort ermordet, genaues Todesdatum ist nicht bekannt. [27]

ARON, ALFRED

geb. 07.08.1899 in Berlin. Er wohnte in Zepernick in der Möserstraße 11. Nach den nationalsozialistischen „Nürnberger Gesetzen" waren die Großeltern väterlicherseits jüdischen Glaubens und die Großeltern mütterlicherseits nicht jüdisch gläubig. Alfred Aron wurde deswegen als „Mischling 1. Grades" oder „Halbjude" bezeichnet.

Er war verheiratet mit **Lucie Aron**, geborene Schneider, geb. 23.04.1900. Lucie wurde nach derselben Deutung als „nicht jüdisch" bezeichnet. Diese Konstellation (so genannte Mischehe) schütze Alfred Aron und die Kinder aus der Ehe, Horst, geb. 01.06.1926, Hella, geb. 03.10.1927 und Günter, geb. 29.06.1929 möglicherweise vor der nationalsozialistischen Verfolgung. [28] Das weitere Schicksal der Familie Aron ist derzeit nicht bekannt.

FAMILIE BENNING

Von links nach rechts: Pam die Frau von Mike Benning, Mike Benning, der als Kind in England war, Ruth Weighall, geborene Benning, die ebenfalls als Kind in England war, Ursula Lengdobler, Halbgeschwister der übrigen Bennings, die nach dem Krieg geboren ist, Andrea Robert-Charrue, geborene Benning, das letzte Kind von Wolfgang Benning, der in Auschwitz umgekommen ist. 29

Die Geschichte der Familie Benning / Bardach / Gutfeld ist in einer Publikation mit dem Titel „Wider das Vergessen" vom Verfasser bearbeitet worden. Es wurden darin im Besonderen die Aufzeichnungen des Mike (Michael) Benning aus New York benutzt.

BORINSKI, OTTO ADOLF

geb. 05.03.1883 in Kattowitz (vor dem 1. Weltkrieg Deutsches Reich, seit 1921 nach dem Versailler Vertrag gehörte es zu Polen). 30 Er wohnte in Zepernick in der Planettastraße 25.4 Nach den „Nürnberger Gesetzen" waren die Großeltern väterlicher- und mütterlicherseits jüdischen Glaubens. Otto Borinski wurde deswegen als „Jude" bezeichnet.

Letzte Adresse vor der Deportation: Berlin N 54, Alte Schönhauser Straße 58.

Er wohnte in der gleichen Wohnung zusammen mit Meta Kahn, geb. Michaelis, Ehefrau von Ludwig Kahn. Von einer Sammelstelle in Berlin am 14.12.1942 (Nummer 694, Seite 52, Transportliste des „25. Osttransportes"[31,32]) wurde Otto Borinski nach Auschwitz verschleppt und dort ermordet.[33] Genaues Todesdatum ist nicht überliefert. Das Ziel des „25. Osttransportes" lautete lange Zeit nur „nach dem Osten". Auch wurde dieser Transport gelegentlich irrig mit dem Deportationsziel „Riga" registriert.

Yad Vashem nennt als Ziel der Deportation Riga, Lettland. Im Gedenkbuch des Bundesarchivs und in der Statistik des Holocaust wird Auschwitz als Deportationsziel genannt.

Insofern konnte nicht eindeutig geklärt werden, an welchem Ort Otto Borinski ermordet wurde.

GLASS, SELMA

geborene Wolff, geb. 27.07.1888 in Elbing (Ostpreußen). Sie wohnte in Zepernick in der Akazienallee 4.[34] Nach den „Nürnberger Gesetzen" waren die Großeltern väterlicherseits jüdischen Glaubens und die Großeltern mütterlicherseits nicht jüdisch gläubig. Selma Glass wurde deswegen als „Mischling 1. Grades" oder „Halbjude" bezeichnet.

Sie war verheiratet mit dem Schneider **Richard Glass**, geb. 14.11.1885. Richard wurde nach derselben Deutung als „nicht jüdisch" bezeichnet. Diese Konstellation schütze Selma Glass möglicherweise vor der nationalsozialistischen Verfolgung. Über den Verbleib und das weitere Schicksal des Ehepaares Glass ist dem Verfasser nichts bekannt.

GOLD, JENNY

geborene Lewin, geb. 20.02.1886 in Luckenwalde. Sie wohnte in Zepernick in der Straußstraße 53. Nach den „Nürnberger Gesetzen" waren ihre Großeltern väterlicher- und mütterlicherseits jüdischen Glaubens. Jenny Gold wurde deswegen als „Jude" bezeichnet.

Nach dem 09.11.1938 (Tag der reichsweiten Pogrome gegen die jüdisch Gläubigen) mußte Jenny Gold auf Befehl der SA zu den Löwenthals in die Poststraße 8 umziehen.[35] Es wurde von den örtlichen Machthabern verboten, dass nach NS-Definition als Juden bezeichnete

Menschen bei Deutschen wohnten. Bei dem Pogrom am 09.11.1938 wurde dem Vermieter von Jenny Gold unmissverständlich klargemacht, dass sie am nächsten Tage ausgezogen sein müsse. Die Vermieter von Frau Gold, die Familie Schulz, war nach den Rassegesetzen der Deutschen „arisch".

Von einer Sammelstelle in Berlin wurde Jenny Gold am 14.04.1942 mit einem Transport, der über Magdeburg-Potsdam-Berlin lief, ins Warschauer Ghetto deportiert.[36, 37]

Gerda Löwenthal, die gleichfalls mit Jenny Gold in das Warschauer Ghetto deportiert worden war, hatte in der Zeit des Ghettoaufenthaltes Briefe an ihren Bruder und ihre Mutter in Berlin geschrieben. Diese Briefe blieben erhalten und wurden von der Tochter der Löwenthals, Hedda, an das Jüdische Museum in Berlin übergeben.

Die Briefe wurden später im Rahmen der Recherche zur Stolpersteinverlegung in Zepernick, die zum Gedenken an die Löwenthals angeregt worden war, von der Historikerin Dr. Birgit Schädlich und Martin Jehle, dem Initiator der Stolpersteinverlegung, transkribiert. Aus diesen Briefen lässt sich erkennen, dass Gerda Löwenthal zumindest einige Zeit mit Jenny Gold im Ghetto verbrachte. Gerda Löwenthal schreibt am 21.05.1942 an ihren Bruder Kurt, dass sie und Frau G. *(es war wohl J. Gold gemeint, der volle Name durfte wegen der Zensur nicht genannt werden, d.Verf.)* sich bei einer Firma vorgestellt hatten. Offensichtlich wollten sie dort vorübergehend eine Anstellung bekommen. [38]

Das Ghetto Warschau wurde auf Befehl der nationalsozialistischen Machthaber ab dem 22.07.1942 geräumt und alle Juden „umgesiedelt". Die Deutschen verschleierten perfide das wirkliche Ziel der Deportation. Sie nannten es Umsiedlung und erweckten den Eindruck (15kg persönliches Gepäck und alle Wertsachen und Geld durfte mitgenommen werden) es handele sich tatsächlich um eine Umsiedlung.

In Wirklichkeit brachte man die Menschen auf direktem Wege in die Vernichtungslager. Als dort dann die Türen der Waggons aufgerissen wurden, stand die SS davor und geleitete, bei dem kleinsten Widerstand prügelte man, die ahnungslosen Opfer direkt in die Vernichtung. Etwa 10% der Ankommenden wurde, wenn sie als arbeitsfähig befunden wurden, an der „Rampe" ausgesondert („selektiert, Selektion" Dieser Terminus wird häufig bei der juristischen und historischen Aufarbeitung der Vernichtungslager verwendet) und in das Konzentrationslager eingegliedert. Die Selektion nahmen in der Regel SS-Ärzte durch in Augenscheinnahme vor. Die Ärzte entschieden innerhalb eines Wimpernschlages, längere Zeit blieb nicht für die Selektion der einzelnen Individuen, ob jemand noch leben durfte oder sofort getötet werden sollte. Die zur Arbeit ausgesonderten Menschen erwartete eine furchtbare Tortur. Die mörderischen Anforderungen bei der Arbeit und den bewusst herbeigeführten Kostentzug überlebten nur sehr wenige. Es war reine Glückssache.

Die SS hatte den Weg in die Gaskammern unverfänglich gestaltet. Vor den Gaskammern, die perfekt als Duschen getarnt waren, befand sich ein großer Raum zum Entkleiden mit Haken an den Wänden. Die Haken trugen Nummern, an denen die Todgeweihten ihre Kleidung aufhängen sollten. Es wurde ihnen eindringlich empfohlen, sich die Nummern zu merken, damit sie nach dem „Duschen" ihre Kleidung wiederfinden könnten. Dann wurden die Menschen in die Gaskammer geleitet. Erst jetzt wurde einigen klar, dass es eine perfide Falle war.

Wenn die Opfer dann in Panik gerieten, standen Funktionshäftlinge und SS-Schergen bereit und prügelten plötzlich von hinten auf brutalste Weise die Opfer in die Gaskammern. Das ging alles sehr schnell. Die Türen wurden geschlossen, von oben warf man das tödliche Gas Zyklon B in die Kammer und nach etwa 15-30 Minuten regte sich kein Leben mehr. Die Tore wurden geöffnet, große Ventilatoren bliesen das Gas aus den Kammern, Funktionshäftlinge räumten die Leichen weg und reinigten die Mordstätte für den nächsten Massenmord. Bei einer solchen Aktion dürfte auch Jenny Gold ermordet worden sein.

Aus einem Gesprächsprotokoll vom 03.12.2002, das Dr. Rolf Gerlach, der zeitweilige Ortschronist von Zepernick, mit Bewohnern des Hauses in der Straußstraße 53 führte, heißt es:

„[...] Hier wohnte bis zum 09.11.1938 bei den Eltern von Helga Pinnow (H.P.), geb. Schulz, dem Maurer Paul Schulz und Frau, die jüdische Mitbürgerin Jenny Gold, geb. Lewin.

Sie war Näherin. Beim Eintreffen des Rollkommandos bzw. Schlägertrupps in der sog. „Reichskristallnacht" war Jenny Gold gerade nicht zu Hause in der Straußstraße 53 und entkam dadurch den direkten Angriffen durch Zepernicker Nazis.

Frau Schulz, die zitternd in der Tür stand, neben der elfjährigen H.P., wurde befohlen, der Jüdin Jenny Gold mitzuteilen, dass sie morgen sofort das Haus zu verlassen habe.

(H.P. beteuerte mehrere Male, daß ihr und den Eltern, Namen und Gesichter der Männer völlig unbekannt gewesen seien! – Margot Rakitin, geb. Meitner hingegen, die damals erst Neunjährige, zu der das Kommando direkt von der Straußstraße an jenem Tag zog, erinnert sich an alle genau. „Zweie leben heute (2002 d.Verf.) noch in Zepernick!") Jenny Gold ist am nächsten Tag

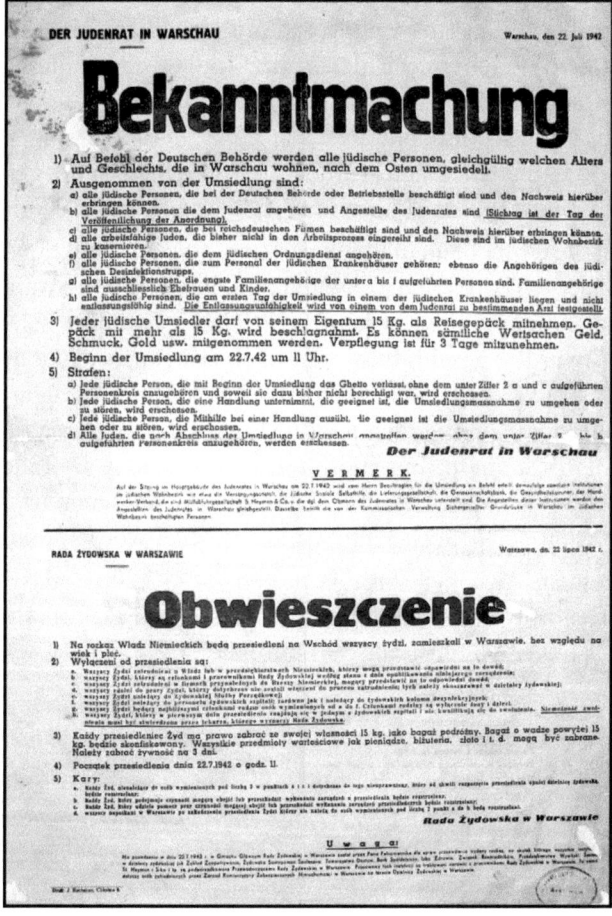

Befehl zur Räumung des Warschauer Ghettos [39]

mit ihren wenigen Habseligkeiten zur jüdischen Familie Löwenthal
in die Poststraße 8 gezogen.

Ab hier verliert sich jede Spur. Obwohl H.P. (Jg.
1927) damals bereits 11 Jahre alt war und Jenny Gold oft bei deren Näharbeit (sie
nähte Knickerbockerhosenschleifen) geholfen hat, weiß sie nichts
über die äußere Erscheinung dieser Frau zu erinnern. Oder doch?
Einmal, sagt sie, hat Jenny Gold (ihr, d.Verf.) eine Zelluloidpuppe
geschenkt. Das weiß sie deshalb, weil sie ansonsten von ihren Eltern
kaum Spielzeug geschenkt bekam – neues schon gar nicht, bestenfalls
übernahm sie Sachen der älteren Schwester. Weihnachten gabs
nützliche Dinge: Woll-Handschuhe, einen Pullover, Strümpfe... Ach
ja, Jenny Gold zog das fertige Bundstück zum Wenden über einen
Quirl und hat — kam die nächste Schlaufe unter die Nähmaschinen-
Nadel — den Faden niemals abgeschnitten.[...]" [40]

GUBALKE, GERTRUD

geborene Spicker, geb. 01.08.1903 in Berlin. Sie wohnte in
Zepernick in der Hermann-Göring-Straße 18, nach 1945 Dorfstraße,
danach Bernhard-Fischer-Straße, heute Alt-Zepernick.[41]

Nach den „Nürnberger Gesetzen" waren die Großeltern
väterlicherseits jüdischen Glaubens und die Großeltern mütterlicherseits
nicht jüdisch gläubig. Gertrud Gubalke wurde deswegen als „Mischling
1. Grades" oder als „Halbjude" bezeichnet.

Sie war verheiratet mit **Willy Gubalke**, geb. 09.11.1904. Willy
Gubalke wurde nach derselben Deutung als „nicht jüdisch" bezeichnet.
Sie hatten einen Sohn, **Hermann Gubalke**, geboren 03.06.1927.
Hermann wurde nach der nationalsozialistischen Rasseneinteilung als
„Mischling 2. Grades" bezeichnet. Diese Konstellation (so genannte
Mischehe) schütze Gertrut Gubalke und den Sohn aus der Ehe,
Hermann, möglicherweise vor der nationalsozialistischen Verfolgung.
Das weitere Schicksal der Familie Gubalke ist derzeit ungeklärt.

KAHN, LUDWIG

geb. 08.02.1880 in Diez (Lahn).[42] Er wohnte in Zepernick in der
Planettastraße 25.[4]

Letzte bekannte Adresse vor der Deportation: Berlin N 54, Alte Schönhauser Straße 58.

Ludwig war in erster Ehe mit Franziska Grodka, geborene Berger verheiratet. Die Ehe wurde 1918 geschieden. In 2. Ehe war Ludwig verheiratet mit **Meta Kahn**, geborene Michaelis. Meta und Ludwig Kahn wurden nach der nationalsozialistischen Rassendefinition als „Jude" bezeichnet. Das weitere Schicksal von Ludwig Kahn ist unklar. Die zur Verfügung stehenden Informationen ergeben ein unterschiedliches Bild. Das Gedenkbuch des Bundesarchivs nennt als Deportationsziel und -Datum „14.12.1942 Auschwitz".[43]

Auf der entsprechenden Transportliste der Gestapo vom 25. Osttransport am 14.12.1942 findet sich der Name Ludwig Kahn nicht.[44] Nach Angabe des ITS Archiv, Bad Arolsen wurde der Name Ludwig Kahn nicht auf den Gestapo-Listen des 25. Osttransportes und auch nicht auf den gesamten Listen des Gestapo-Bereichs Berlin gefunden. [45]

Ein weiterer Hinweis zum Schicksal von Ludwig Kahn ist in der von Meta Kahn kurz vor ihrer Deportation angefertigten Vermögenserklärung zu finden. Diese Vermögenserklärung datiert vom 17.11.1942. Auf Seite 2 erklärt Meta Kahn, dass ihr Ehegatte zum vorgenannten Datum bereits verstorben sei. Insofern kann er nicht mit dem 25. Osttransport am 14.12.1942 nach Auschwitz deportiert worden sein.

Noch ein Anhaltspunkt, dass Ludwig Kahn bereits am 17.11.1942 nicht mehr lebte, ergibt sich aus einem Schreiben der Gestapoleitstelle Berlin vom 13.01.1943. Darin wird dargelegt, dass das Vermögen des verstorbenen Ludwig Kahn gemäß eines Sondererlasses des Reichsminister des Inneren vom 01.09.1942 Pol.S.II 3 5741/41-274-8 zu Gunsten des Deutschen Reiches eingezogen wurde. In diesem Sondererlass wurde kleinlich geregelt, wie die Vermögenswerte der für die Vernichtung vorgesehenen Volksgruppen (Juden aus dem Deutschen Reich, deutsche Gefangene, Juden aus anderen europäischen Ländern, polnische Gefangene, sowjetische Gefangene) verwertet werden sollten. Dieser Sondererlass war nach einer Unterschlagungsaffäre im Berliner Judenreferat nötig geworden, bei der im großen Umfang beschlagnahmtes jüdisches Eigentum gestohlen worden war. Diese

Vermögenserklärung

Vornamen (Rufname unterstreichen) und Zuname (bei Ehefrauen auch Mädchenname):

Meta Sara Kahn

Beruf: _____   Jude? _Ja_

Letzte Beschäftigung (Firma, Gehalt, Lohn): _____

Wohnung (Stadt, Stadtteil, Straße und Hausnummer, seit wann?

Berlin N 54 Alte Schönhauser Str 58   seit drei Jahren

Name, Anschrift und evtl. jüdische Rassezugehörigkeit des Hauseigentümers: _____

Größe der Wohnung (Zimmerzahl und -art, WC, Warmwasser, Dampf- oder Warmwasserheizung, Balkon, Wohngeschoß, Fahrstuhl, Gartenbenutzung, Nebenräume wie Diele, Badezimmer, Mädchenkammer, Keller, Boden usw. Genaue Angaben):

5 Zimmer, 1 Balkon, 1 Diele, 1 Badezimmer, Boden

Meta Sara Kahn
Hans Israel Borinski (Pflegling)
Otto Israel Borinski (Pflegling)

Höhe der monatlichen oder vierteljährlichen Miete: _75.- RM_

Sind Sie Untermieter?   Ehegatte: _verstorben_

angeben): _____

Vermögenserklärung von Meta Kahn vom 17.11.1942. Auf der 2. Seite bei der Frage „Ehegatte" die Antwort „verstorben" [46]

35

Affäre führte im Herbst 1942 zu personellen Konsequenzen in der Staatspolizeileitstelle der Hauptstadt. [47]

Der Verfasser hat die Recherche nach dem Schicksal von Ludwig Kahn noch erweitert auf die Informationsquelle Yad Vashem. Von dort wird einerseits ebenfalls der 14.12.1942 als Deportationsdatum von Ludwig Kahn nach Auschwitz genannt. Andererseits schrieb am 19.07.2011 ein Verwandter von Meta Kahn, geb. Michaelis an Yad Vashem und nannte als Deportations- und Todesort das Konzentrationslager Sachsenhausen. [48] Der Verfasser hat zur Klärung dieser voneinander abweichenden Informationen das Archiv des Konzentrationslagers Sachsenhausen um Auskunft gebeten. Von dort wurde der Hinweis gegeben, dass fast alle Akten der Kommandantur des KZ Sachsenhausen einschließlich der Häftlingskartei und nahezu aller Häftlingsakten von der SS im Frühjahr 1945, noch vor der Befreiung des Konzentrationslagers, vernichtet worden sind. Die wenigen, unvollständig erhalten gebliebenen Akten befinden sich in verschiedenen Archiven, größtenteils in Archiven der Russischen

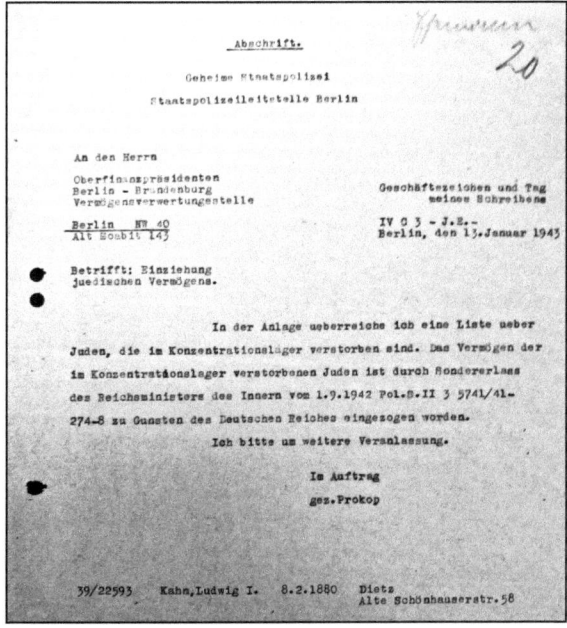

Schreiben der Gestapo Berlin an den Oberfinanzpräsidenten über das Einziehen des Vermögens des verstorbenen Ludwig Kahn. [49]

Föderation. Die häftlingsbezogenen Informationen dieser Unterlagen sind im Archiv Sachsenhausen in Datenbanken erfasst. Leider konnte in den Datenbanken keine Eintragung zu Ludwig Kahn gefunden werden.[50]

Es spricht einiges dafür, dass Ludwig Kahn nicht nach Auschwitz deportiert wurde, sondern möglicherweise im Konzentrationslager Sachsenhausen ermordet worden ist oder er an den Folgen eines anderen Lageraufenthaltes verstarb.

Familientreffen der Fam. Michaelis wahrscheinlich Mitte der 1930er Jahre. (1) Ludwig Kahn [51]

KAHN, META

geborene Michaelis, geb. 22.07.1896 in Pielburg (Pommern) heute Pile (Polen).[52.] Meta war verheiratet mit Ludwig Kahn. Sie wohnte wie auch Ludwig Kahn, ihr Ehemann, in Zepernick in der Planettastraße 25.[A]

Letzte Adresse vor der Deportation: Berlin N 54, Alte Schönhauser Straße 58. 2 ½

Von Berlin am 14.12.1942 (Nummer 691, Seite 52, Transportliste des „25. Osttransportes")[53] in das Vernichtungslager Auschwitz verschleppt. Dort ermordet.[54]

Familie Michaelis um 1928 in Groß-Krössin (1) Meta Kahn, geb. Michaelis [55]

Im Brandenburger Landeshauptarchiv konnte der Verfasser die Akte zur Vermögenserklärung der Familie Kahn einsehen. Daraus geht hervor, dass Meta Kahn wenige Tage vor der Deportation von der Gestapo gezwungen wurde, eine Vermögenserklärung anzufertigen. In dieser Aufstellung mußten alle Haushaltsgegenstände bis hin zum ältesten Wischlappen penibel aufgeführt werden.

Eine Frage in dieser Erklärung lautete zynischerweise: „Welche Familienangehörigen wandern mit aus?" Meta Kahn nannte hier ihren Sohn Heinz, nebst seiner Verlobten (Name nicht bekannt) und ihre Tochter Lieselotte. Ein Beweis dafür, dass die Nationalsozialisten die Deportation verschwiegen und als „Auswanderung" tarnten. Tatsächlich wurde den Opfern, soweit sie die deutsche Staatsbürgerschaft besaßen, diese aberkannt sobald sie zwangsweise außer Landes gebracht wurden. Dies war so im Reichsbürgergesetz geregelt worden.

Sobald die Opfer außer Landes gebracht waren, wurden unter dem Vorwand geltender Gesetze die Habseligkeiten der Deportierten vom Deutschen Reich eingezogen. Mit anderen Worten: staatlich organisierte Beraubung einer Minderheit. In der vorbenannten Akte fand sich ein Schreiben der Dresdner Bank vom 10.03.1943 mit folgendem Wortlaut:

„[...] Vermögensverfall gem. § 3 der 11. Verordnung zum Reichsbürgergesetz vom 25.11.1941 (RGBl. I S. 722). Nach einem uns vorliegenden Schreiben der Jüdischen Kultusvereinigung e.V. vom 14.12.42 ist die umstehend verzeichnete Jüdin nach dem Osten (Ausland) abgewandert und ihr Vermögen gem. rubr. Verordnung zugunsten des Reiches verfallen. Dies vorausgeschickt erstatten wir hiermit umstehend Meldung in doppelter Ausfertigung.

Name und Vorname des Kontoinhabers: Frau Meta Sara Kahn

Geburtsdatum und -ort: Nicht bekannt

Letztbekannte inländ. Adresse: Berlin N 54,
Alte Schönhauserstr. 58

Name u. Anschrift Verfügungsber.:   Fehlanzeige

Vermögenswerte:

Bargutgaben: RM 716,70

Wertpapierdepot: Nicht vorhanden [...]" ⁵⁶

Als der skrupellose Raub, der so und ähnlich millionenfach in Europa stattfand, vollendet war, meldete der Oberbürgermeister von Berlin an den Oberfinanzpräsidenten:

„[...] Meldung des Oberbürgermeisters von Berlin, Hauptwirtschaftsamt, Datum 21.05.1943 an OFP

Zum Akt.-Z: 39/22593 ist Räumung am 22.03.43 erfolgt.[...]" ⁵⁷

Als die Familie Kahn noch positive Zukunftspläne hatte, schloss Meta Kahn am 25.03.1925 unter der Nr. 9 des Notariatsregisters für 1925 bei dem Notar Leo Deutsch, Berlin, einen Kaufvertrag über ein Haus- und Gartengrundstück ab. Mit diesem Kaufvertrag erwarb sie zum Alleineigentum von dem Restaurateur Hermann Brewisch und seiner Ehefrau das im Grundbuch von Zepernick Band 612 Blatt 1866 – Rentengut – eingetragene Grundstück mit allem Zubehör. Das Grundstück lag in der damaligen Schweizertalstraße Nr. 25. Die Nationalsozialisten änderten den Straßennamen nach dem Anschluß Österreichs an das Deutsche Reich in Planettastraße, nach einem der

Dollfuß-Attentäter, dem österreichischen Nationalsozialisten Otto Planetta. Nunmehr heißt die Straße Wilhelm-Tell-Straße. Der Kaufpreis für das Grundstück betrug *RM* 10.000,00.

Nach der Machtverschiebung im Januar 1933 begannen die Nationalsozialisten sofort, die jüdische Bevölkerung aus dem Wirtschaftsleben hinauszudrängen und gesellschaftlich auszuschließen. Die notwendigen rechtlichen Grundlagen wurden kurzerhand geschaffen, da ja seit dem Reichstagsbrand und der Einführung der „Verordnung des Reichspräsidenten zum Schutz von Volk und Staat" Hitler ohne lästige Opposition regieren konnte. Nach dem Tode des Reichspräsidenten Hindenburg im Jahre 1935 konnte er beide höchste Staatsämter „Reichspräsident" und „Reichskanzler" auf sich vereinen. Nach dem reichsweiten Pogrom am 09.11.1938 wurde die „Verordnung über den Einsatz des jüdischen Vermögens" (RGBl. 1938 I. S. 1709) bekannt gegeben. Vom 03.12.1938 wurde Juden auferlegt, ihre Gewerbebetriebe zu verkaufen oder abzuwickeln, ihren Grundbesitz zu veräußern und ihre Wertpapiere bei einer Devisenbank zu hinterlegen. Außerdem durften sie Juwelen, Edelmetalle und Kunstgegenstände nicht mehr frei veräußern; kurz darauf wurde ihnen unter Strafandrohung auferlegt, diese bis zum 31.03.1939 bei staatlichen Ankaufstellen abzuliefern.

Hermann Göring erklärte am 10.12.1938, die Ausschaltung der Juden sei allein Sache des Staates und der finanzielle Nutzen stehe ausschließlich dem Staat zu. Die gesetzlichen Grundlagen dazu seien geschaffen. Dies sollte dem Gewinnstreben von Einzelpersonen oder Parteiorganisationen vorbeugen.

Artikel II dieser Verordnung bezog sich auf „Land- und Forstwirtschaftliche Betriebe, Grundeigentum und sonstige Vermögen". Juden wurde der Erwerb von Grundstücken untersagt. Sie mussten auf Anordnung ihre Immobilien innerhalb einer bestimmten Frist veräußern, wobei der Kaufvertrag der Genehmigung einer staatlichen Behörde bedurfte.

Die Verordnung war vom Reichswirtschaftsminister Walther Funk und dem Reichsminister des Inneren Wilhelm Frick unterzeichnet und trat am 03.12.1938 in Kraft.

Die Familie Kahn war von dieser Verordnung, wie alle jüdischen Bewohner in Deutschland, betroffen. Meta Kahn wurde gezwungen, die in ihrem Eigentum stehende Immobilie weit unter dem Zeitwert zu verkaufen. Am 13.07.1939 wurde vor dem Notar Kurt Stieff in Berlin ein Kaufvertrag dazu abgeschlossen. Wie bei allen Kaufverträgen in dieser Zeit durfte der Hinweis auf die von den Nationalsozialisten eingeführte „rassische" Herkunft nicht fehlen. Es hieß dort:

„ [...] Die Beteiligten, die Frau Meta Sara Kahn, geb. Michaelis, deren Ehemann, der Gärtner Ludwig Israel Kahn sind Juden, der Mechaniker Herr Wilhelm Vorbeck und dessen Ehefrau, Frau Frieda Vorbeck, geb. Grell sind Arier. [...]" [58]

Wie verachtend damals die jüdische Bevölkerung behandelt wurde, macht dieser eine Abschnitt im Kaufvertrag überdeutlich. Ab August 1938 mussten deutsche Juden stigmatisierende Vornamen annehmen: Männer mussten „Israel" als zweiten Namen führen, Frauen den Namen „Sara", sofern aus den eigenen Namen nicht eindeutig zu erkennen war, dass es sich um Juden handelte. Ein Schritt mehr auf dem Weg von der Entrechtung zum Massenmord. Die Vorbecks wurden mit Herr und Frau angeredet während man die Kahns lediglich mit Frau und Mann bezeichnete.

Der im vorgenannten Kaufvertrag festgelegte Kaufpreis in Höhe von *RM* 12.000,00 entsprach nicht dem tatsächlichen Zeitwert. Inflationsbereinigt waren der Kauf- und Verkaufspreis annähernd gleich. Allerdings hatte die Familie Kahn Gebäude errichtet und die bestehende Immobilie vom Grund auf renoviert, so dass alles in allem ein wesentlich höherer Wert anzusetzen war. Über den Erlös konnte die Familie Kahn auch nicht selbst verfügen, denn davon gingen *RM* 6.000,00 an eine Bank zur Ablösung einer Hypothek. Wie hoch die Hypothek tatsächlich noch valutierte wurde nicht in Erwägung gezogen. Die von 1925 bis 1939 gezahlten Tilgungsbeträge wurden kurzerhand ignoriert. Weitere *RM* 3.000,00 mußten beim amtierenden Notar hinterlegt werden. Davon sollten die den Juden auferlegte „Judenvermögensabgabe", die „Reichsfluchtsteuer", die „jüdische Auswanderungsabgabe" und so manche andere Abgabe bezahlt werden. Der verbleibende Restbetrag in Höhe von *RM* 3.000,00 hätte eigentlich den Verkäufern zugestanden.

Allerdings legte der Landrat des Kreises Niederbarnim ein Veto ein. Er bestimmte Anfang September 1939:

> *„[...] Die Genehmigung (zum Kaufvertrag d. Verf.) wird mit der Auflage erteilt, dass der etwa noch bar zu entrichtende Teil des Kaufpreises auf ein Sperrkonto bei einer Devisenbank einzuzahlen ist, über das nur mit Genehmigung des für den jüdischen Veräußerer zuständigen Herrn Oberfinanzpräsidenten Berlin-Devisenstelle, Überwachungsabteilung Berlin NW 7, Dorotheenstr. 77/78 verfügt werden darf. [...]"* [59]

Insofern hat die Familie Kahn mit Gewissheit bis zu ihrer Deportation in ein Vernichtungslager keine Mark aus dem Kaufpreis bekommen. Es war ein durchorganisierter, skrupelloser, niederträchtiger Raub, dazu noch unter dem Deckmantel der Rechtmäßigkeit! Ist für diese heimtückische Tat(en) jemals ein Verantwortlicher zur Rechenschaft gezogen worden?

Nachdem die Immobilie zwangsweise verkauft worden war und die Familie Kahn in Zepernick keine andere Unterkunft beziehen konnte, wurde ihnen von der nationalsozialistischen Verwaltung eine Wohnung in Berlin N 54, Alte Schönhauser Straße 58 in einem der „Judenhäuser" zugewiesen.

Als schließlich Meta Kahn, ihr Sohn Heinz Kahn, ihre Tochter Lieselotte und die Enkeltochter Bela nach Auschwitz deportiert worden waren, wurde das Inventar der Wohnung in Berlin versteigert oder an Bombengeschädigte abgegeben. Der Erlös aus den Versteigerungen ging an das Deutsche Reich, das damit anteilig den sinnlosen, verbrecherischen Krieg weiter finanzierte.

So manch ein Bombengeschädigter erfreute sich an den Einrichtungsgegenständen, die er von den deutschen Gemeinden und Behörden gestellt bekam, ohne vielleicht zu ahnen, dass diese Gegenstände zuvor Menschen gehörten, die man, bevor sie ermordet wurden, ihrer letzten Habe beraubte.

Vielleicht gab es aber doch Gerüchte über die Herkunft der Möbel. Vielleicht erkannten Mitbürger dieses oder jenes Möbelstück und wussten, dass es zuvor jüdischen Bewohnern aus der Umgebung gehört hatte. Leider gab es sehr, sehr viele „Schnäppchenjäger", die unbedingt einen billigen Einrichtungsgegenstand ergattern wollten. Ein weiterer Profiteur war, allen voran, das Deutsche Reich, das die Einnahmen aus solchen Versteigerungen erhielt. Weiterhin verdienten die Auktionatoren und Spediteure an den Versteigerungen der Möbel aus jüdischen Haushalten. Die Auktionen fanden oftmals in der unmittelbaren Nähe der Wohnungen statt, aus der die Gegenstände stammten, oder man versteigerte direkt in der jüdischen Wohnung. Die nach dem Krieg oft gehörte Äußerung, „wir haben von alle dem nichts gewusst", erscheint dem Verfasser wenig glaubwürdig. Der Verfasser fragt sich, wie es sich angefühlt haben mag, inmitten solcher Gegenstände zu leben.

In der Alten Schönhauser Straße Nr. 58 in Berlin, dem letzten gemeinsamen Wohnort der Kahns, wurden „Stolpersteine"[60] für Ludwig und Meta Kahn und für die Mutter von Meta Kahn, Rosa Michaelis, verlegt. Die Häuserzeile gibt es nicht mehr, da sie im Krieg zerstört wurde. Lediglich die Stolpersteine erinnern daran, dass dort einmal Menschen wohnten, die man auf grausamste Weise ermordete.

Stolpersteine in der Alten Schönhauser Straße 58, Berlin für Ludwig und Meta Kahn und Rosa Michaelis [61]

....

Exkurs: Arisierung

„[...] Unmittelbar nach der nationalsozialistischen Machtverschiebung am 30.01.1933 positionierten sich zahlreiche Firmen durch Zeitungsannoncen, Hinweisschilder und öffentliche Erklärungen als „deutsches Geschäft" oder „christliches Unternehmen". Solche für jedermann sichtbaren Hinweise sollten vor umsatzmindernden Diskriminierungsmaßnahmen schützen, denen jüdische Geschäfte durch diffamierende Klebezettel, Schilder und SA-Posten ausgesetzt waren. Die Ächtung jüdischer Unternehmen erreichte im „Geschäftsboykott" am 01.04.1933 einen vorläufigen Höhepunkt, in dessen Folge vor allem die Existenz kleinerer und mittlerer Betriebe zerstört wurde. Zugleich leitete das NS-Regime damit die „Arisierung" ein: Die Zwangsenteignung des Besitzes jüdischer Bürger zugunsten von Nichtjuden, sogenannten Ariern, und die kontinuierliche Einschränkung der Erwerbstätigkeitsfelder für Juden.

Die wirtschaftliche Ausgrenzung der jüdischen Bevölkerung aus der Gesellschaft setzte sich nach den rabiaten Boykottaktionen im „Gesetz zur Wiederherstellung des Berufsbeamtentums" vom 07.04.1933 fort. Durch den „Arierparagraphen" wurden Beamte und Angestellte jüdischen Glaubens aus dem öffentlichen Dienst entlassen. Die Zulassung als Rechtsanwalt konnte einem Juden verweigert werden und aus den Steuerausschüssen der Finanzämter wurden sie ausgeschlossen. Die am 14.07.1933 verabschiedeten Gesetze, das „Gesetz über den Widerruf von Einbürgerungen und die Aberkennung der deutschen Staatsangehörigkeit" und das „Gesetz über die Einziehung volks- und staatsfeindlichen Vermögens", dienten als juristische Grundlage für die wirtschaftliche Enteignung zahlreicher jüdischer Bürger: Nach dem Ersten Weltkrieg eingebürgerten Personen und deren Familienangehörigen sowie im Ausland lebenden „Reichsangehörigen" konnte die Staatsbürgerschaft entzogen und deren Vermögen nach Eröffnung eines Verfahrens beschlagnahmt werden.

Bereits im August 1933 wurde ein erstes Aberkennungsverfahren gegen 33 Personen eingeleitet, darunter namhafte Persönlichkeiten wie die Schriftsteller Heinrich Mann, Lion Feuchtwanger, Kurt

Tucholsky und Ernst Toller, der Publizist Alfred Kerr und Politiker wie Philipp Scheidemann, Otto Wels und Wilhelm Pieck. Mit der reichsweiten Einziehung, Verwaltung und Verwertung des Eigentums der Ausgebürgerten beauftragte das Reichsinnenministerium als zentrale Behörde das Berliner Finanzamt Moabit-West, das ab Herbst 1941 auch für die Einkassierung und Weiterverwertung des Eigentums der Deportationsopfer aus dem Deutschen Reich zuständig war.

Neben der Sperrung und Beschlagnahmung von Emigrantenvermögen enteigneten insbesondere in Dörfern und Kleinstädten lokale Vertreter der Gauleitung, Mitarbeiter einzelner Wirtschaftsbehörden, Landräte oder führende Mitglieder der Nationalsozialistischen Deutschen Arbeiterpartei (NSDAP) bereits ab Sommer 1933 zahlreiche jüdische klein- und mittelständige Betriebe. Die Formen der „Arisierungen" reichten dabei von Beschlagnahmung, Nötigung und Zwangsverkauf über freiwilligen Verkauf unter Wert und gelegentlich auch angemessenen Handel zwischen resignierten und eingeschüchterten jüdischen Firmeninhabern mit „arischen" Käufern. Jüdische Eigentümer großindustrieller Unternehmen und Kreditinstitute blieben aufgrund ihrer Bedeutung für die Wirtschaft und den Abbau der Arbeitslosigkeit vom NS-Regime bis auf einige Ausnahmen zunächst verschont.

Als eines der ersten Großunternehmen wurde die Warenhauskette Hermann Tietz im Sommer 1933 „arisiert": Die Gläubigerbanken verweigerten eine Verlängerung der während der Weltwirtschaftskrise aufgenommenen Kredite, so dass der Vorstand aufgrund dieser Liquiditätskrise vollständig zurücktreten musste. Die Aktien der Familie Tietz im Wert von 24 Millionen Reichsmark wurden für 8 Millionen Reichsmark an den neuen Inhaber Georg Karg (1888-1972) verkauft. Ähnlich wurde mit der Gastronomiekette Kempinski in Berlin verfahren, deren Eigentümerfamilien Unger und Kempinski ihre Anteile deutlich unter Wert verkaufen mussten. Nach dem günstigen Erwerb der Firmen konnten die neuen Besitzer mit Bankdarlehen wieder florierende Unternehmen aufbauen. Auch Artur Simson, Besitzer

45

der einzigen vom Versailler Vertrag konzessionierten Waffenfabrik zur Herstellung von Maschinengewehren in Suhl/Thüringen, musste im Oktober 1935 nach langen Verhandlungen seine Anteile weit unter Wert an den Thüringer Gauleiter Fritz Sauckel (1894-1946 [62]) verkaufen, der die Fabrik im Dezember 1935 in die Wilhelm-Gustloff-Stiftung überführte.

Die wirtschaftliche Enteignung jüdischer Bürger begründete das NS-Regime nicht nur ökonomisch, sondern vor allem rassenideologisch: Alles Vermögen diente als „Volksvermögen" der Volksgemeinschaft. Mit der Verabschiedung der Nürnberger Gesetze im September 1935 gehörten Juden definitorisch nicht mehr zur Volksgemeinschaft und hatten damit auch den Anspruch auf ihr Vermögen verwirkt. Zu diesem Zeitpunkt war bereits nahezu ein Viertel aller jüdischen Geschäftsinhaber enteignet.

Die Ausgrenzung und Ausplünderung der jüdischen Bevölkerung zielte auch auf die Auswanderung der Juden. Neben zahlreichen Zoll- und Devisenvorschriften brachte insbesondere die bereits 1931 von Heinrich Brüning erlassene „Reichsfluchtsteuer" zur Bekämpfung der Kapitalflucht, deren Höhe 25 Prozent des steuerpflichtigen Vermögens betrug, weitere öffentlichen Haushaltseinnahmen. 1934 senkte das Reichsfinanzministerium die Freibeträge drastisch und wandelte sie so zur Sondersteuer gegen jüdische Auswanderer um: Bis 1936 emigrierten 110.000 Juden und der Staat hatte allein 153 Millionen Reichsmark durch die Reichsfluchtsteuer eingenommen.

Im Zuge des Vierjahresplans verschärfte das NS-Regime die „Arisierungsmaßnahmen" deutlich. Bis 1938 wurden etwa 60 Prozent aller jüdischen klein- und mittelständischen Unternehmen wie Warenhäuser, Arzt- und Anwaltspraxen, Werkstätten, Geschäfte und Kleinkrämerläden enteignet. Weitere Boykottmaßnahmen zerstörten die Existenz noch bestehender kleinerer und mittlerer Firmen. Die „Verordnung über die Anmeldung des Vermögens von Juden" vom 26. April 1938 verpflichtete diese, alles Vermögen über 5.000 Reichsmark dem Finanzamt bekannt zu geben und teilweise gegen Reichskreditkassenscheine einzutauschen. Das Kapital unterlag ferner Verfügungsbeschränkungen, die der Regierung direkten Zugriff auf solche Vermögenswerte ermöglichten. Auch

46

Schmuck, Juwelen, Antiquitäten, Immobilien, Aktien und sonstige Wertgegenstände mussten Juden zu Preisen weit unter Marktwert verkaufen. Wenn Wertgegenstände bei willkürlich vorgenommenen Hausdurchsuchungen, Taschenkontrollen oder Leibesvisitationen in den Haushalten jüdischer Familien aufgefunden wurden, beschlagnahmten die ausführenden Staatsorgane die jeweiligen Objekte.

Ab 1938 blieben auch Großunternehmen und Kreditinstitute nicht mehr verschont. Jüdische Gesellschafter und Teileigner wurden aus den Vorständen hinausgedrängt und meist zum Unterpreisverkauf ihrer Anteile gezwungen. Im Banken- und Versicherungswesen wurde „jüdisches Kapital" benachteiligt und konfisziert, jüdische Lebensversicherungen storniert oder nur noch zum Teil ausbezahlt. Schulden bei jüdischen Gläubigern konnten von diesen kaum mehr eingeklagt werden und verfielen. Der „legalisierte Raub" weitete sich nach dem Novemberpogrom von 1938 drastisch aus: Der jüdischen Bevölkerung wurde als Sühnezahlung wegen des Mordes von Herschel Grynszpan an Legationssekretär Ernst vom Rath eine „Judenvermögensabgabe" in Höhe von einer Milliarde Reichsmark auferlegt, immerhin gut sechs Prozent der laufenden Staatseinnahmen.

Die „Arisierung" fand in der „Verordnung zur Ausschaltung der Juden aus dem deutschen Wirtschaftsleben" vom 12.11.1938 einen ersten Abschluss: Ab Januar 1939 wurden sämtliche Betriebe jüdischer Eigentümer zwangsgeschlossen und Juden die Ausübung praktisch aller Berufe verboten. Noch vorhandene Wertgegenstände mussten zu festen Niedrigpreisen bei staatlichen Stellen eingetauscht werden. Juden verloren alle Ansprüche auf Renten, Pensionen und Versicherungen. Die Verkaufserlöse und das zurückgelassene Vermögen wurden der Reichsfinanzverwaltung und damit dem Deutschen Reich gutgeschrieben. Insgesamt stammten mindestens neun Prozent der Reichseinnahmen im Haushaltsjahr 1938/39 aus solchen „Arisierungserlösen".

Allerdings war nicht nur der Staat Nutznießer des Ausschlusses von Juden aus dem Wirtschaftsleben. Gerade in Kleinstädten begrüßten viele Geschäftsinhaber, Kaufleute und Händler, aber auch

Ärzte, Anwälte und andere Selbstständige die Boykottmaßnahmen gegen jüdische Konkurrenten und deren Berufsverbot in ihren Branchen. Juristen, Rechtsanwälte und Notare berieten Käufer wie Zwangsverkäufer und beurkundeten schließlich die unlauteren Geschäftsabschlüsse. Großbanken betreuten die „Arisierungsgeschäfte" finanziell. Sie gewährten Kredite an Käufer und erstellten für staatliche Behörden Listen jüdischer Kontoinhaber. Die Deutsche Bank hat das renommierte Bankhaus Mendelssohn mit 130 Mitarbeitern und einer Bilanzsumme von 100 Millionen Reichsmark vollständig übernommen.

Nach dem „Anschluss" Österreichs und der Besetzung des Sudetenlandes 1938 wurden die im Deutschen Reich erlassenen antijüdischen Gesetze auch auf diese Gebiete übertragen. Jüdische Beamte, Ärzte, Rechtsanwälte, Richter oder Lehrer verloren ihre Arbeitsplätze. Ladenbesitzer, Händler und Kaufleute mussten in den Markthallen und auf öffentlichen Märkten ihre Stände räumen. Jüdische Firmeninhaber und Gesellschafter wurden zum Anteilsverkauf oft weit unter Wert gezwungen, jüdische Unternehmen zwangsenteignet oder geschlossen und jüdisches Inlandsvermögen beschlagnahmt. Der deutsche Chemiegigant IG-Farben übernahm in Österreich kostengünstig die mehrheitlich der Familie Rothschild gehörenden Skoda Werke Wetzler. Noch im Sommer 1938 mussten die Familien der Brüder Alphonse und Louis Rothschild aus Wien emigrieren, ihre berühmten Kunstsammlungen wurden für das Kunsthistorische Museum Wien und das geplante „Führermuseum" in Linz beschlagnahmt. Im Palais Louis Rothschild in der Wiener Prinz-Eugen-Straße richtete Adolf Eichmann im August 1938 die „Zentralstelle für jüdische Auswanderung" ein, welche die Emigration österreichischer Juden koordinierte.

Bei der Übertragung von jüdischem Kapital auf Nichtjuden bedurfte es der Zustimmung einer zentralen Vermögensverkehrsstelle, auch „Arisierungszentrale" genannt, die im Sommer 1938 mehr als 200 Beamte beschäftigte. Das Amt ließ allein in Österreich etwa 26.000 Betriebe enteignen oder schließen. In Wien wurden noch vor Beginn des Zweiten Weltkriegs über

60.000 Wohnungen deportierter Juden an „arische" Volksgenossen vergeben: Die guten Wohnmöglichkeiten, teilweise in „bester Lage", nahmen die neuen Mieter allzu gern, während die jüdischen Vormieter in Sammelquartiere und Konzentrationslager (KZ) abtransportiert wurden.

Nach dem deutschen Überfall auf Polen wurde die Praxis der „Arisierung" auf nahezu alle besetzten Länder Europas ausgedehnt. Die Wohnungen der aus West- und Osteuropa in die Vernichtungslager deportierten Juden wurden auf Anweisung der Besatzer leer geräumt sowie Hausrat, Möbel, Kleidung und vieles mehr nach Deutschland transportiert. Auktionäre versteigerten diese Gegenstände als „jüdisches Umzugsgut" öffentlich, oder es wurde von Wohlfahrtsverbänden wie dem Winterhilfswerk an die bombengeschädigte Bevölkerung verteilt. So wurden aus Frankreich mindestens 8.000 Klaviere und Flügel nach Deutschland gebracht, das gesamte Beutegut von französischen Juden füllte mehrere Zehntausende Eisenbahnwaggons. Aus den Niederlanden kamen fast 30.000 Tonnen Schränke, Stühle, Bettwäsche, Kleider und vieles mehr nach Hamburg. Dort standen noch fast 4.000 Frachtkisten mit dem Umzugsgut emigrierter Juden, die wegen des Kriegsbeginns nicht mehr verschifft werden konnten. 1941 beschloss die Geheime Staatspolizei (Gestapo), sie versteigern zu lassen. Solche öffentlichen Versteigerungen entwickelten sich zu regelrechten Schnäppchenjagden, an denen neben der Finanzverwaltung nicht zuletzt ein ganzes Heer von Veranstaltern, Gutachtern, Spediteuren und Lagerverwaltern gut verdiente.

Über 100.000 Kunstwerke wurden während des Zweiten Weltkriegs in ganz Europa beschlagnahmt und meistbietend versteigert. Fast überall waren die deutschen Finanzämter bei ihren Raubzügen auf die Kooperation der lokalen Verwaltung angewiesen. Die Käufer erstanden die neuen Besitztümer nicht direkt von den Vorbesitzern, sondern meistens über staatliche Vermittler und Kommunalbehörden. Der deutlich günstigere Kaufpreis wurde stattdessen an die Reichsfinanzverwaltung gezahlt. Allerdings sicherte ein „Führervorbehalt" vom Juni 1938 Adolf Hitler das Recht, aus konfiszierten Kunstschätzen Werke für das geplante „Führermuseum" und die Gemäldegalerie in Linz *auszuwählen. Auch andere Parteigrößen wie Hermann Göring oder Joseph Goebbels profitierten von geraubten Kunstwerken, die sie für ihre repräsentativen Villen beschlagnahmten.*

Während in Europa der „legalisierte Raub" von jüdischem Eigentum, Vermögen und Besitz zugunsten von Nichtjuden auf Hochtouren lief, schlossen im Deutschen Reich die Behörden die „Arisierung" formaljuristisch ab: Die 11. und 13. Verordnung des Reichsbürgergesetz vom November 1941 und Juli 1943 erklärten letztendlich das gesamte Vermögen deportierter und im NS-Völkermord umgebrachter Juden als dem Deutschen Reich gehörig. [...]" [63]

Als die Arisierung auf der Ebene der Großunternehmen dann tatsächlich stattfand, lassen Hinweise in einigen sehr bedeutenden Fällen darauf schließen, dass den Besitzern bis Ende 1937 angemessene Preise geboten wurden; danach soll sich die Situation drastisch ändern. Ein Teil des Motivs für diese scheinbare Zurückhaltung und Anständigkeit war offensichtlich Eigennutz: Da der wirtschaftliche Aufschwung weiterhin ungewiss war, benutzten einige der größten deutschen Firmen in dem Bestreben, eine zusätzliche Besteuerung ihrer neuen Profite zu vermeiden oder den Auswirkungen einer möglichen Abwertung zu entgehen, die kostspielige Aneignung bewährter, aber abschreibbarer Unternehmen dazu, ihre steuerbaren Gewinne zu korrigieren.

Im allgemeinen verschlechterte sich jedoch die wirtschaftliche Gesamtsituation der Juden in Deutschland ständig. In Dörfern und Kleinstädten waren Schikanen oft der einfachste Weg, um Juden dazu zu zwingen, ihre Betriebe zu einem Bruchteil des Wertes zu verkaufen und fortzuziehen oder auszuwandern. In den größeren Städten und für wichtige Betriebe führten Kreditbeschränkungen und andere von arischen Firmen ersonnene Boykottmaßnahmen zu demselben Ergebnis. Diejenigen Juden, die an ihrer wirtschaftlichen Tätigkeit festhielten, wurden in zunehmendem Masse auf den rapide schrumpfenden jüdischen Markt beschränkt. Von ihren Beschäftigungen ausgeschlossen, wurden jüdische Fachleute zu Hausierern, die entweder Waren von zu Hause aus verkauften oder von Ort zu Ort reisten — eine Umkehrung der historischen Entwicklung jüdischer sozialer Mobilität. [64]

....

KAHN, HEINZ

geb. 04.11.1919 in Groß Krössin (Neustettin/Pommern) [65]. Er war der Sohn von Ludwig und Meta Kahn. Er wurde nach der Definition der Nürnberger Gesetze als „Jude" bezeichnet. Heinz Kahn wohnte 1939 in Berlin-Friedrichshain (damals Horst-Wessel-Stadt), Lange Straße 25.

Letzte Adresse vor der Deportation: Berlin N 54, Alte Schönhauser Straße 58.

Von Berlin am 14.12.1942 (Nummer 692, Seite 52, Transportliste des „25. Osttransportes")[66, 67] nach Auschwitz verschleppt. Dort ermordet.[68]

In der von Meta Kahn am 17.11.1942 unter Zwang der Gestapo erstellten Vermögensaufstellung, erwähnte sie, dass auch die Verlobte von Heinz Kahn mit „auswandert". Diese Bezeichnung „auswandern" war lediglich eine Tarnbezeichnung, die nichts anderes bedeutete, als in die Vernichtung deportiert zu werden. Dem Verfasser ist der Name der Verlobten nicht bekannt. Deshalb konnte ihr Schicksal nicht erforscht werden.

KNOPP, LIESELOTTE

geb. 01.04.1922, geborene Kahn. Geboren in Grünwald / Neustettin / Pommern. Lieselotte war die Tochter von Ludwig und Meta Kahn und die Schwester von Heinz Kahn. Sie hatte eine Tochter, **Bela Knopp**, geb. 11.12.1940. Sie wurde wie Vater, Mutter und Bruder als „Jude" bezeichnet, genau wie ihre Tochter Bela. Lieselotte heiratete am 30.09.1940 den Doktor der Medizin Hans Knopp.

Hans Knopp wurde 1908 in Nierstein geboren und verstarb 1987 in Mainz. Etwa 2 ½ Monate nach der Heirat wurde die Tochter Bela geboren. Hans Knopp wohnte seit 1935 in der Iranischen Straße 2 in Berlin. Nach dem Krieg zog er nach Mainz, dann 1967 nach Mainz-Mombach. Er trug zuletzt den Titel Oberregierungsmedizinalrat. Nach der nationalsozialistischen Definition war er „Halbjude". Durch seine Heirat mit Liselotte galt er nach der Definition der Nürnberger Gesetze

51

als „Jude". Die Eltern von Hans Knopp lebten in einer so genannten „Mischehe" und waren dadurch zunächst vor Verfolgung geschützt.

Dr. Knopp war von 1932 bis 1933 als Medizinalpraktikant bzw. Volontär/Assistenzarzt am Städtischen Krankenhaus Mainz beschäftigt. Wegen seiner jüdischen Abstammung musste er im März 1933 aus dem Dienst ausscheiden. Danach war Dr. Knopp von 1934 bis 1942 am Krankenhaus der Jüdischen Gemeinde Berlin als Volontär und Assistenzarzt tätig. Ab dem 01.10.1942 bis zum Zusammenbruch des Naziregimes 1945 war er untergetaucht und lebte illegal in Deutschland, um einer Verhaftung zu entgehen. Wo er sich versteckt hielt und die Zeit verbrachte ist nicht überliefert.

Lieselotte und Bela Knopp wohnten in der letzten Zeit vor ihrer Deportation bei ihrer Mutter Meta Kahn und ihrem Bruder Heinz Kahn in Berlin N 54, Alte Schönhauser Straße 58.

Von Berlin wurden beide am 14.10.1943 (Nummer 14 u. 15, Transportliste des „44. Osttransportes") [69, 70] nach Auschwitz verschleppt. Allgemein bekannt ist, dass Mütter mit Kindern, sobald sie in Auschwitz an der „Rampe" ankamen, sofort von den SS-Mördern ins Gas geschickt wurden. Die SS-Leute wussten genau, dass eine Trennung von Mutter und Kind erbitterten Widerstand der Mütter hervorgerufen hätte. Die Mörder wollten einen reibungslosen Ablauf der „Selektion" gewährleisten, deshalb schickte man die Mütter, auch wenn sie noch arbeitsfähig waren, unerbittlich zusammen mit ihren Kindern in den Tod.[71] Es kann mit Bestimmtheit davon ausgegangen werden, dass Lieselotte und ihre zweijährige Tochter Bela unmittelbar nach ihrer Ankunft in Auschwitz ermordet wurden.[72]

Da die Ehe zwischen Lieselotte und Hans Knopp formal weiterbestand, beantragte Hans Knopp beim Amtsgericht Wedding, dass Lieselotte und Bela für tot erklärt würden. Ein Vorgang wie er tausendfach in den Jahren nach dem Kriege vorkam. Am 06.12.1966 wurde vom Amtsgericht Wedding unter der Geschäftsnummer 70 II 210.66/70 II 211.66 Lieselotte Knopp und ihre Tochter Bela seit dem 31.12.1945 für tot erklärt. Danach heiratete Hans Knopp Ruth Lebram in zweiter Ehe. Nach dem Tode von Hans Knopp wanderte Ruth in die USA aus.

geborene Dobriner, geb. 15.04.1869 in Berlin.[73] Bis Februar 1939 wohnte sie in Zepernick, Adolf-Hitler-Straße 58 (nach 1945 in Heinestraße umbenannt). Nach der Deutung der „Nürnberger Gesetze" waren ihre Großeltern väterlicher- und mütterlicherseits jüdischen Glaubens. Selma Kübler wurde deswegen als „Jude" bezeichnet.

Sie wohnte in einer Genossenschaftswohnung, die ihr unter fadenscheinigen Gründen am 23.06.1938 von der „Gemeinnützigen Kleinwohnhausbaugenossenschaft Zepernick" gekündigt wurde. Sie war gezwungen, nach Berlin in ein sogenanntes „Judenhaus" umzuziehen. In diesen Häusern wurde die jüdische Bevölkerung zusammengefasst.

Die letzte Adresse von Selma Kübler vor der Deportation: Berlin NO 18, Neue Königstraße 5.

Von einer Sammelstelle in Berlin wurde sie am 13.07.1942 (Nummer 67, Seite 25, Transportliste des „20. Altentransport" (Transport 1/21, Nr. O 2245))[74] in das Ghetto nach Theresienstadt deportiert, am 13.02.1943 dort ermordet. In der Todesfallanzeige wurde „Marasmus senilis (Altersschwäche)" als Todesursache eingetragen. Hierbei handelt es sich zweifellos um eine nicht mit der tatsächlichen Todesursache übereinstimmende Diagnose. Der Todeszeitpunkt wurde auf 10:00 Uhr festgelegt. Sie befand sich, nach Angabe in der Todesfallanzeige, im Gebäude L 112 im Zimmer 016. Der behandelnde Arzt hieß Dr. Arthur Finckmann, die Totenschau führte Dr. Max Bergmann durch, Amtsarzt war Dr. Erich Munk.

Der die Todesfallanzeige unterzeichnende Dr. Max Bergmann war nach den Rassegesetzen der Nationalsozialisten „Jude". Auch er wurde am 23.07.1942 nach Theresienstadt deportiert und dort zu ärztlichen Diensten gezwungen, bis man ihn selbst am 28.10.1944 nach Auschwitz deportierte und dort ermordete.[75]

Genauso erging es MUDr. (*medicinae universae doctor (Doktor der Medizin),* Erich Munk. Er war tschechischer Staatsangehöriger. Auch er

war nach den zuvor genannten Rassegesetzten „Jude". Er wurde am
04.12.1941 von Prag nach Theresienstadt deportiert, versah hier unter

Todesfallanzeige von Selma Kübler aus dem Konzentrationslager Theresienstadt [76] dem Druck der deutschen Machthaber ärztliche Dienste und wurde am 28.10.1944 nach Auschwitz deportiert und dort ermordet.[77]

Zu den anderen ärztlichen Unterzeichnern konnte der Verfasser keine Details ermitteln.

Kundt, Dorothee

geborene Wolff, geb. 11.12.1893 in Angermünde (Mark Brandenburg). Sie war verheiratet mit **Theodor Kundt**, geb. 28.02.1883 in Boyadel/Grünberg (Schlesien). Die Schreibweise von Dorothee ist nicht eindeutig. Das Bundesarchiv veröffentlicht „Dorothee" mit zwei „e" während „Ancestry.com" die Schreibweise mit einem „e" aufweist. Der Verfasser hat sich für die gebräuchliche Schreibweise entschieden.

Nach dem Adressbuch von Zepernick aus dem Jahre 1938 wohnte die Familie Kundt in Zepernick in der Siemensstraße 4, der heutigen Max-Lenk-Straße. Außerdem wohnte unter dieser Adresse zum Zeitpunkt der Volkszählung vom 17.05.1939 **Doris Kundt**, geb. 16.03.1907 (oder 1927) in Berlin. Ob es sich bei Doris um eine nahe Verwandte des Ehepaares Kundt handelte, ist dem Verfasser nicht bekannt.

Nach den „Nürnberger Gesetzen" wurden die Großeltern von Dorothee Kundt mütterlicherseits als jüdisch gläubig und die Großeltern väterlicherseits als nicht jüdisch gläubig bezeichnet. Dorothee wurde deswegen als „Mischling 1. Grades" oder „Halbjude" bezeichnet. Die anderen Familienmitglieder, Theodor und Doris wurden nach den gleichen Rassegesetzen als nicht jüdisch eingeteilt. Die so genannte Mischehe schützte Dorothee Kundt möglicherweise vor der nationalsozialistischen Verfolgung.[78] Das weitere Schicksal der Familie Kundt ist derzeit ungeklärt.

Lazarus, Grete

geborene Levy, geb. 01.02.1881 in Schulitz (heute Solec Kujawski, Polen). Nach den nationalsozialistischen „Nürnberger Gesetzen" vom September 1935, waren ihre Großeltern väterlicher- und mütterlicherseits jüdischen Glaubens. Grete Lazarus wurde deswegen als „Jude" bezeichnet.

Nach einer Information, die dem Panketaler Geschichtsverein vorliegt, soll Frau Lazarus in Zepernick gelebt haben. In welchem

Zeitraum sie dort lebte, ob nur kurze Zeit oder längere Zeit, ist im Geschichtsverein nicht bekannt.

Letzte Adresse vor der Deportation: Berlin NW, Lessingstraße 16.

Von Berlin am 12.03.1943 (Nummer 504, Seite 27, Transportliste des „36. Osttransportes")[79, 80] nach Auschwitz verschleppt. Dort ermordet. [81] Genaues Todesdatum liegt nicht vor.

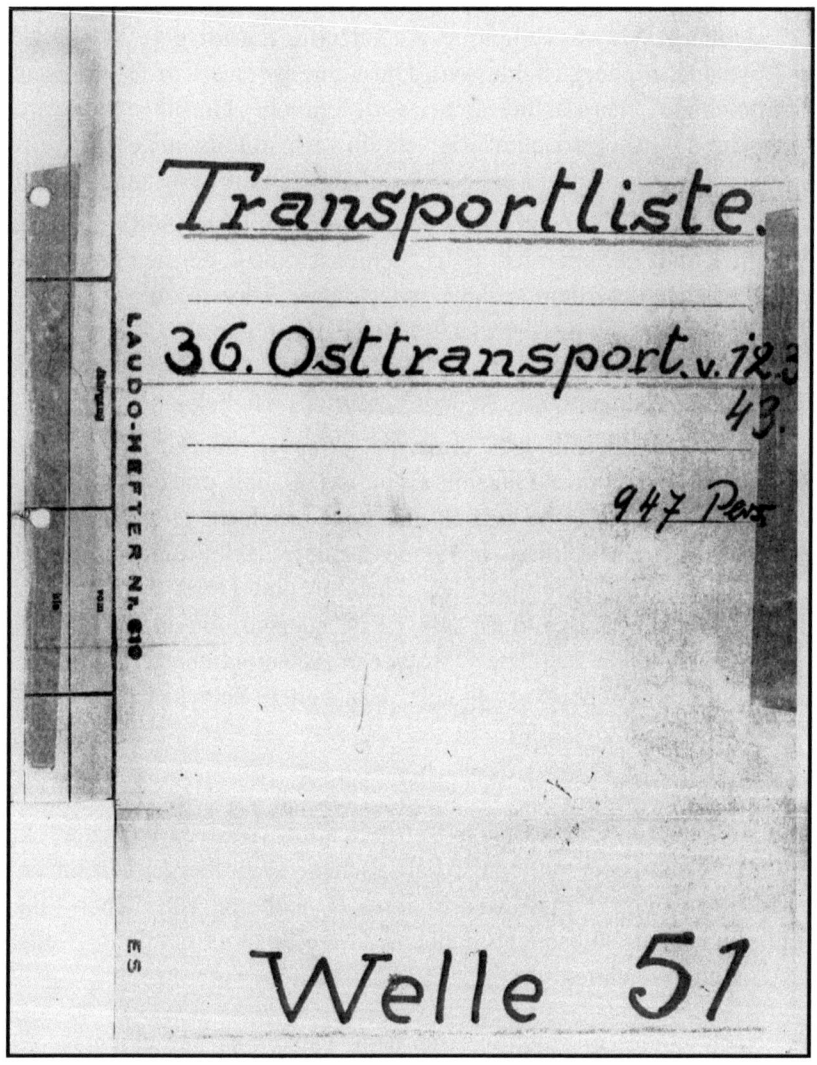

Transportliste des 36. Osttransportes vom 12.03.1943

501	Behrendt geb.Krolik	Berta Sara	13.10.20	Berlin	Schbg.Riemenschmidtstr.69
502	Behrendt	Heinz Helmut Isr.	21.9.14	Berlin	do.
503	Frank	Alice Sara	24.3.85	Stolp	N.37, Wickinger Ufer 3
504	Lazarus geb.Levy	Grete Sara	1.2.81	Schulitz	N., Lessingstr.16
505	Neuwock geb.Levy	Ida Sara	20.11.78	Schulitz	do.
506	Dallmann	Frieda Sara	5.2.96	Priezen	Wxd.Uhlandstr.70 b.Rosenthal
507	Wloroh	Martin Isr.	20.1.66	Strassburg	N.65,Iranischestr.2
508	Scarfecker	Jetti Sara	12.7.03	Berlin	N.65,Iranischestr.2
509	Simonson	Heinz Isr.	30.12.04	Zirke	Charl.Philippstr.2
510	Simonson geb.Baumann	Ilse Sara	13.3.03	Schneidemühl	Charl. do.
511	Simonson	Edith Sara	15.5.02	Zirke	do.
512	Wolff	Betty Sara	10.11.99	Inowraclaw	Wxd. Holmstedterstr.23 b.Glitzki
513	Dossmer	Max Isr.	8.4.85	Greta	N. 21, Bochumerstr.7
514	Dossmer geb.Abraham	Erna Sara	8.6.91	Berlin	do. b. Dossmer
515	Abraham geb.Fränkel	Ida Sara	28.9.64	Berlin	do. b. Dossmer
516	Stein	Alice Sara	31.1.91	Gleiwitz	N. Auguststr.14-16
517	Meyer	Senta Sara	19.2.91	Biskupitz	N.34,Alte Schönhauserstr.2
518	Meyer	Martin Isr.	15.4.00	Biskupitz	do.
519	Voss	Werner Willy Isr.	22.12.03	Charlottbg.	N.4,Auguststr.14-16
520	Voss geb. Katz	Lieselotte Sara	25.12.11	Midleben	do.

Unter der Nr. 504 wurde Grete Lazarus deportiert. [82]

57

LINSER, ELSE

geborene Adam, geb. 12.02.1894 in Berlin. Ab 07.12.1938 wohnhaft in Zepernick, Moltkestraße 7, nach 1945 wurde der Straßenname geändert in Bänschstraße, nach 1990 geändert in Fontanestraße.[83] Sie war verheiratet mit **Fritz Linser**, geboren 16.08.1886 in Berlin.

Nach den nationalsozialistischen „Nürnberger Gesetzen" waren ihre Großeltern väterlicherseits und mütterlicherseits jüdischen Glaubens. Else Linser wurde deswegen als „Jude" bezeichnet. Fritz Linser hatte den Beruf eines Buchhändlers. Er wurde nach den vorgenannten „Nürnberger Gesetzen" als „Arier" bezeichnet.

Über das Leben der Linsers während der Hitler-Diktatur ist dem Verfasser nichts bekannt. Möglicherweise schütze Else ihre Familien-Konstellation (so genannte Mischehe) vor direkter Verfolgung. Im Kreisarchiv des Landkreises Barnim in Eberswalde ist eine Eintragung des Standesamtes Zepernick archiviert, aus der hervorgeht, dass Else Linser am 06.07.1958 in Zepernick verstorben ist.[84] Fritz Linser wohnte ab dem 09.11.1962 im Feierabendheim, Lanker Straße in Bernau. Dort ist er am 09.10.1966 verstorben.[85]

LÖWENTHAL, MORITZ

geb. 15.07.1870 in Bad Homburg v.d.Höhe. Er wohnte in Zepernick in der Poststraße 8.[86] Moritz war in zweiter Ehe seit 1922 verheiratet mit **Gerda Löwenthal**, geborene Theodor. Nach den nationalsozialistischen „Nürnberger Gesetzen" vom September 1935 waren seine Großeltern väterlicher- und mütterlicherseits jüdischen Glaubens. Moritz Löwenthal wurde deswegen als „Jude" bezeichnet.

In erster Ehe war er seit dem 27.03.1907 mit **Mary Elisabeth Löwenthal**, geborene Schoenland verheiratet. Die Ehe wurde in Johannesburg (Südafrika) geschlossen. Mary Löwenthal ist 1920 verstorben und wurde auf dem jüdischen Friedhof in Weissensee beerdigt. Aus der Ehe stammte die Tochter Hedda, geb. 12.01.1908.

Marys Vater stammte aus Thüringen und war im 19. Jahrhundert nach Südafrika ausgewandert. Dort heiratete er die Burin Marie Geere. Später zog die Familie wieder nach Deutschland. Nach der nationalsozialistischen Deutung war die Tochter Hedda Jüdin, da drei

_A_b_s_c_h_r_i_f_t_

Der Leiter der
Reichsstelle für Sippenforschung

Nr. II 7 A 3100.F.

Berlin NW 7, den 23. Juni 1939.
Schiffbauerdamm 26
Fernsprecher 42 3383
Drahtanschrift: Reichssippenforschung

Es wird gebeten, dieses Geschäftszeichen
und den Gegenstand bei weiteren Schreiben anzugeben.

Abstammungsbescheid

Die Ehefrau
          Hedda Rita ███████ geb. Loewenthal

in Berlin,

geboren zu Berlin   am 12.1.1908, ist

                    J ü d i n
.

im Sinne der Ersten Verordnung zum Reichsbürgergesetz vom 14. November
1935 (RGBl. I S. 1333).

Die Abstammung wurde hier nachgeprüft.

Gründe:

     Drei Großelternteile des Prüflings sind jüdischer Abstammung.
Dieses sind:

Die väterlichen Großeltern, Elias Löb Loewenthal (geboren Bad Homburg
um 1804, gestorben ebenda 6.5.1877) und seine Ehefrau Jettche geb. Müller
(geboren Windecken 12.7.1849, gestorben Bad Homburg 2.10.1903) die zu
Bad Homburg am 17.7.1867 die Ehe schlossen (Traueintragung bei der Israe-
litischen Kultusgemeinde zu Bad Homburg);
der mütterliche Großvater, Hirsch (Hermann) Schönland, geboren zu Frankenhausen (Kyffhäuser) am 5.6.1855 (Geburtseintrag der Juden beim evan-
gelischen Pfarramt in Frankenhausen).

Die Abstammung der mütterlichen Großmutter, Maria de Geera, die angeblich
in Südafrika geboren wurde, konnte urkundlich nicht nachgeprüft werden,
es bestehen jedoch keine Bedenken,gegen die Annahme, daß sie artverwandte
Blutes (Burin) ist.

Sonach ergibt sich die oben festgestellte Abstammung.

                         Jn Vertretung:
               gez. Dr. K n o s t

Siegel:
Reichsstelle für
Sippenforschung

Stempel:Beglaubigt
gez. Titting
Kanzleiangestellte

X.220.11.38.3000

8931 38 II D
Din 476 A 4

Durch Siegel und Unterschrift wird bestätigt, daß diese Abschrift
mit dem Original übereinstimmt.

Hedda Selke ließ 1939 ihre Abstammung bei der Reichsstelle für Sippenforschung bestimmen
(Nachlass Hedda Selke, geb. Löwenthal)

ihrer Großeltern als Juden galten. Hedda hat 1939 ihre Abstammung selbst bestimmen lassen und danach eine Vielzahl von Einsprüchen wegen ihrer Abstammung eingereicht. Sie ließ sich am 20.05.1930 in Bernau evangelisch taufen. Pfingsten 1930 heiratete sie einen Arier und trug seitdem den Namen Hedda Selke. Dies und ihre unklare Abstammung verhalfen Hedda dazu, dass sie den Holocaust relativ unbeschadet überlebte. Aus der Ehe gingen drei Kinder hervor (1931 eines und 1933 Zwillinge). Sie lebte mit ihrem Ehemann von 1932 - 1933 im Haus ihres Vaters in der Poststraße 8 in Zepernick.

Weil Moritz Löwenthal sich nicht mit dem Schwiegersohn verstand, kam es zu einem schwerwiegenden Zerwürfnis, worauf Hedda und ihr Ehemann auszogen und die Verbindung abriß. Man traf sich erst 1942 auf einem Friedhof wieder, weil eine Freundin von Gerda Löwenthal beerdigt wurde. Kurz danach wurden der Vater und die Stiefmutter deportiert.

Aus dem Nachlass von Hedda Selke konnte recherchiert werden, dass Moritz Löwenthal seit 1898 bei der Nationalbank für Deutschland in Berlin angestellt war. Für drei Jahre, vom 01.01.1904 bis zum 31.12.1906, hatte er im Auftrage der Bank ein Engagement in Johannisburg bei der Firma E. Friedlaender & Co. Limited. Hierbei lernte er seine erste Ehefrau Mary Schoenland kennen.

Nach der Fusion der Nationalbank für Deutschland mit der Deutschen Nationalbank und Umwandlung in eine Kommanditgesellschaft auf Aktien (KG a.A.) nannte sich die Bank ab 1920 Nationalbank für Deutschland. 1922 bildete die Nationalbank für Deutschland mit der Darmstädter Bank für Handel und Industrie eine Bankengemeinschaft unter dem Namen Darmstädter und Nationalbank KG a.A., kurz Danat-Bank.

Im Zuge der Weltwirtschaftskrise Ende der 1920er Jahre geriet die Danat-Bank in Schieflage. Daraufhin zogen die ausländischen Anleger ihr Bankguthaben ab. Angesichts des erschütterten Vertrauens in die Bankenwelt hoben auch die deutschen Bankkunden im großen Stil ihre Einlagen ab, worauf die Danat-Bank zusammenbrach. Die Regierung betrieb anschließend die Fusion der Danat-Bank mit der Dresdner Bank und erhöhte das Kapital nach den erforderlichen Bedürfnissen, worauf die Dresdner Bank zu 75 % in Reichsbesitz überging.

Moritz Löwenthal war bis zu seinem Ausscheiden Prokurist dieser Bank. Zu der Zeit nannte man die Angestellten einer Bank „Bankbeamte". Am 31.12.1925 verabschiedete ihn die Darmstädter und Nationalbank in den Ruhestand und er wurde Pensionär. Die Bank bewilligte ihm eine jederzeit widerrufliche monatliche Pension in Höhe von *RM* 350,00. Dies entspricht einem heutigen Wert von ca. Euro 1.440,00. Bedingt durch die Weltwirtschaftskrise und den Fusionen und Umbenennungen der Bank wurde die Pension im Laufe der Jahre immer weiter gesenkt. Im Jahre 1931 betrug die monatliche Pension *RM* 315,00, 1933 = *RM* 274,25, 1938 bis 1942 = *RM* 225,00.

Abzüglich der Lohnsteuer und eines nach Beginn des Krieges zu zahlenden Kriegszuschlags sowie eines Beitrags zur Beerdigungskasse verblieben dem Pensionär netto *RM* 171,81 monatlich. Die vorgenommenen Kürzungen hatten nicht ursächlich damit zu tun, dass der Pensionär Jude war. Die Schmälerungen waren der allgemeinen schlechten Wirtschaftslage geschuldet. Der Verfasser hat keinen Anhaltspunkt dafür gefunden, dass die Reduzierungen aus rassischen Gründen vorgenommen wurden.

Moritz Löwenthal war ein streitbarer Mann. Er vertrat seine Rechte sehr deutlich. Er stritt mit der Reichsvereinigung der Juden in Deutschland wochenlang über die korrekte Berechnung seiner Beitragszahlung. Die Grundlage für die Berechnung waren die Einkünfte. Bei den im Laufe der Jahre abgesenkten Pensionszahlungen hatte Löwenthal allen Grund, auf seine Ausgaben zu achten. Er war natürlich auch durch seine frühere Banktätigkeit geprägt.

Ein weiterer Streitpunkt waren veranlagte Straßenbaukosten der Gemeinde Zepernick. Löwenthal sollte für sein Grundstück in der Poststraße einen Beitrag in Höhe von *RM* 1.245,60 bezahlen. Am 12.07.1941 bat er um Reduzierung der Summe und eine ratierliche Zahlung, weil ihm nur ein geringes Einkommen zur Verfügung stand und zudem durch einen Luftangriff Schäden an seinem Haus zu reparieren waren. Der Bürgermeister von Zepernick antwortete am 19.07.1941 in gewohnt rüdem Ton, wie er üblicherweise gegenüber Juden verwendet wurde. Die Gemeinde bestand auf einer sofortigen Zahlung, Zwangsmaßnahmen wurden angedroht. Die Schäden durch den Luftangriff wurden nicht anerkannt und auch nicht erstattet.

Reichsvereinigung der Juden in Deutschland
Bezirksstelle Brandenburg-Schneidemühl
Beitragserhebungsstelle Brandenburg

Berlin-Charlottenburg, Kantstr. 159
Kantstr. 159
den 14. November 1939. Dr. M/Fr.

Herrn
Moritz L o e w e n t h a l ,

Z e p e r n i c k , Poststr. 8.

Sehr geehrter Herr Loewenthal!

                    Wir bestätigen den Eingang Ihres Schreibens
vom 10. November ds. Js. und teilen Ihnen nunmehr Folgendes mit:

Unsere Beitragsfestsetzung erfolgt auf der Grundlage der Einkommensteuer. Wir haben aber hierbei alle Bestimmungen ausser Acht
zu lassen, die im Einkommensteuergesetz als Sonderbestimmungen
für Juden getroffen sind.

Von dieser Tatsache ausgehend, würde die Festsetzung Ihrer Lohnsteuer nach Steuergruppe III zu treffen sein. Bei einem monatlichen Lohneinkommen von RM 225.- beträgt die Lohnsteuer in Steuergruppe III RM 11,44. Der Beitrag zur Reichsvereinigung der Juden
in Deutschland ist 25% der Einkommensteuer. 25% Ihrer monatlichen Lohnsteuer machen RM 2,86 aus, mithin ergibt sich als Beitrag für das 2. Halbjahr 1939 ein Beitrag von

                    RM 17,16.
                    ----

wir bitten um Überweisung dieses Betrages an die Kultusvereinigung Altlandsberg z. Hd. des Herrn Borkowski, die in unserem Auftrage die Beiträge einzieht.

                    Mit vorzüglicher Hochachtung!

                    Bezirksstelle Brandenburg-Schneidemühl
                    Beitragserhebungsstelle Brandenburg

Schreiben Reichsvereinigung der Juden in Deutschland vom 14.11.1939
(Nachlass Hedda Selke, geb. Löwenthal)

62

Der Bürgermeister   Zepernick , den 4.Juli 1941.
Abt.II.

Strassenbaukonto Nr. 1983

Herrn - Frau
Jsrael Moritz Loewenthal   Durch Postzustellungsurkunde !
Zepernick
Poststr.8.

         V e r a n l a g u n g .
zu einmaligen Beiträgen zur ersten Einrichtung mit Bürgersteigbe-
festigung und Baumpflanzung, ohne Entwässerung und ohne Beleuchtungs
vorrichtung der Poststrasse.

Die Poststrasse, an der Ihr bebautes Grundstück liegt, ist im
Jahre 1938 ausgebaut worden. Auf Grund des § 15 des Fluchtlinienge-
setzes vom 2.7.1875 und des § 4 des hierzu erlassenen Ortsstatuts
der Gemeinde Zepernick vom 3.Febr. 1911 sind Sie zur Tragung der
Kosten des Ausbaues verpflichtet.

Die Kosten sind auf 67,88 RM pro lfdm.Grundstücksstrassenfront
festgesetzt worden. Ihr Grundstück Poststr. Nr. 8 hat eine
Strassenfrontlänge von 18,35 lfdm. Hiernach sind von Ihnen für
Ihr Grundstück Band 49 Blatt 1492 insgesamt

                    1 245,60   RM
zu entrichten.

Der Betrag ist an sich mit Zustellung dieses Bescheides fällig.
Entgegenkommenderweise bewillige ich Ihnen jedoch eine Zahlungs-
frist von 3 Monaten.

Gegen diesen Bescheid steht Ihnen der Einspruch zu. Das Rechts-
mittel ist binnen einer Frist von 4 Wochen bei dem Unterzeichneten
einzulegen. Durch einen etwaigen Einspruch wird die Verpflichtung
zur Zahlung nicht aufgehoben.

Der Kostenverteilungsplan kann hier während der Dienststunden
vormittags von 8 - 12 Uhr im Rathause Zimmer 11 eingesehen
werden.

Mitteilung des Bürgermeisters von Zepernick über die Höhe der Straßenbaukosten vom
04.07.1941 (Nachlass Hedda Selke, geb. Löwenthal)

„ Betr. Straßenbaukonto
Nr 1983 "

Zepernick, den 12 Juli 1941
Perlstr 8

An den Herrn Bürgermeister
Abt II
Hier.

Ihre Veranlagung vom 4ten ist mir am 9.ten ds Mts zugestellt worden. Die einzige Möglichkeit zur sofortigen Verminderung des zu entrichtenden Betrages besteht in dem von mir am 30 April angemeldeten feindlichen Fliegerschaden von $\mathcal{M}$ 146.35
Dieserhalb habe ich gestern beim Landratsamt des Kreises Niederbarnim in Berlin (Zimmer 66 u 64) vorgesprochen, wo ich erfuhr, daß von dem Regierungspräsidenten dieses Kreises in Potsdam noch keine Genehmigung zur Rückerstattung eingetroffen wäre. Auf meine Bitte hin erklärte man sich bereit, alsbald zu veranlassen, daß der Betrag mit Ihnen zu meinen Gunsten verrechnet werden solle.
Zur weiteren successiven Tilgung der Gesamtsumme, wozu mir keinerlei Mittel zur Verfügung stehen, werde ich ab 15. August monatlich je $\mathcal{M}$ 20.— zahlen, wobei ich bemerk daß mir von meinem Einkommen nach Abzug der Steuern u Abgaben alsdann nur $\mathcal{M}$ 142.— verbleiben würden !
Ich darf Sie daher wohl bitten, mir in dieser Sache durch Ihr Einverständnis entgegen zu kommen.
Moritz Israel Loewenthal
Bankprokurist i. R.
71 Jahre alt

Schreiben von Moritz Löwenthal an den Bürgermeister von Zepernick vom 12.07.1941 wegen Verringerung der Kosten und Antrag auf Ratenzahlung (Nachlass Hedda Selke, geb. Löwenthal)

Der Bürgermeister   Zepernick,den 19.7.41

Abt.II

Vfg.

1.)

Herrn

Israel Moritz Loewenthal

in   Z e p e r n i c k

Poststraße 8

Ihr Schr.v.12.7.41   Zepernick,den   19.Juli 1941

                       Abt.II

Ich lege keinen Wert auf Verminderung ,sondern auf volle
Bezahlung des Anliegerbeitrages bis zu dem festgesetzten
Termin.
Bei Zahlungsverzug werde ich sofort die zwangsweise Beitrei=
bung veranlassen.

2.) Herrn Gem.-Inspektor Oehmke zur Kenntnis.

Lt.Veranlagung muß der Anliegerbeitrag bis zum 9.Aug.ds.J.
gezahlt sein.Sollte bis zu diesem Zeitpunkt der Betrag nicht
in voller Höhe eingegangen sein,so ist sofort die zwangsweise
Beitreibung durchzuführen.

3.) Wdv.9.8.41

Der Bürgermeister   Zepernick,   -8.AUG.1941
Bauabteilung   Kreis Niederbarnim

Zahlungsaufforderung des Bürgermeisters von Zepernick an Moritz Löwenthal vom 19.07.1941
(Nachlass Hedda Selke, geb. Löwenthal)

Der Bürgermeister   Zepernick,den 21.August 1941
Abt.II

1./ An

den Herrn Amtsvorsteher
als Ortspolizeibehörde

h i e r .

Der Jude Moritz Israel L o e w e n t h a l ,Zepernick,Poststr.8,
wurde im Juli ds.J.zur Bezahlung von 1.245,- RM Anliegerbeitrag
aufgefordert. L. bat mit Schreiben v.12.7.ds.J. um Stundung
des Anliegerbeitrages mit der Begründung,daß von seiner Pension
als ehemaliger Bankprokurist monatl. netto 142,- RM zur Bestrei=
tung seines Lebensunterhalts verbleiben.Gleichzeitig hat L. in
diesem Schreiben zum Ausdruck gebracht,daß ihm außerdem keiner=
lei Mittel zur Verfügung stehen. L. hat es aber nach meinem ab=
lehnenden Bescheide doch fertig gebracht,den Anliegerbeitrag
ineiner Summe zu zahlen.

Unter Berücksichtigung dieser Tatsachen halte ich es durchaus
für möglich,daß L. unangemeldetes Kapital hinter sich hat.

Ich bitte Sie deshalb bei dem Herrn Oberfinanzpräsidenten zu
beantragen,daß bei dem Juden Loewenthal eine Nachprüfung hin=
sichtlich der Anmeldepflicht jüdischen Vermögens vorgenommen
wird.Falls ein Verstoß hiergegen nicht nachgewiesen werden kann,
bedarf es aber der Feststellung,ob L. sich die Mittel illegal
beschafft hat.

Schreiben des Bürgermeisters von Zepernick an die Polizeibehörde
(Nachlass Hedda Selke, geb. Löwenthal)

Berlin NW 40, den 2. August 194 1
Friedrich-Karl-Ufer 5
Fernruf: 420014

Hinsichtlich der Behandlung von Juden gemäss § 31 der
Kriegssachschädenverordnung vom 30.11.1940 sind Richtlinien
vom Herrn Reichsminister des Innern noch nicht ergangen.
Der Herr Regierungspräsident hat mir daher Ihren Antrag
auf Gewährung einer Entschädigung für einen Kriegssachschaden
mit der Anweisung zurückgegeben, ihn bis zum Erlass einschlä-
giger ministerieller Bestimmungen zurückzustellen.

Herrn

Moritz Israel Loewenthal

Im Auftrage

in Z e p e r n i c k

Poststr. 8

20. 3. 41. 25 000. S. — K. Nr. C / 1800.

Berlin NW 40, den 5 September 194 1
Friedrich-Karl-Ufer 5
Fernruf: 42 00 14

Auf Ihre Eingaben vom 11. und 22. Juli 1941 und im Nach-
gange zu meinem Zwischenbescheid vom 17. 7. 1941 - I 4/2548 -

Zu Absatz 1 Ihres Schreibens bemerke ich, daß Sie bezüglich der Erstattung von Fliegerschäden inzwischen durch
Verfügung vom 2. August 1941 - VI 3/L 66 - beschieden worden
sind. Zu Absatz 2 Ihrer Eingabe teile ich mit, daß der Herr
Bürgermeister in Zepernick sein Einverständnis zur Vermietung
eines Zimmers ablehnt. In dieser Angelegenheit vermag ich aus
grundsätzlichen Erwägungen nichts weiter zu veranlassen.
Etwaige künftige Eingaben und Anträge sind dem Herrn Bürgermeister in Zepernick stets in schriftlicher Form zu un-
terbreiten.

Herrn Moritz Israel Loewenthal

in Zepernick

Poststr. 8
4. 4. 41. 50 000. S. — K. Nr. C / 1800.

Schreiben des Landrats an Moritz Löwenthal bezüglich Ablehnung von
Entschädigungszahlungen (Nachlass Hedda Selke, geb. Löwenthal)

Moritz Löwenthal bezahlte den geforderten Betrag angesichts der angedrohten Zwangsmaßnahmen unverzüglich in einer Summe. Das allerdings machte ihn in höchstem Maße verdächtig. Woher hatte er das Geld? Sollten nicht die Juden seit geraumer Zeit alle Einkünfte und Guthaben angeben? Einnahmen und Ausgaben mußten wegen der von den Nationalsozialisten gegenüber den Juden geforderten Transparenz ausnahmslos über ein Bankkonto abgewickelt werden. Hatte Löwenthal möglicherweise noch Bargeldbeträge vor den Machthabern verborgen gehalten? Der Bürgermeister von Zepernick hatte jedenfalls einen solchen Verdacht und denunzierte Löwenthal am 21.07.1942 bei der Ortspolizeibehörde.

Die Familie Löwenthal war bereits seit dem 04.11.1939 von öffentlich zugängliche Informationen abgeschnitten. An diesem Tag wurde das Familienradio von der Gestapo entschädigungslos beschlagnahmt. Was es bedeutet, ohne jegliche Information zu leben, kann man sich heute kaum vorstellen. Zeitungen durften Juden nicht beziehen. Den „Ariern" war es verboten, mit Juden zu sprechen.

Am 06.02.1942 stand plötzlich die Gestapo vor dem Haus der Löwenthals. Sie verschafften sich gewaltsam Zutritt zur Wohnung und zerstörten wesentliche Teile der Wohnungseinrichtung. Moritz Löwenthal wurde verhaftet und nach Potsdam verbracht. Als Grund für die Verhaftung nannte man seine Tätigkeit als Diskussionsredner und die Mitgliedschaft in der jüdischen Religionsgemeinschaft. Weiterhin verdächtigte man ihn wegen illegaler Tätigkeit nach Auslandsreisen. Diese Anschuldigungen waren natürlich völlig haltlos.

Die Angehörigen erfuhren zunächst nichts. Sein vermeintliches Vergehen blieb im Dunkeln. Es gab vielfältige Möglichkeiten, auf Grund einer Kleinigkeit die jüdische Bevölkerung zu schikanieren, zu misshandeln und einzusperren. Gerda Löwenthal schildert in einem Brief an ihren Bruder am 27.02.1942, sie habe gerüchteweise gehört, dass irgendetwas mit seiner Brotkarte nicht gestimmt habe. Sie erwägt noch einen anderen möglichen Grund, dass etwas mit der Untervermietung an Jenny Gold und Egon Teller nicht in Ordnung gewesen sei.

Kleinste Vergehen im Zusammenhang mit den Lebensmittelkarten wurden von der willfährigen nationalsozialistischen Justiz strengstens

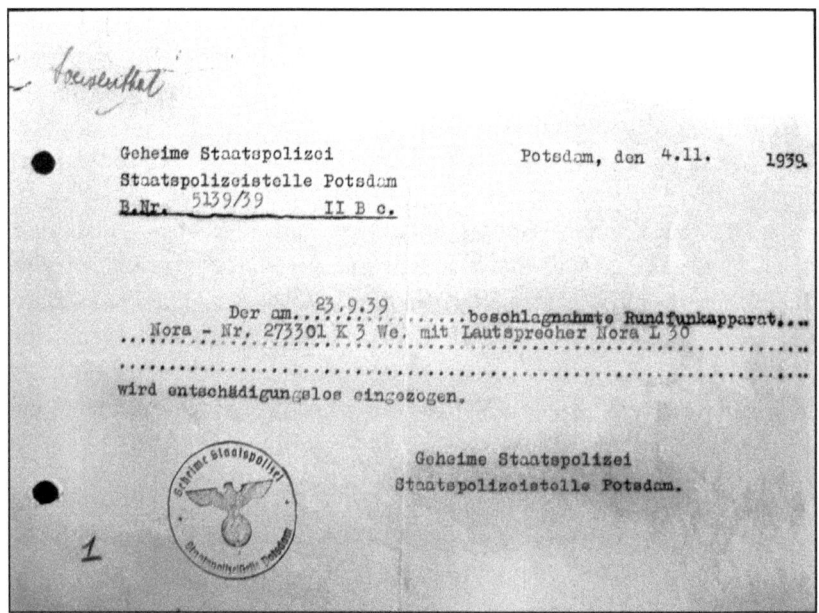

Beschlagnahme Radioapparat (Nachlass Hedda Selke, geb. Löwenthal)

geahndet. Wenn beispielsweise ein Bäcker aus Mitleid einem Kunden, der eine 50g-Brotmarke abgegeben hatte, 100g Brot gab und er wurde dabei beobachtet, dazu bei der Gestapo angezeigt, erwartete den Bäcker und seinen Kunden eine harte Bestrafung. Da alle durch die Rationierung wenig bekamen, achtete jeder auf jeden, und viele waren bereit, eine solche Sache anzuzeigen, obwohl klar war, dass es unerbittliche Konsequenzen hatte.

Außerdem bot es für Denunzianten eine willkommene Gelegenheit, anderen Menschen aus nichtigen Gründen einen „Denkzettel" zu verpassen. Die Rationen wurden im Laufe des Krieges mehrfach gekürzt und die Strafen für Vergehen erhöht. In den letzten Kriegsjahren wurde vielfach ohne Gnade die Todesstrafe für Vergehen im Zusammenhang mit Lebensmittelkarten verhängt. Die jüdische Bevölkerung erhielt von Anfang an per se nur gekürzte Rationen. Sonderzuteilungen waren für sie nicht zugänglich. Ab 1942 erhielt die jüdische Bevölkerung keine Fleisch- und Kleidermarken mehr. Aus der Rationierung ergab sich für die vielen untergetauchten Personen, die einer Verhaftung oder

69

Deportation entgehen wollten, eine gefährliche Lage. Ohne Karten war ihnen die Beschaffung von Lebensmitteln kaum möglich; eventuell vorhandene Helfer konnten ihnen so gut wie nichts abgeben, da die Rationen zu knapp bemessen waren, um davon noch eine oder gar mehrere versteckte Personen zu versorgen.

Gerda Löwenthals Bruder antwortete auf den oben genannten Brief, dass auch er nichts Genaues wisse. Es wurde überlegt, ob die Beauftragung eines Rechtsanwalts Moritz helfen könne. Dieser Gedanke wurde allerdings wieder verworfen. Es hätte ein jüdischer Rechtsanwalt sein müssen, der freilich bereits weitestgehend rechtlos war und bei den Nationalsozialisten kaum etwas bewirkt hätte. Man befürchtete im Gegenteil dadurch möglicherweise eine Verschlimmerung der Lage.

Nach der Verhaftung wurde Moritz zunächst im Gestapo-Gefängnis in Potsdam festgehalten. Von dort schrieb er am 07.04.1942 einen verzweifelten Brief an seine Frau Gerda. Aus den Zeilen geht hervor, dass er ein gebildeter Mensch war, der es sich angewöhnt hatte, präzise zu formulieren. Für den Verfasser ist die völlige Ahnungslosigkeit bezüglich seines persönlichen Schicksals sehr erschütternd. Obwohl doch bereits viele Juden, auch aus Zepernick, deportiert worden waren oder unter erheblichem Druck standen, erkennt Löwenthal nicht seine tatsächliche Lage. Er spricht von der Feldarbeit und dass er unbedingt dabei helfen muss, erklärt seiner Frau, dass sie bei der Gestapo vorsprechen und dringend darauf hinweisen soll, dass er in seinem Garten gebraucht wird. Als gelernter Bankbeamter gibt er seiner Frau exakte Anweisung wie sie beispielsweise Geld zu besorgen oder Kleidung zu bringen hat.

Indes, alle Bemühungen, Moritz Löwenthal aus seiner Lage zu befreien, schlagen fehl, und so wird er nach Zwischenstationen in Ruhleben und Sachsenhausen am 16.04.1942 in das Konzentrationslager Buchenwald deportiert. Dort erhielt er die Nummer 1859. Ab Montag, 27.04.1942 wurde er dem Baukommando I (Kommando 45) zugeteilt.

Die Baukommandos waren vor allem in den Steinbrüchen eingesetzt und dafür berüchtigt, dass dort die Gefangenen besonders brutal misshandelt wurden. Die bewachenden SS-Leute und die

Brief von Moritz Löwenthal an Gerda Löwenthal aus dem Polizeigefängnis Potsdam vom 07.04.1942, Teil 1 (Nachlass Hedda Selke, geb. Löwenthal)

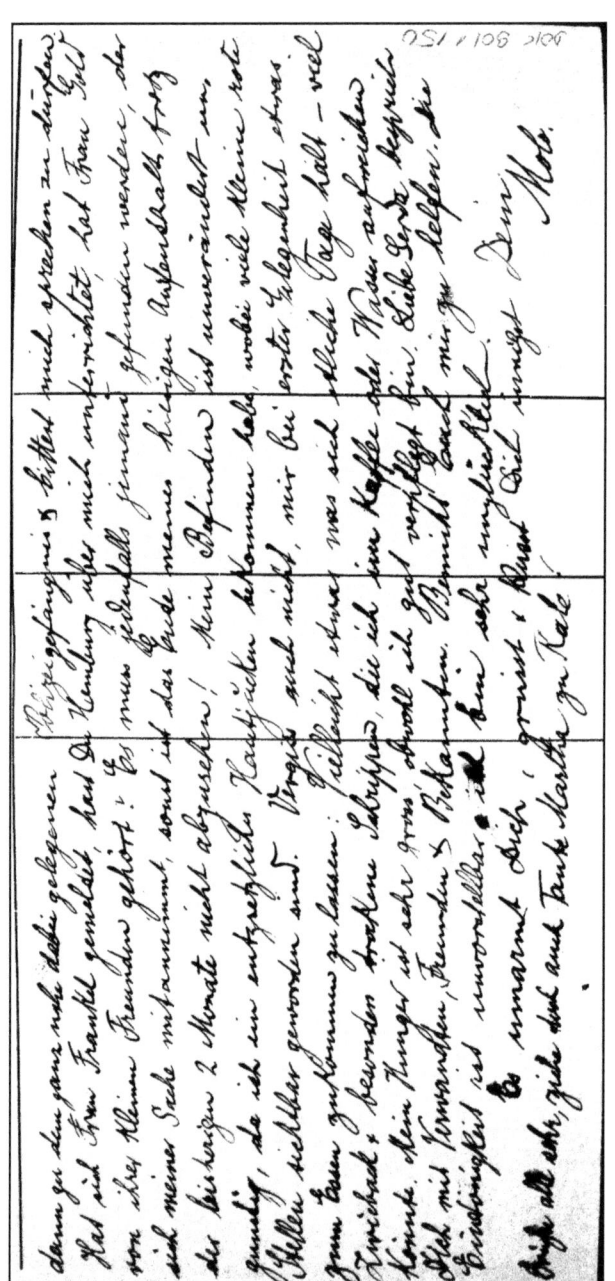

Brief von Moritz Löwenthal an Gerda Löwenthal aus dem Polizeigefängnis Potsdam vom
07.04.1942, Teil 2 (Nachlass Hedda Selke, geb. Löwenthal)

Nachfolgend die Transkription des Briefes vom 07.04.1942:

„Polizeigefängnis, Potsdam den 7.4.1942

Meine liebe Gerda!

Wegen stets zunehmendem Andrang zur Schreibzelle war es mir nicht möglich, Dir in den letzten 4 Wochen zu schreiben. Den von der Bank verlangten Schein von der Gestapo konnte ich nicht erhalten, schreibe Du daher an die Bank, sie möchte denselben direkt einfordern & Dir doch wenigstens einstweilen die Febr. Pension auszahlen - vielleicht sendest Du als Legitimation dieses mein Schreiben mit ein. Sende Du mir per PA M 10,-! Ferner benötige ich dringend Sockenhalter, 1 Paar Schnürsenkel, eine leichte Unterhose, eine leichte Unterjacke, mindestens 2 Paar Strümpfe (alle hier habenden sind total zerfetzt), eine andere Hose, da die meinige ebenfalls zerrissen ist. Es wird wohl nötig sein, mir all die Dinge hierher zu bringen, da die Sendung zu lange Zeit braucht. Wenn Du von der dortigen Polizei keine Erlaubnis erhalten solltest, was ich für unmöglich halte, wenn Du die Sache richtig vorbringst, so muß eben eine andere Person dazu gefunden werden. Du benötigst mich jetzt dringend für die Feldarbeiten auf dem Grundstück.

Versuche also ferner, wenn Du hierher kommst, meinen Sachwalter bei der Gestapo zu sprechen, indem Du ihm gleichzeitig ein Schreiben von Dir vorlegst, worin Du sagst, dass ich seit meiner Vernehmung am 18. Febr. nichts über mein ferneres Schicksal bezw. Entlassung vernommen habe & ich jetzt bei den Frühlingsarbeiten helfen muss.

Von der Gestapo gehst Du dann zu dem ganz nahe dabei gelegenen Polizeigefängnis & bittest mich sprechen zu dürfen. Hat sich Frau Frankel gemeldet, hast Du Hamburg über mich unterrichtet, hat Frau Gold von ihrer kleinen Freundin gehört? Es muss jedenfalls jemand gefunden werden, der sich meiner Sache mit annimmt, sonst ist das Ende meines hiesigen Aufenthalts trotz der bisherigen 2 Monate nicht abzusehen!

Mein Befinden ist unverändert ungünstig, da ich ein entsetzliches Hautjucken bekommen habe, wobei viele kleine rote Stellen sichtbar geworden sind. Vergiss auch nicht, mir bei erster Gelegenheit etwas zum Essen zukommen zu lassen: Vielleicht etwas, was sich etliche Tage hält - viel Zwieback & besonders trockene Schrippen, die ich im Kaffee oder Wasser aufweichen könnte. Mein Hunger ist sehr gross, obwohl ich gut verpflegt bin. Liebe Gerda besprich Dich mit Verwandten, Freunden & Bekannten. Bemüht Euch mir zu helfen. Die Eintönigkeit ist unvorstellbar, ich bin sehr unglücklich.

Es umarmt Dich, grüsst & küsst Dich innigst Dein Mola.

Grüße alle sehr, ziehe auch Tante Martha zu Rate!“

14 APR 1942 ___ Block ___ Nr. __ *1859*

Häftl.Art ___ *Politisch*

Zuname _*Löwenthal*___ Vorname *Moritz*

geboren *15.7.1870* in *Homburg*

Beruf *Bankprokurist i.R.* Rel. *mos.* Staat *L.D.*

Verh.led.gesch.verw.___ Kinder *1* ehel.___unehel.

Nächste Angehörige *Frau: Gerda Löwenthal,*

Bernick/Berlin, Potst. 8

Letzte Wohnung ___ *Ito.*

Schutzh. ang ordnet am *6.2.42.* ... Stapo *Berlin*
~~Kripo~~ *Potsdam*

Grund:___

Staatsfeindliches Verhalten

Pol.Organisation: ___ *Keine*

Gesamtvorstr. ___ wofür ___ *Keine*

___ Jahre ___ Mon. ___ W. ___ Tg. Gefängnis
Haft

___ Jahre ___ Mon. Zuchthaus ___ Jahre Arbeitshs.

___ RM. Geldstrafe ___ Jahre Ehrverlust

Schon mal im Lager *nein* | I.T.S. FOTO No. 610b |
Wann und wo?

===

Nr.Buch 1 2 Rapportfk. Häftlk. Ir.Kartei Postkartei

Aufgenommen durch: *1245*

Anordnung Schutzhaft für Moritz Löwenthal [87]

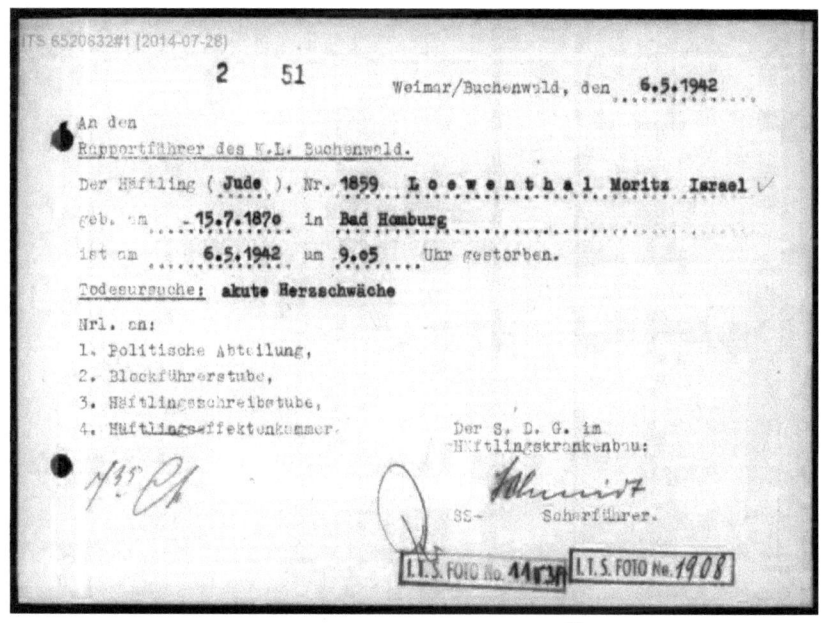

Karteikarte von Moritz Löwenthal mit Einlieferungsdatum Konzentrationslager Buchenwald [88]

Todesmeldung von Moritz Löwenthal [89]

Karteikarte der „Habseligkeiten" von Moritz Löwenthal - Vorderseite

Karteikarte der „Habseligkeiten" von Moritz Löwenthal - Rückseite [90]

Funktionshäftlinge peinigten und folterten die sowieso schon durch Hunger und Entbehrungen geschwächten Gefangenen bei jeder sich bietenden Gelegenheit. Für einen einundsiebzigjährigen Mann mussten die Torturen die Hölle gewesen sein. Und so überlebte er auch nur knapp drei Wochen im Konzentrationslager Buchenwald.

Am 06.05.1942 morgens um 9:05 Uhr verstarb Moritz Löwenthal angeblich an akuter Herzschwäche. Es kann als erwiesen angesehen werden, dass er im Baukommando schwerstens misshandelt wurde und an den Folgen dieser Misshandlungen starb, er also ermordet worden ist.[91] Sterbeort war, nach Angabe des Konzentrationslagers, der Krankenbau.

Typisch für die Konzentrationslagerführung war, dass bei Einlieferung eine Karteikarte für jeden Gefangenen angelegt wurde, auf der sämtliche privaten Habseligkeiten, die die Gefangenen bei der Ankunft abgeben mussten, vermerkt wurden. Sicherlich wollte man den armen Opfern vortäuschen, dass sie irgendwann entlassen würden und ihnen alles wieder ausgehändigt würde.

Jedenfalls schickte man die persönlichen Dinge nach der Ermordung von Moritz Löwenthal an die Polizeistation Zepernick, um es der Witwe Löwenthal zu überbringen. Zu diesem Zeitpunkt war allerdings Gerda Löwenthal längst ins Warschauer Ghetto deportiert worden.

Darüber hinaus wurde auch das in den Taschen des Gefangenen aufgefundene Geld penibel notiert und nach Abzug der Kosten für die Rücksendung der „Habseligkeiten" und der Überweisungsspesen zurückerstattet.

Die Rückgabe des Eigentums der Gefangenen ist nicht immer wie bei Moritz Löwenthal erfolgt. Zahlreiche während der NS-Diktatur geführte Unterschlagungsprozesse zeugen davon, dass oftmals die mit der Abwicklung des geraubten Eigentums der Deportierten beauftragten Verwaltungsleute der Versuchung nicht widerstehen konnten, Geld und Wertsachen der Deportierten zu unterschlagen. Diese Straftaten wurden von den Nazis durchaus scharf geahndet, weil es die Disziplin in der Truppe untergraben konnte. Der Prozess gegen den ehemaligen Lagerkommandanten des Konzentrationslager Buchenwald Karl Koch wirft ein Licht auf das Ausmaß der Unterschlagungen. Koch schreckte nicht davor zurück, Deportierte, die Zeugen seiner Straftaten waren, zu ermorden. Nachdem das enorme Ausmaß der Unterschlagungen und die nicht von „oben" autorisierten Morde durchsickerten, ließ es Himmler zu, dass Koch angeklagt wurde. Davor waren alle Versuche, die Bereicherungsorgien der oberen SS-Ränge zu unterbinden, am Veto von Himmler gescheitert.

Koch und seinen Komplizen (es war eine ganze Gruppe an den Straftaten beteiligt) wurden nur deshalb wegen Mordes angeklagt, weil die Ermordung der Opfer nicht von einer höheren Stelle genehmigt worden war. Hätten sie unter irgendeinem Vorwand die Tötung angemeldet und nach der in der Regel erteilten Genehmigung ausgeführt, wären sie straffrei geblieben. Es war auch üblich, Genehmigungen im Nachhinein zu erteilen. So funktionierte der deutsche Obrigkeitsstaat.

Jedenfalls wurde Koch zum Tode verurteilt und kurz vor der Befreiung des Konzentrationslagers Buchenwald am 05.04.1945 von einem SS-Erschießungskommando hingerichtet. Dies geschah auf Befehl von „oben"; denn man wollte den Amerikanern keine geschwätzigen Zeugen in die Hände fallen lassen.

Trotz der in manchen Fällen verurteilten Täter, waren Korruption, Betrug und Unterschlagung bis hinauf in die höchsten Staatsstellen an der Tagesordnung. Unschätzbare Werte aus jüdischem Privatbesitz und aus Museen wurden beschlagnahmt und teilweise vom Staat gehortet. Manches Beutestück wanderte auch in den Privatbesitz der Parteikader oder es wurde gar vernichtet.

Die Familie Löwenthal war Eigentümerin des Hauses in der Poststraße 8 in Zepernick. Moritz wurde in den Akten der Gestapo als Reichsfeind und abgeschobener Jude geführt. Der Verfasser möchte an dem Beispiel Löwenthal verdeutlichen, was mit dem Eigentum (Immobilien und sonstigen Vermögenswerten) der Ermordeten oder der vor der nationalsozialistischen Verfolgung geflüchteten Menschen mit jüdischem Glauben geschah. Er möchte verdeutlichen, dass die nationalsozialistische Bürokratie im Einklang mit der nationalsozialistischen Ideologie in kurzer Zeit die gesetzlichen Grundlagen schuf, um nach diesen Gesetzen handelnd, sagen zu können: „Wir wenden geltendes Recht an".

K.=L. Buchenwald

Loewenthal *Moritz* Häftlings-Nr. *1859*
(Vor- und Zuname)

geb. am *15.7.70* zu .... Jahrgeld

Datum 1942	Zugang		Abgang		Bestand		
	RM	*Rpf*	*RM*	*Rpf*	*RM*	*Rpf*	
28.4.42	*3*	*93*	*-*	*-*	*3*	*93*	*Vol. Gefr. Potsdam*
28.4.42	*10*	*-*	*-*	*-*	*13*	*93*	*Geld vom Rommeldal*
		13	*93*		*13*	*93*	*f. Rm*
18.5.42			*13*	*93*	*-*	*-*	*f. Postbeleg*

Verstorben 6.5.42

Übertrag:

Ko. 9 14841/5

Abrechnung des monetären Guthabens von Moritz Löwenthal abzüglich Paketporto und
Überweisungsspesen - Vorderseite

79

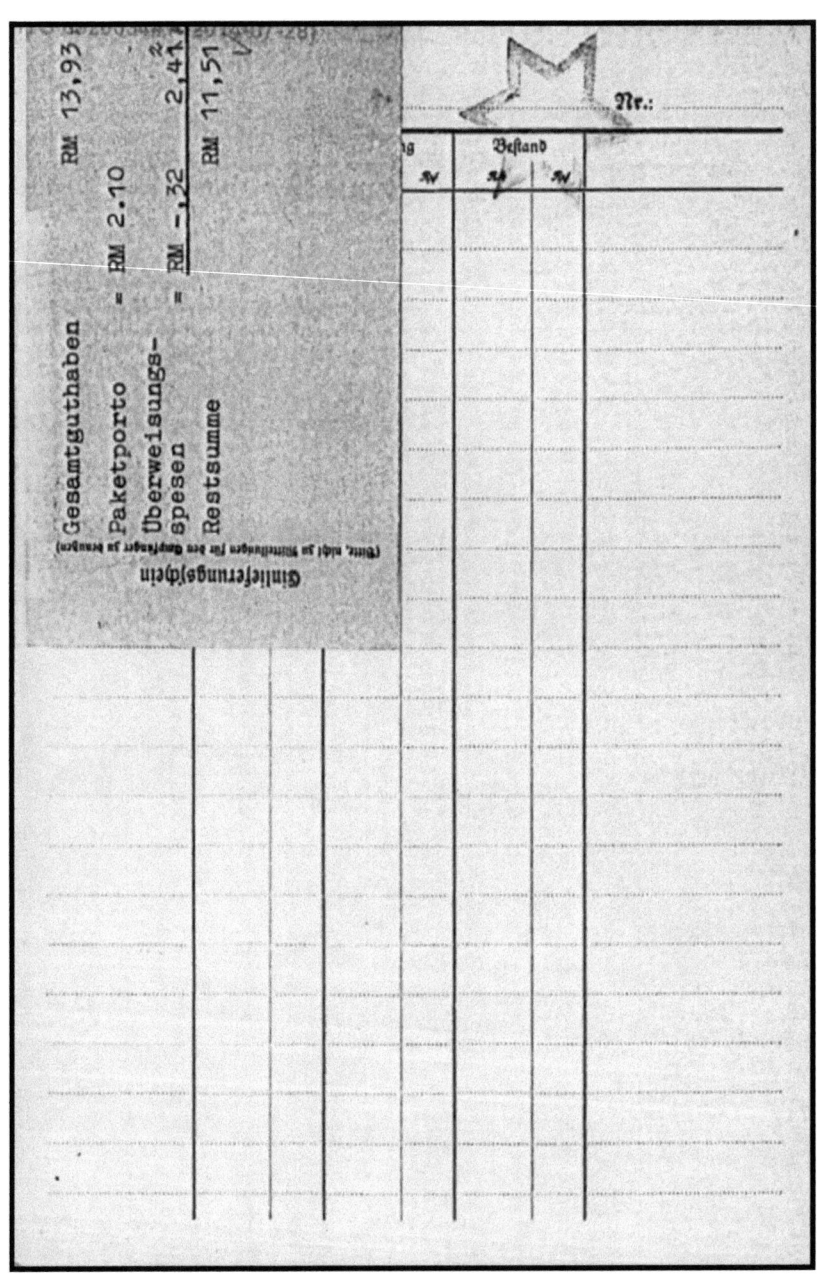

Einlieferungsschein
(Bitte, nicht zu Mitteilungen für den Empfänger zu benutzen)

Restsumme

Überweisungs-
spesen

Paketporto

Gesamtguthaben

RM 11,51

RM -,32 =

RM 2.10 =

2,4...

RM 13,93

Nr.:

		Bestand	
	...g		
	M	M	M

Abrechnung des monetären Guthabens von Moritz Löwenthal abzüglich Paketporto und
Überweisungsspesen - Rückseite [92]

80

Nachdem Moritz in Buchenwald ermordet worden war, setzte sogleich die kalte Bürokratie ein, und das gesamte Vermögen einschließlich Haus und Grundstücke in der Poststraße 8 wurde als „an das Reich verfallen" gekennzeichnet. Dies belegt ein Schreiben vom 14.07.1942 des Oberfinanzpräsidenten von Berlin-Brandenburg an das Finanzamt Niederbarnim. Es wird mit diesem Schreiben einmal mehr deutlich gemacht, dass die nationalsozialistischen Behörden

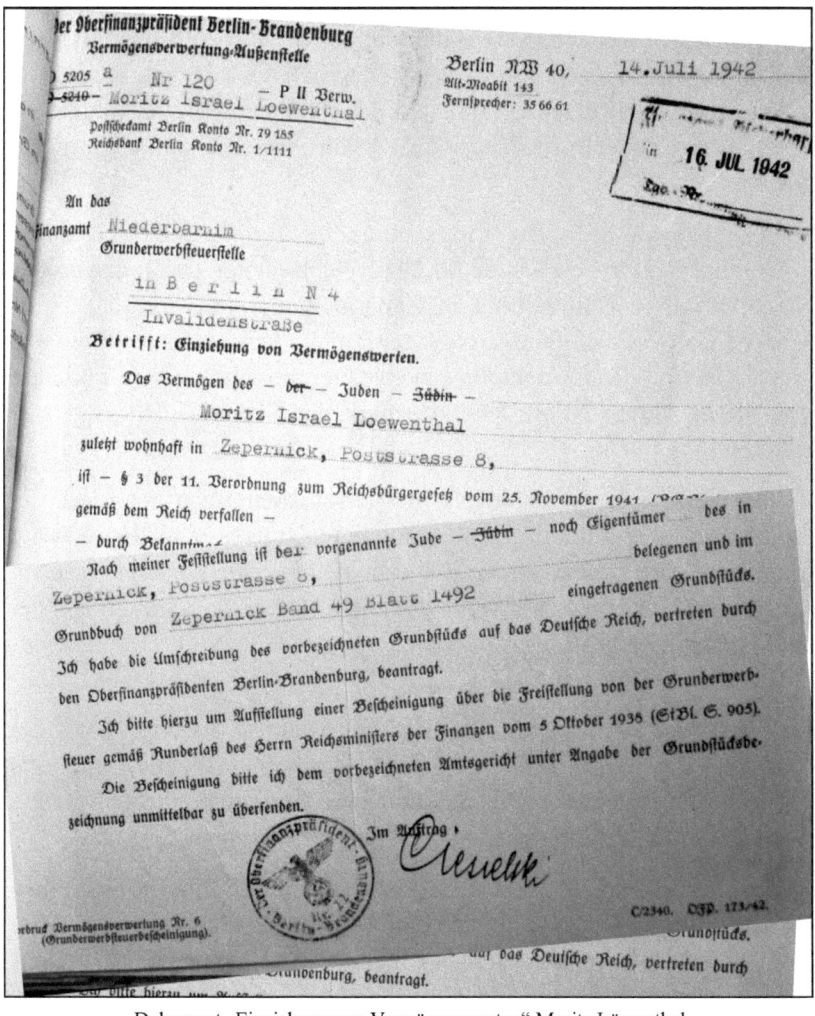

Dokument „Einziehung von Vermögenswerten" Moritz Löwenthal
vom Oberfinanzpräsidenten Berlin-Brandenburg, ausgestellt am 14.07.1942 [93]

zunächst die jüdische Bevölkerung aus dem Weg räumen ließ, um sich danach ohne jegliche Skrupel die Vermögenswerte einzuverleiben. Mithin ein staatlich verordneter brutaler Raubzug. Erkennbar hatten mittlerweile auch andere Schichten der Bevölkerung erfahren, dass hier das Eigentum aus einem „Judenhaushalt" günstig zu haben sei. Über den Verbleib der vorherigen rechtmäßigen Eigentümer wurde kein Wort gewechselt. Man machte sich um die bisherigen Bewohner der Poststraße 8 keine Gedanken. Obwohl es doch offensichtlich war, dass die früheren Bewohner Juden waren und plötzlich verschwanden. Nach dem Krieg wurde dann von weiten Teilen der Bevölkerung behauptet: „Man habe von all den schrecklichen Dingen, die der jüdischen Bevölkerung angetan wurden, nichts gehört, gesehen und auch nichts gewusst"

Schon kurz nach der Einziehung des Vermögens der Familie Löwenthal begab sich am 06.08.1942 ein Beamter des Finanzamtes Niederbarnim zur Immobilie in Zepernick und traf dort auf einen Mitarbeiter des Wohlfahrtsamtes Zepernick. Die beiden wollten die Immobilie und die Einrichtungsgegenstände besichtigen und taxieren. Von dieser Aktion ist ein Aktenvermerk des Steuerinspektors Kr[...] erhalten.[94]

Zu diesem Besichtigungstermin erschienen unaufgefordert ein Soldat und zwei junge Frauen. Alle zeigten Interesse am Erwerb der Immobilie. Der Soldat für sich, die beiden jungen Frauen waren im Auftrag des örtlichen NSV-Kindergartens dort. Die Kaufanträge der beiden Bewerber wurden sofort an Ort und Stelle vom Beamten des Finanzamtes abgelehnt.

Auch der Mitarbeiter des Wohlfahrtsamtes erklärte, dass der Bürgermeister Interesse daran habe, die Immobilie für die Gemeinde Zepernick zu erwerben. Offensichtlich hatte der Landrat die Anweisung erlassen, dort eine kinderreiche Familie unterzubringen.

Der Verfasser möchte stichpunktartig auf einige Stellen im Schreiben des Landrates hinweisen, die den damaligen Umgang mit dem von der jüdischen Bevölkerung geraubten Eigentum deutlich macht.

Der Landrat formuliert in seinem Schreiben: „ [...] das judeneigene Haus [...] durch Evakuierung frei geworden.[...]"[95]

Zudem wird deutlich, wie die Situation geschickt verklausuliert dargestellt wird – zumindest die oberen Verwaltungsbeamten wussten genau, dass keine Evakuierung erfolgte, sondern die jüdische Bevölkerung in die Vernichtung geschickt wurde. Aber mit dieser Umschreibung und Verharmlosung ließ sich nach außen hin verdecken, worum es eigentlich ging.

Das Finanzamt allerdings hatte andere Pläne und wollte die geraubte Immobilie an einen zahlungskräftigen Mieter abgeben. Entsprechend war der Aktenvermerk vom 06.08.1942 abgefasst:

„[...] Nach der Verfügung des Herrn Oberfinanzpräsidenten Berlin-Brandenburg vom 14.07.1942 (Blatt I) sind die Räume an arische Mieter zu vermieten. Ich halte dieses Grundstück für die Unterbringung für Reichsbediensteten [sic!] schon mit Rücksicht auf seine günstige Verkehrslage durchaus geeignet und habe die Wohnungsstelle beim Oberfinanzpräsidenten Berlin-Brandenburg (Zollinspektor Pet[...]) fernmündlich gebeten, zum Vertragsabschluß einen geeigneten Mieter namhaft zu machen. [...]" [96]

Das Finanzamt Niederbarnim übernahm im Auftrage des Oberfinanzpräsidenten die Verwaltung der Immobilie, ließ sie leer räumen und veräußerte das Inventar an die Gemeinde Zepernick. Bereits am 17.08.1942 wurde das Deutsche Reich bezüglich des Grundstückes von Moritz Löwenthal als Eigentümer im Grundbuch von Zepernick eingetragen.

Die Immobilie wurde alsbald Mitte September 1942 an den Regierungsrat Ste[...] vermietet. Anhand der Korrespondenz, die der Mieter anschließend mit dem Vermieter, dem Oberfinanzpräsidenten von Berlin-Brandenburg, führte, lässt sich erkennen, wie weit in der Bevölkerung die Rechtlosigkeit der jüdisch Gläubigen akzeptiert wurde und man die „günstige" Gelegenheit nutzen wollte, um billig an Einrichtungsgegenstände aus den ehemals jüdischen Haushalten heranzukommen. Der Mieter schrieb in einem Brief vom 16.11.1942 an den Oberfinanzpräsidenten:

„[...] Es (das Wohnhaus, d.Verf.) befindet sich noch immer in einem sehr reparaturbedürftigen Zustande, das sich aus der früheren Verwahrlosung ergibt. [...]" [97]

Die angesprochene Verwahrlosung war ursächlich auf das Novemberpogrom 1938 zurückzuführen. Zudem war bei der Verhaftung von Moritz Löwenthal mutwillig, um Angst und Schrecken zu verbreiten, von den Gestapo-Schergen die Wohnungseinrichtung zertrümmert worden. Die Familie Löwenthal hatte nach dem 09.11.1938 Jenny Gold und Egon Teller als Untermieter aufgenommen. Den beiden war es verboten worden weiter bei „arischen" Vermietern zu wohnen. Diese Untervermietung belastete das Budget der Löwenthals zusätzlich, weil durch das Beschäftigungsverbot für Juden kein regelmäßiges Einkommen erzielt werden konnte. Man lebte eigentlich nur von der Pension des Moritz Löwenthal, obwohl diese auch schon seit 1933 erheblich gekürzt worden war. Für Renovierung oder Instandsetzung der Immobilie und des Inventars war somit kein Geld vorhanden.

Die Nationalsozialisten nahmen den schlechten Zustand der Wohnungen, den sie ja selbst verursacht hatten, sehr oft zum Anlass, auf die ihrer Meinung nach „Minderwertigkeit der jüdischen Rasse" hinzuweisen.

....

Exkurs: Desinformation der Bevölkerung

Die im letzten Absatz genannte Anspielung auf die von den Nationalsozialisten vertretene Rassenideologie war eine klassische Desinformation und sollte die Bevölkerung verwirren und verunsichern, sozusagen eine Parallel-Realität schaffen. Man konnte kaum noch unterscheiden, was Wahrheit und was Fiktion war. Das Stimmengewirr und die teilweise abstrusen Theorien wirkten so wie andere staatliche Desinformationsoperationen, die Schuld nicht bei Deutschland oder den Deutschen zu suchen, sondern vor allen bei den jüdisch Gläubigen, oder wie beim Überfall auf Polen praktiziert, bei den Polen selbst. Genau diese Methoden werden heute auch wieder verstärkt angewendet. Die rechten Parteien und die rechtsgerichteten Kräfte in Deutschland wenden beispielsweise ebenfalls diese Desinformations-Taktik an, um die Bevölkerung zu verwirren (angebliche Flüchtlingskrise, Leugnen des von Menschen beeinflussten Klimawandels, Umvolkung, um nur einige Themen zu nennen).[98]

....

Im Weiteren listet der Mieter, Regierungsrat Ste*[...]* die von ihm entdeckten Mängel auf und fragt wie selbstverständlich:

„[...] Der Badeofen ist recht schadhaft. Ist es nicht möglich, ihn gegen einen Gasbadeofen aus einem anderen jüdischen Haushalt zu ersetzen? [...]"

„[...] Es muss eine Leiter ersetzt werden, damit der Schornsteinfeger auf den Boden gelangen kann (auch für den Luftschutz wichtig!). Ich bitte zu prüfen, ob sie nicht aus anderem jüdischen Vermögen zur Verfügung gestellt werden kann. [...]" [99]

Ob seine insgesamt 11 Punkte umfassende Mängelliste zur Behebung der Unzulänglichkeiten geführt hat, ist nicht bekannt. Die handgeschriebene Liste wirft ein Schlaglicht auf die Einstellung breiter Bevölkerungsschichten, denn es war kein Einzelfall, dass Haushaltsgegenstände aus ehemals jüdischem Eigentum in die Wohnstuben „arischer" Deutscher überführt wurden. Hat man sich nicht gefragt, was ist mit den ehemaligen jüdischen Eigentümern passiert? Wo sind sie geblieben? Kommen sie vielleicht zurück? Oder war man von der „Endlösung der Judenfrage" überzeugt? Hatte sich die übrige Bevölkerung damit abgefunden, indem man Verfolgung und Mord bejahte?

Das Wohlfahrtsamt in Zepernick hatte das gesamte Inventar des Haushaltes Löwenthal erfasst, gelistet und bewertet. Es ist eine 25 Seiten DIN A 4 umfassende Liste erhalten, auf der jeder Gegenstand, bis hin zum letzten Handtuch und Putzlappen, akribisch erfasst worden ist. Wertsachen, wie eine silberne Taschenuhr und ein goldener Ehering, wurden gesondert erfasst und nicht verkauft, sondern wanderten zur Dienstelle des Eigentümers, dem Oberfinanzpräsidenten Berlin-Brandenburg.

Möglicherweise haben diese Gegenstände den Weg in eine private Tasche gefunden.

Die anderen Haushaltsgegenstände wurden zum taxierten Wert an die Gemeinde Zepernick verkauft und dann vom Wohlfahrtsamt an bedürftige Familien abgegeben. So wird bis weit nach 1945 so mancher

Gegenstand aus dem Haushalt Löwenthal eine andere Wohnung in Zepernick geziert haben.

Bei der nachfolgenden Räumung des Hauses in der Poststraße 8 war das Wohlfahrtsamt plötzlich überrascht, dass die Möbel doch erhebliche Schäden durch den Terror während des Novemberpogroms 1938 und bei der Verhaftung von Löwenthal erlitten hatten. Die Gemeinde Zepernick versuchte daraufhin im Nachhinein, den vereinbarten Preis herabzusetzen, was aber letztendlich vom Oberfinanzpräsidenten abschlägig beschieden wurde.

Eine Nähmaschine, die sich wahrscheinlich aus dem Besitz von Jenny Gold im Haushalt Löwenthal befand, wurde ausgesondert und an die Verwaltung des Ghettos Litzmannstadt (polnisch Łódź) [100] für *RM* 50,00 verkauft. Den Versand an eine Sammelstelle in Berlin übernahm ein Spediteur aus Zepernick.

....

Exkurs: Ghetto Litzmannstadt

Die Ghetto-Verwaltung unterstand dem Oberbürgermeister von Litzmannstadt Werner Ventzki, einem Nationalsozialisten mit juristischer Ausbildung, der genauestens darüber informiert war, welche grausamen Zustände im Ghetto herrschten. Zudem war er Teilnehmer der Wannseekonferenz, wusste also sehr früh, was die NS-Führung bezüglich der jüdischen Bevölkerung plante. Er wurde 1906 geboren und verstarb 2004.

Nach dem Krieg log er dreist bei mehreren Vernehmungen und gab an, von all dem nichts gewusst zu haben. Die Verfahren gegen Ventzki wurden sämtlich eingestellt, sicherlich auch deshalb, weil in der Justizverwaltung, einschließlich des Bundesgerichtshofes der Bundesrepublik Deutschland, bis in die späten 1970er Jahre überwiegend, vor allem in den oberen Rängen, ehemalige NSDAP-Mitglieder und anderer NS-Organisationen beschäftigt waren. Da wurden Verfahren bis zur Verjährung absichtlich verzögert oder Ermittlungen konsequent behindert.

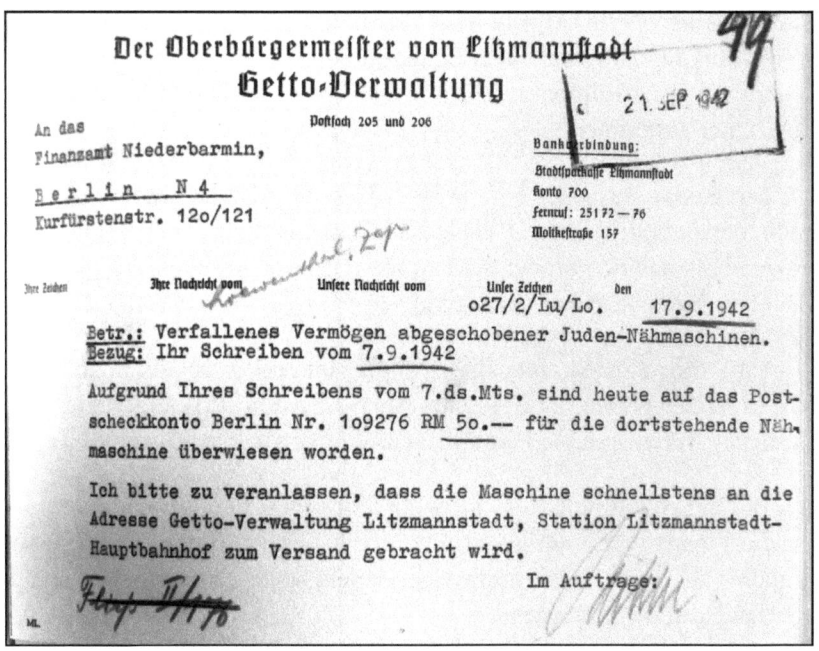

Der Oberbürgermeister von Litzmannstadt
Getto-Verwaltung

An das
Finanzamt Niederbarmin,

Berlin N 4
Kurfürstenstr. 12o/121

Postfach 205 und 206

Bankverbindung:
Stadtsparkasse Litzmannstadt
Konto 700
Fernruf: 251 72 — 76
Moltkestraße 157

Ihre Zeichen   Ihre Nachricht vom   Unsere Nachricht vom   Unser Zeichen   den
                                                                   o27/2/Lu/Lo.   17.9.1942

Betr.: Verfallenes Vermögen abgeschobener Juden-Nähmaschinen.
Bezug: Ihr Schreiben vom 7.9.1942

Aufgrund Ihres Schreibens vom 7.ds.Mts. sind heute auf das Postscheckkonto Berlin Nr. 1o9276 RM 5o.— für die dortstehende Nähmaschine überwiesen worden.

Ich bitte zu veranlassen, dass die Maschine schnellstens an die
Adresse Getto-Verwaltung Litzmannstadt, Station Litzmannstadt-
Hauptbahnhof zum Versand gebracht wird.

Im Auftrage:

Nachricht an das Finanzamt Niederbarnim bezüglich einer Überweisung von *RM* 50
für eine Nähmaschine [101]

Wahrlich beschämend für die Nachkriegsjustiz in der Bundesrepublik
Deutschland.

Es empfiehlt sich zur Vertiefung des Themas das Buch „Die Akte
Rosenburg" zu studieren. [102]

………………………..

Damit das Andenken stellvertretend für die vielen jüdischen
Bewohner aus Zepernick, die ermordet oder vertrieben worden sind,
wach gehalten wird, wurde um das Jahr 2006 eine Initiative angestoßen,
die sich mit der Frage beschäftigte, welche Familien und Personen
jüdischen Glaubens vor 1945 in Zepernick wohnten und lebten.

Martin Jehle, damals Gemeindevertreter und Jurastudent, war an
dieser Stelle federführend tätig. Er hat am 13.05.2006, stellvertretend
für die vielen einstmals in Zepernick ansässigen jüdischen Mitbürger,

Stolpersteine [103] für Moritz und Gerda Löwenthal verlegen lassen. Anlässlich der Stolpersteinverlegung, die der Kölner Künstler Günter Demnig in ganz Europa durchführt, kamen mehr als 100 Interessierte Zuschauer zusammen.

Einige der Besucher berichteten, dass sie das Ehepaar Löwenthal noch persönlich kannten. Auch eine Enkelin und ein Urenkel der Löwenthals nahmen an der Zeremonie teil. Im Juni 2006 erschien im „Bucher Boten" darüber ein Artikel.

Um die Kosten für die Stolpersteinverlegung finanziell zu unterstützen, wurde eine kleine Spendensammlung angeregt. Die Besucher waren spontan bereit diese Initiative zu unterstützen.

Bei der Sammlung kam mehr als doppelt so viel zusammen, wie für die Finanzierung nötig war. Der überschüssige Betrag wurde vom Initiator an den Förderverein der Gedenkstätte und des Museums Sachsenhausen e.V. gespendet.

Initiator Martin Jehle bei der Stolpersteinverlegung. Foto: Martin Loboda

von rechts nach links: Alexander Bettermann, Lieselotte Bettermann (Urenkel und Enkelin von Moritz Löwenthal), Martin Jehle. Foto: Martin Loboda

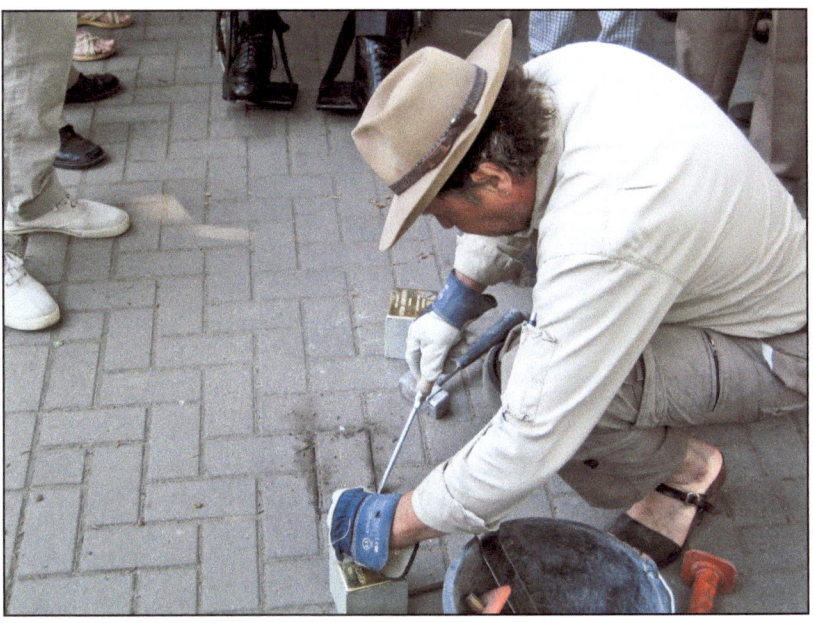

Der Kölner Künstler Gunter Demnig bei der Stolpersteinverlegung. Foto Martin Loboda

89

Der Künstler Gunter Demnig. Foto: Martin Loboda

Zuschauer der Stolpersteinverlegung am 13.05.2006, im Rollstuhl sitzend,
Wolfgang Lagatz, ein entfernter Verwandter der Löwenthals. Foto: Martin Loboda

Verlegte Stolpersteine vor dem Haus Poststraße 8, Zepernick
Foto: Walter Seger

Moritz Löwenthal, vermutlich mit seiner
Tochter Hedda   Foto: Privatbesitz Hedda
Selke, geb. Löwenthal

Gerda Löwenthal
Foto: Privatbesitz Hedda Selke,
geb. Löwenthal

91

geborene Theodor, geb. 19.08.1889 in Berlin. Sie wohnte zusammen mit ihrem Ehemann **Moritz Löwenthal** in Zepernick in der Poststraße 8. Nach den nationalsozialistischen „Nürnberger Gesetzen" vom September 1935 waren ihre Großeltern väterlicher- und mütterlicherseits jüdischen Glaubens. Gerda Löwenthal wurde deswegen als „Jude" bezeichnet.

Gerda Löwenthal musste wenige Tage vor der Deportation, am 10.04.1942, von der Gestapo dazu gezwungen, eine Vermögensaufstellung anfertigen. Es mußte angegeben werden, welche Gegenstände im Haushalt der Löwenthals vorhanden waren. Zudem war der geschätzte Wert anzugeben. In dieser Vermögensaufstellung gab Gerda Löwenthal neben dem Inventar, an, dass Jenny Gold und Egon Teller, beide vorher in Zepernick in einer eigenen Wohnung wohnhaft, bei ihr zur Untermiete wohnten.[104]

Gerda Löwenthal wurde am 14.04.1942 von Berlin aus dem Sammellager in der Synagoge in der Levetzowstraße zusammen mit etwa 13 Bernauer Juden in das Warschauer Ghetto deportiert und wenige Wochen danach ermordet.[105, 106] In den einschlägigen Transportlisten konnte der Verfasser den Namen Gerda Löwenthal nicht finden. Möglicherweise sind die betreffenden Listen am Ende des Krieges von der SS vernichtet worden.

Einige Briefe, die Gerda Löwenthal an ihre Mutter Selma Theodor und den Bruder Kurt in der Doysenstraße 7, Berlin-Charlottenburg und andere schrieb, zeugen allerdings von ihrem Aufenthalt im Ghetto Warschau. Die Briefe blieben erhalten und befanden sich im Privatbesitz von Hedda Selke. Hedda gab diese Briefe an das Jüdische Museum in Berlin. Dort wurden sie von der Historikerin, Dr. Birgit Schädlich und Martin Jehle transkribiert.

Nachfolgend sind einige Briefe wiedergegeben, die das Leben im Ghetto spiegeln.

Am 27.02.1942 schrieb Gerda Löwenthal, zu der Zeit noch in Zepernick wohnend, an ihren Bruder Kurt. Sie spricht von der Ungewissheit und den Repressalien, die ihnen auferlegt werden —

Moritz Löwenthal war am 06.02.1942 von der Gestapo verhaftet und in Potsdam im Polizeigefängnis eingesperrt worden. Der Brief ist von tiefer Verzweiflung gekennzeichnet. Hier nun die Transkription:

„[...] Lieber Kurt,

alle Tage hatte ich schon die Absicht zu schreiben, aber ich konnte mich nicht entschließen. Zunächst Dank für Deinen Brief und Lenes Gang zur Kantstraße. [107] *Dein Brief hat mich sehr traurig gestimmt Ich habe gewiss alles bei der Polizei versucht, habe auch wegen Wäsche um Erlaubnis gefragt. Keine bekommen.*

Von Potsdam auch noch keine Antwort. Ich glaube aber nicht, dass man Molas (Kosename für Moritz, d. Verf.) Sache mit einem Rechtsanwalt dienen würde. Ich hoffte so, heute wieder von ihm was zu hören, aber leider, nein!

Bei der pol. Vernehmung handelte es sich um seine Brotkarte, von der 1500 gr abgeschnitten waren. Um keine Unannehmlichkeiten weiter zu haben, habe ich nur von dieser Karte bei 1500 g kürzen lassen, was nichts schadet, da ich sowieso nicht viel essen kann.

Ich bin noch nicht um Erlaubnis an Mutter eingekommen, da ich, trotzdem Du es nicht verstehen kannst, keine Ruhe habe, fortzugehen. Wegen der Einkommenssteuer-Erklärung habe ich beim Finanzamt um Aufschub gebeten. Von der Bank habe ich kein Geld bekommen. Hoffentlich kommt Martha morgen. Von Tante Martha hatte auch heute liebe Zeilen. Wenn ich nur wüsste, wann Mola wieder kommt! Ich nehme jetzt mit Bestimmtheit an, dass es sich um die Vermietung an unseren Mieter handelt. Sehe ich Lene mal bei mir? Grüsse Mutter – Dank für die Zeilen – Lene sei Du herzlichst gegrüßt.

Von Deiner Schwester Gerda. [...]" [108]

Am 17.04.1942 schrieb Gerda Löwenthal, jetzt bereits aus dem Ghetto Warschau, an ihren Bruder Kurt. Sie formulierte etwas kryptisch, vermutlich unter dem Druck der Zensur. Auch in diesen Zeilen kommt die Sorge um ihren Ehemann Moritz zum Ausdruck.

Das Warschauer Ghetto wurde Mitte 1940 von den deutschen Besatzern in der Warschauer Altstadt eingerichtet und durch eine hohe Mauer und Wachposten von der übrigen Stadt isoliert. Juden aus Warschau

und anderen polnischen Regionen wurden hier zusammengepfercht. Ab
1942 wurden auch Juden aus dem „Altreich" dorthin deportiert, so auch
in einem Transport Gerda Löwenthal und Jenny Gold aus Zepernick
sowie die letzten jüdischen Bewohner aus Bernau. Ein von den

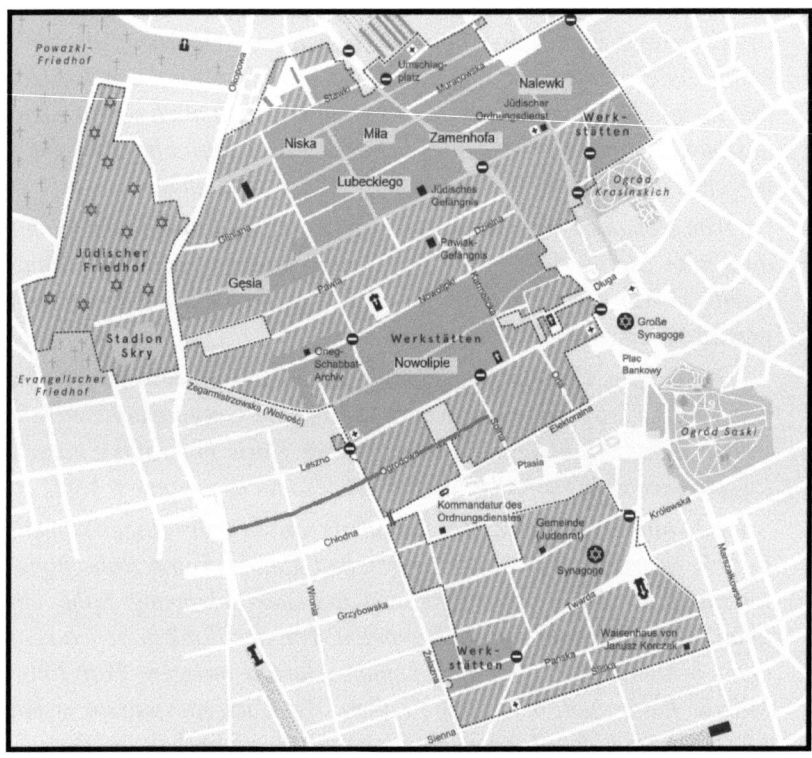

Skizze des Ghettos in Warschau mit Straßenbezeichnungen, soweit überliefert [109]

Deutschen eingesetzter und ihnen vollkommen unterstellter „Judenrat"
sollte Selbstverwaltung vortäuschen. Überfüllung, Hunger und Seuchen
bestimmten die Lebensbedingungen. Etwa 500.000 Menschen mussten
auf engstem Raum zusammenleben, 6-10 Leute, später auch noch
mehr, hatten sich ein Zimmer zu teilen. Die von den Deutschen für
die Ghettoinsassen festgelegten Nahrungsmittelrationen betrugen ca.
200 Kalorien pro Tag und Kopf. Flecktyphus und andere Krankheiten
machten die Runde. Zudem war Zwangsarbeit an der Tagesordnung.
Gerda Löwenthal wurde in die Gartenstraße 27 (polnisch Ogrodowa)
eingewiesen. Diese Straße verlief sowohl innerhalb als auch außerhalb

94

des Ghettos. Das Gebäude mit der Hausnummer 27, eine ehemalige Bibliothek, war ein Sammellager.

Gerda Löwenthal war in diesem Gebäude in dem völlig überbelegten Saal 10 untergebracht.

„[...] Warschau, 17/4/42

Meine Lieben Alle,

wir sind gut hier angekommen L. ... könnt ihr aus oder was noch nichts da noch keine genau Adresse geben.

Habt ihr was wegen Mola gehört oder hat sich Lene mit Frau Dr. in Verbindung gesetzt? Hoffentlich seid Ihr alle Gesund. Ich bin es auch. Schreibt bitte an Mola. Innige Grüße Euch allen in Liebe Gerda

Absender:
Hilfskomitee für Flüchtlinge Warschau Gartenstr. 27
Gerda Warschau Saal 10 aus Zepernick [...]" [110]

Ein weiterer Brief vom 30.04.1942 ist überliefert. In diesen Zeilen erwähnt Gerda Löwenthal ihre Untermieterin Jenny Gold und die aus Bernau mit ihr deportierten Juden. Mit keinem Wort werden die furchtbaren Zustände im Ghetto erwähnt. Es war strengstens verboten, etwas darüber in einem Brief oder auf einer Postkarte zu schreiben. Die Ausgangspost wurde zensiert. Solche Nachrichten wären bei der Zensur aufgefallen und der/die Schreiber/in sofort vom Tode bedroht gewesen:

„[...]Warschau, 30/4/42

Meine lieben Alle,

hoffentlich habt ihr meine erste Karte erhalten. Wir dürfen nur jede Woche eine Karte schreiben. Letzte Woche schrieb ich an Mola. Ein Herr, der mit ihm zusammen war, ist auch hier. Habt ihr euch bemüht, was für ihn zu erreichen? Ich bin gesund u. hoffe, bei Euch ist alles in Ordnung. Was ist mit Mutters Gesundheit? Wie geht es Martha in ihrem neuen Heim? Ich bin mit Frau Gold zusammen, die Bernauer sind auch in unserem Haus. Wir hoffen, bald was zu tun zu bekommen. Es ist noch recht kalt hier. Wie ist es bei Euch? Lasst

recht bald von euch hören, man wartet sehnlichst auf Nachricht.
Grüsst alle von mir. Hat Lene nach Hamburg geschrieben? Jetzt
sind wir schon 14 Tage hier. Euch allen, Mutter, Martha, Lene und
Dir sende ich einige Grüsse! War Lene in Zepernick?

In Liebe Eure Gerda.

Schreibt bitte auf Rückantwortkarte. Denkt an mich! [...]" [111]

Am 21.05.1942 schrieb Gerda Löwenthal einen weiteren Brief
an ihren Bruder Kurt. Sie beklagt darin, dass sie keine Verbindung zu
Moritz hat. Sie hegte die Hoffnung, dass es ihm einigermaßen gut ginge.
Vielleicht speiste sich diese Hoffnung daraus, dass zwei Karten, die
sie an ihn schrieb, nicht zurückkamen. Heute wissen wir, dass Moritz
Löwenthal am 21.05.1942 bereits ermordet worden war, denn sein Tod
wurde am 06.05.1942 in Buchenwald registriert.

„[...] Warschau, 21/5/42

Lieber Kurt,

heute erhielt ich Eure Karten vom 12. und vom 17.05. Päckchen
und Geld was ich sehr gut brauchen könnte, sind noch nicht
angekommen. Marthas Karte vom 13. kam gestern an und ich habe
ihr gleich geantwortet. Wie kommt es, dass ich von meinem Mola
gar nichts höre und die Hamburger. Vielleicht hat er nach Zep. an
mich geschrieben. Meine 2 Karten habe nicht zurückbekommen,
aber auch leider leider keine Antwort darauf.

Hoffentlich hat er es einigermaßen in R und ist gesund. So
ganz ohne Verbindung zu sein, ist fürchterlich und ich bin ganz
verzweifelt.

Wie ich Martha bereits mitteilte, haben Frau G und ich uns
bei einer Firma vorgestellt, morgen fangen wir. Wenn auch der
Verdienst ganz gering sein soll, bekommen wir aber dort Essen,
was sehr wichtig ist, und kommen auch auf diese Weise heraus,
zwar nur ins Ghetto. Bis gestern war ich noch gar nicht aus dem
Hause gewesen. Wir sind in unserem Saal 50 Personen, was günstig
ist, da hier doch über 100 zusammen sind. Außerdem sind ganz ...
Menschen darunter, wenn auch weniger angenehme Elemente da
sind. Bis jetzt haben wir uns im Hause nützlich gemacht und tut

es unserem Zimmergenossen leid, dass wir tagsüber nun fort sein werden. Wir werden von 8 – 5 ½ arbeiten und der Weg hin dauert ca. ¾ Std. Ihr glaubt gar nicht wie zufrieden man ist, wenn man Nachricht bekommt, also schreibt recht häufig. Briefpapier braucht ihr vorläufig nicht mitschicken, da wir keine Briefe schreiben sollen. Grüsst alle herzlich von mir. Ich denke dauernd an alle meine Lieben. Haben Glück im Unglück, dass wir wenigsten in Verbindung stehen. Innigste Grüße für Mutter, Lene, Martha und Dich. Hauptsache, dass Euch gut geht und dass ihr bleiben könnt, wo ihr seid und von meinem Los verschont.

In treuer Liebe Eure Gerda [...]" [112]

Eine weitere verzweifelte Nachricht schrieb Gerda Löwenthal am 28.05.1942 an ihre Familie in Berlin:

„[...] Warschau, 28/5/42

Meine Lieben, Eure letzten Zeilen vom 19. und 17. hatte ich schon bestätigt, leider inzwischen nichts Neues von Euch gehört, auch noch kein Päckchen oder Veto erhalten, aber das dauert nach hier länger. Nur von Tante Martha habe liebe Karte vom 23/5, und werde ich bald an sie schreiben an eure Adresse. Über Zepernick von Meitners an Frau G. hörte Entsetzliches Molo betreffend. Wenn ihr mir doch endlich was über Molos Aufenthalt mitteilen könntet. Ich bin so unruhig und weiss mir gar nicht zu helfen. Die Arbeit absorbiert mich wenigstens. Wir sind bereits angestellt, der Verdienst sehr gering, aber das Essen dort gut und hilft uns zusätzlich. Da hier alles sehr teuer ist, kann nur mit den paar Zlotys nicht viel anfangen, aber sich doch hin und wieder etwas kaufen. Vielleicht könnt ihr mir ein paar leichte Sommerschuhe kaufen Größe 39, sie müssen aber vorher getragen sein und nur schicken. Wenn ich nur wüsste was mit Molo ist. Ihr glaubt nicht, wie unglücklich ich bin! Dass Frau R gestorben ist hörte von Tante Martha. Hoffentlich seid ihr gesund, Mutter besonders. Ich denke viel an Euch alle. Post ist die einzige Freude, die man hier hat, also bitte schreibt häufig.

Innige Grüße Euch allen In Liebe Tochter, Schwester, Schwägerin Gerda. [...]" [113]

Ein weiterer Brief vom 18.06.1942 drückt noch einmal die ganze Verzweifelung aus.

„[...] Warschau, 18/6/42

Liebe Mutter, jetzt morgens, kurz bevor ich zur Arbeit gehe, will ich Dir herzlich für Deine Karte vom 12. danken, die ich am 16. erhielt. Hoffentlich hat sich Kurt inzwischen ganz erholt. Er soll nur sehr vorsichtig sein. In heutiger Zeit ist Gesundheit die Hauptsache! Mir geht es auch wieder besser und die Arbeit bekommt mir. Ich kann mir vorstellen, dass Martha sehr dünn ist, daran wird wohl ... nicht viel zu bessern sein. Ich warte mit Sehnsucht auf Nachricht über Molo, damit ich wenigstens an ihn schreiben kann, er muss dort auch ganz verzweifelt sein und sich ganz verlassen vorkommen. Was hat Frau F. zu alldem gesagt? Nett dass sie bei Dir war. Bis jetzt konnten die angegebenen Adressen noch nicht ausfindig machen. Werde mich aber bemühen ... arbeiten mit einigen Damen von einem früheren Transport zusammen ... da ist auch ein Berliner Transport und da muss ich mal sehen, ob mir jemand Bescheid sagen kann. Die frühere Mieterin von Frau F. hatten wir mal kennengelernt. Wie geht es sonst? Ist alles in Ordnung? Uns ist streng verboten worden, uns Geld in Briefen schicken zu lassen, falls das geschähe, wäre unsere Korrespondierung nach der Heimat gefährdet und das ist doch das Einzige, was wir haben. Aber Päckchen bekommen viele. Hoffentlich bekomme ich am Sonntag wieder bessere Nachrichten. An Z.[114] *und die schöne Natur draußen darf ich gar nicht denken, dann wird mir noch weher. Aber was hilft es. Bleibt mir nur alle gesund, innige Grüße Dir, Martha, Lene, Kurt und allen, die nach mir fragen.*

Es küsst Dich herzlichst Deine Tochter Gerda [...]" [115]

Im nachfolgenden Brief vom 21.06.1942 schildert Gerda Löwenthal, dass sie nicht im Ghetto direkt wohnte. Das ummauerte Ghetto war für die aus Polen und Warschau stammenden Juden bestimmt. Die aus Deutschland deportierten Juden wurden teilweise auch im arischen Teil von Warschau nahe des Ghetto einquartiert. Trotzdem war die Bewegungsfreiheit sehr stark eingeschränkt. Sie durfte beispielsweise nicht in den arischen Teil auf der anderen Seite des Ghettos gehen.

„[...] Warschau, 21/6/42

Meine Lieben Alle,

Heute bestätige ich Eure liebe Karte vom 14. Warum schreibt Ihr mir nicht mal die Adresse von Molo, damit ich ihm endlich selbst schreiben kann. Ich wundere mich auch, dass auf Euer Schreiben noch keine Antwort von ihm ist. Das macht mich so stutzig.

Gottlob, dass Kurt wieder auf dem Posten ist. Bei Frau Pachter war ich gestern, sie hat sich sehr mit mir gefreut. Sie wohnt nicht weit von uns, bat mich sehr bald wiederzukommen. Wir haben gemeinsam an Fr. einen Gruß geschickt. Zu ihr kommt auch Frau Meyer. Die kann ich nicht aufsuchen, weil sie auch im arischen wohnen, wir zwar auch, aber an der anderen Seite des Ghettos. Wir waren heute wieder zum Baden, denn wir nehmen gern jede Gelegenheit war.

Dankbar bin ich für alles, was Ihr für mich tut. Hoffentlich ist es doch einmal möglich mir p. Postannweisung Geld zu schicken, das kann man hier am besten gebrauchen. Bin begierig wann ein Päckchen für mich ankommt. Sie lassen sich jetzt hier viel Geld bezahlen für Zoll. Dass Martha sehr dünn ist, kann ich mir vorstellen, wenn ich schon so schlanke Linie bin. Aus Hamburg hatte heute wieder Nachricht, sie schreiben u.a., sie hätten längere Zeit von meinen Verwandten gehört. Wir hatten letzte Woche kaum was verdient, weil wenig Arbeit war und unser Essen, was allerdings ganz gut war, von unserem Verdienst abgerechnet wird. Und trotzdem sind wir zufrieden, dass wir Arbeit haben. Heute am Sonntag habe ich etwas Wäsche gewaschen, mit kaltem Wasser, außerdem genäht, denn wochentags ist nicht viel Zeit dazu. Wir stehen um 5 Uhr auf und, meist erst gegen 7 Uhr abends zurück, da unsere Saalgenossen recht gern noch was von uns besorgen lassen. Meine Gedanken sich viel bei Euch und ich warte stets sehnsüchtig auf Nachricht. Hat Traute von sich hören lassen? Grüßt alle, die nach mir fragen. Innige Grüße, Dir liebe Mutter, Martha, Lene und Kurt Eure ... Gerda

Mit Irmchen Gruß habe mich sehr gefreut. Frau Gold lässt grüßen. [...]" [115a]

99

Erst Ende Juni bekommt Gerda Löwenthal Klarheit über das Schicksal ihres geliebten Mannes Moritz, den sie Mola nannte. Die Geschwister und die Mutter hatten die schreckliche Nachricht wahrscheinlich noch so lange es ging zurückgehalten, aber dann wurde es für Gerda doch zur Gewissheit.

„[...] Warschau, 28/6/42

Liebe Mutter, liebe Geschwister,

also ist es doch so gekommen, wie ich es so lange gefürchtet habe. Mein guter Molo ist nicht mehr und mein Leben hat seinen ganzen Inhalt verloren. Der Gedanke, wie er gelitten hat, so ganz allein, wahrscheinlich zu Tode gequält, ist für mich unfasslich. Es war mir unmöglich bis jetzt an Euch zu schreiben, ich danke Euch für Eure Liebe und Teilnahme, aber Ihr müsst mir nicht böse sein, wenn ich Euch sage: Wohl wäre mir, wenn ich bei ihm wäre, ich habe keinen Lebensmut mehr, auch gar keine Lust, weiter zu leben. In normalen Verhältnissen, hätte mein guter Mann noch lange mit mir zusammen bleiben können, denn trotz des Altersunterschiedes und seiner Schmerzen war er doch so jung und hat mich immer aufgerichtet.

Trotz Eurer Liebe, denn wer weiss, ob und wann wir uns einmal wiedersehen, fühle ich mich so allein und verlassen. In der Nacht vom 18. zum 19. habe ich so lebhaft von Molo geträumt, wie selten. Habt ihr vielleicht an dem Tag die für mich so furchtbare Nachricht bekommen. Tagtäglich habe ich auf besser Nachricht gehofft, habe auch immer gedacht, ein Lebenszeichen von Molo zu bekommen. Nun ist alles anders gekommen. So furchtbar, habe ich es mir doch nicht gedacht. Ich bin nicht fähig, ruhig zu denken, also entschuldigt mein Geschreibsel.

Unsere Verhältnisse hier sind ganz unsicher. Es heisst, dass das Heim hier aufgelöst würde und wir ins Ghetto kämen. Das wäre noch schrecklicher. Das soll sich in ganz kurzer Zeit entscheiden. Ich gehe jeden Tag arbeiten und verdiene so gut wie nichts, bin wenigstens abgelenkt, habe aber immer noch genug Zeit nachzudenken und vor allen Dingen sind die Nächte furchtbar und geben uns keine Ruhe. Denn wir liegen hier auf Pritschen, ich mit Frau G. zusammen.

Ewig hört man das Gequassel der anderen und hat nie seine Ruhe. Und so ganz ohne jegliche Hoffnung, ohne jeglichen Lebensmut, Sagt mir nicht, das kommt wieder, denn ich kenne mich besser, und wäre es nach mir gegangen, hätten Molo und ich all das Schwere nicht mehr erlebt. Aber was hilft das alles, ich muss sehen, wie ich fertig werde. Das Schicksal hat mich schwer geschlagen, womit habe ich das verdient? Auch für mich wird hoffentlich bald das Ende kommen.

Ich gönne Molo gewiss seine Ruhe, aber meine Trauer um ihn ist sehr sehr gross und meine Gedanken dauernd bei ihm. Wenn ich ihn 38 nicht gehabt hätte, wäre ich schon damals zu Grunde gegangen. Er war mein ganzer Halt und meine ganze Stütze. Eure Liebe tut mir wohl und mir wäre auch ganz anders wenn ich mal bei Euch sein könnte.

Verlasst mich nicht, bleibt alle gesund und lasst oft von Euch hören. Ich bestätige Mutters liebe Karte vom 19. Auch das Stück Seife habe ich nun erhalten. Vielen Dank dafür. Gewiss wäre das Leben hier für Molo schwer gewesen, aber wir wären wenigstens beisammen gewesen.

Mutter, Du kannst mir meine tiefe Trauer sicher am besten nachfühlen. Hoffentlich ist es Euch doch möglich, mir ein Bildchen von Molo zu schicken. Vielleicht ist es den Hamburger möglich, etwas Näheres zu erfahren. Wo mag er ruhen? Habt alle Dank für Eure Liebe. Gewiss tut es wohl, zu wissen, man seine Mutter und Geschwister, die mit einem fühlen, vielleicht mildert auch die Zeit meinen tiefen Schmerz. Verlasst mich nicht. Bleibt vor allen Dingen gesund, denn das Einzige was ich noch habe, seid Ihr meine Lieben. Ich danke Euch, für Eure Liebe, die ich von Herzen erwi (e)dere. Lasst Euch für heute von Herzen grüssen und küssen von Eurer tief traurigen Gerda. [...]" [115b]

Der Satz im letzten Brief „*Unsere Verhältnisse hier sind ganz unsicher. Es heisst, dass das Heim hier aufgelöst würde und wir ins Ghetto kämen.*" beschreibt die Aktivitäten rund um die Auflösung des Warschauer Ghettos. Diese Aktion lief seit dem 22.07.1942. Der Satz zeugt aber auch davon, dass die Deportierten von den deutschen

Besatzern absichtlich in völliger Ungewissheit gehalten wurden. Weil niemand wußte, was tatsächlich geschehen würde, kamen zu der Zeit noch keine geordneten, geplanten Aktionen seitens der jüdischen Untergrundorganisationen zustande.

Der nächste Brief ist vom 20.07.1942. Darin schreibt Gerda, dass sie traurig über die „Wegreise" von Frau M. ist. Sie hatte diese Information wahrscheinlich von ihren Verwandten aus Zepernick erhalten. Zweifellos war die Bezeichnung „wegreisen" ein Synonym für Deportation, also eine Reise in den Tod. Auch hier zeigt sich, dass die jüdischen Menschen bewußt im Ungewissen gehalten wurden, damit die Deportation ungestört durchgeführt werden konnte.

„ [...] Warschau, 20/7/42

Meine liebe Mutter,

Deine Karte vom 14. kann ich Dir erst heute mit vielem Dank bestätigen, hoffe von Euch Sonntag Nachricht zu haben, war schwer enttäuscht, als ich um 8 Uhr abends von der Arbeit kam, nichts von euch vorzufinden. Wir arbeiten jetzt täglich von morgens 6 ¼ bis abends 6 ½, ist zwar anstrengend aber gottlob wieder viel zu tun.

Dass Frau M. auch wegreisen musste ist für sie und alle Teile sehr traurig. Auch heute bin ich ohne Nachricht, hoffe dass alles bei Euch in Ordnung ist. Ich muss gestehen, dass ich jetzt bißchen angestrengt bin, da ich bereits um 4 ½ aufstehe, wir müssen doch um 5 ½ aus dem Hause gehen. War Frau Fr.(?) bei Dir? Mich wundert so sehr, dass sie mir nicht einmal einige Zeilen geschrieben haben. Heute ist Onkel Benny's Geburtstag. Wie geht es Tante Martha? Ich denke auch ständig an sie, grüßt sie doch recht herzlich. Hat Otto noch viel zu tun?

Hat sich Hedda mal bei euch gemeldet? Hoffentlich geht es Martha inzwischen bereits besser. Wir sind vorgestern geimpft worden, auf alle Fälle. Sonst ist von mir nichts Neues zu berichten. Leider immer noch die gleiche Verfassung. Hoffentlich bekomme ich gute Nachricht von Euch Lieben.

Innige Grüße Die Lene, Martha, Kurt von Eurer Gerda. [...]" [115c]

Ab Juli 1942 lösten die deutschen Besatzer das Ghetto auf und deportierten die Ghettoinsassen in die Gaskammern der Vernichtungslager, vor allem nach Treblinka. Es ist nicht bekannt, ob dies auch das Schicksal von Gerda Löwenthal war oder ob sie, wie weitere 80.000 Menschen, noch im Ghetto an den menschenunwürdigen Lebensbedingungen umkam. Jedenfalls bricht mit dem letzten erhaltenen Brief vom 11.08.1942 die Kommunikation ab.

Danach verliert sich ihre Spur. Wann sie ermordet wurde, ist nicht überliefert. Ob sie bereits im Ghetto oder bei der Räumung des Ghettos oder in einem Vernichtungslager umgebracht wurde, kann heute, wie bei Millionen anderer Opfer, nicht mehr festgestellt werden. Siehe dazu auch die vorstehenden Ausführungen zu Jenny Gold.

Auch die Mutter von Gerda Löwenthal, Selma Theodor wurde Anfang 1943 in das Ghetto Theresienstadt deportiert. Danach verliert sich auch ihre Spur. Der Verfasser geht mit Gewissheit davon aus, dass Selma Theodor in Theresienstadt im Alter von 84 Jahren ermordet wurde.

LUFT, GÜNTER

geb. 02.09.1913 in Frankfurt (Oder).[116] Er wohnte in Zepernick in der Planettastraße 25.[A] Nach den „Nürnberger Gesetzen" waren seine Großeltern väterlicher- und mütterlicherseits jüdischen Glaubens. Günter Luft wurde deswegen als „Jude" bezeichnet.

Letzte Adresse vor der Deportation: Berlin W 30, Schwäbische Straße 3.

Von Berlin am 03.03.1943 (Nummer 1818, Seite 93, Transportliste des „33. Osttransportes"[117, 118]) in das Vernichtungslager Auschwitz verschleppt. Dort verschollen.[119]

Ein letztes Lebenszeichen von Günter Luft ist im Staatlichen Museum Auschwitz-Birkenau archiviert. Auf einer Liste unter der laufenden Nummer 3 ist Günter Luft mit der Nummer 105680 notiert. Er wurde am 02.06.1943 vom Häftlingskrankenbau (HKB) des Konzentrationslager Auschwitz III, auch Buna oder Monowitz genannt, wegen Körperschwäche in das Stammlager (Auschwitz I) überführt

Überstellungsmeldung Günter Luft (Nr. 3) nach Auschwitz [120]

und ist dort mit großer Wahrscheinlichkeit, weil er nach der zynischen Auffassung der Nationalsozialisten nicht mehr für Arbeitseinsätze zu verwenden war, unmittelbar in einer Gaskammer ermordet worden. Die Überstellungsmeldung nach Auschwitz hat der SS-Rottenführer Günter Neubert unterschrieben. Man kann als erwiesen ansehen, dass Günter Luft bei einer Selektion im HKB ausgesondert wurde. Er also ohne Umschweife nur noch den Tod erwarten konnte. Diese Selektionen sollten in der Regel von einem SS-Arzt vorgenommen werden, der innerhalb weniger Sekunden über Tod und Leben entschied. Wenn kein Arzt zur Stelle war, führten diese Selektionen auch die SDG (Sanitätsdienstgrade) aus. Ob in diesem Falle Neubert den Tod zu verantworten hat, konnte nicht nachgewiesen werden.

....

Exkurs: Günter Neubert in Auschwitz III

*„[...] Das **Konzentrationslager Auschwitz III** oder **Konzentrationslager Monowitz** im Ort Monowice (deutsch Monowitz) bei Oświęcim (deutsch Auschwitz) war ein Konzentrationslager (und nur dem Namen nach Arbeitslager) für*

verschiedene Industrieansiedlungen im deutsch besetzten Südpolen während des Zweiten Weltkrieges.

Abkürzungen waren K.L. bzw. KZ Auschwitz III oder K.L. bzw. KZ Monowitz.

Es lag etwa 60 km westlich von Kraków (Krakau) und sechs Kilometer östlich vom KZ-Stammlager Auschwitz I entfernt, angrenzend an das Gelände der Buna-Werke der I.G. Farben AG. Das Konzentrationslager wurde zunächst „Lager Buna", dann „Arbeitslager Monowitz" genannt, seit November 1943 wurde es als „Konzentrationslager Auschwitz III" geführt. Auschwitz II war das ebenfalls westlich davon liegende, als Vernichtungslager betriebene Konzentrationslager Auschwitz-Birkenau.

Erst Ende 1944 erhielt es im Rahmen der SS-Verwaltung mit der Bezeichnung „Konzentrationslager Monowitz" und der Unterordnung von Außenlagern eine gewisse Eigenständigkeit in dem Lagerkomplex Auschwitz. Buna war das erste von einem privaten Industrieunternehmen geplante und finanzierte Konzentrationslager, das ausschließlich für die Zwangsarbeit von Häftlingen vorgesehen war. [...]" [121]

Das vorstehende Dokument, auf dem Günter Luft vermerkt ist und mit dem dokumentiert wurde, dass er am 02.06.1943 nach Auschwitz in den sicheren Tod überstellt worden ist, hat der SS-Rottenführer Gerhard Neubert unterschrieben. Dieser Gerhard Neubert führte vor und nach seiner Tätigkeit in Auschwitz ein ganz „normales" Leben. Er wurde im Rahmen der Ermittlungen zu den Frankfurter Auschwitzprozessen ausfindig gemacht und nach dem Prozess wegen Beihilfe zum gemeinschaftlichen Mord in 35 Fällen zu dreieinhalb Jahren Zuchthaus verurteilt. Bereits Anfang 1971 wurde er aus der Haft entlassen und konnte sein nur kurz unterbrochenes altes Leben in Diepholz fortsetzen.

„[...] Gerhard Neubert (*12.06.1909 in Johanngeorgenstadt; † 5.12.1993 in Diepholz) war ein deutscher SS-Unterscharführer und als Sanitätsdienstgrad im KZ Auschwitz III Monowitz eingesetzt.

Gerhard Neubert war der Sohn eines Rechtsanwalts. [...] Zunächst verrichtete er in Auschwitz Dienst bei der Wachmannschaft

105

und wurde zur Bedienung der Desinfektionsanlage und der Dampfkessel eingesetzt. Hier absolvierte er Lehrgänge im Bereich Krankenpflege und Desinfektion. Von Januar 1943 bis zum Januar 1945 fungierte er als Sanitätsdienstgrad (SDG) im KZ Auschwitz III Monowitz, zunächst unter dem Lagerarzt Horst Fischer und ab Herbst 1944 unter dessen Nachfolger Hans Wilhelm König. Neubert war in dieser Funktion sowohl für vorläufige, vom jeweiligen SS-Lagerarzt zu bestätigende wie auch für endgültige Selektionen von Häftlingen des Häftlingskrankenbaus (HKB) verantwortlich, der ab Juni 1943 von dem Lagerältesten Stefan Budziaszek geleitet wurde. Anschließend wurden die selektierten Häftlinge im Stammlager oder in Auschwitz-Birkenau mittels Phenolinjektionen oder in den Gaskammern ermordet. [...]

Im September 1943 wurde Neubert mit dem Kriegsverdienstkreuz II. Klasse mit Schwertern ausgezeichnet; als Angehöriger des KZ-Lagerpersonals möglicherweise für die Teilnahme an Tötungen.

Nach der Räumung des Lagers Auschwitz war Neubert in dieser Funktion noch bis Kriegsende in den Konzentrationslagern Buchenwald, Mittelbau und Neuengamme eingesetzt.

Nach Kriegsende geriet er in Schleswig-Holstein in britische Gefangenschaft und wurde aus der Internierung bereits nach zehn Wochen entlassen. Anschließend arbeitete er in Diepholz als landwirtschaftlicher Gehilfe, Tischler und Maurer-Polier. Zwischen Oktober 1958 und Ende 1963 war er bei der Standortverwaltung der Bundeswehr in Diepholz beschäftigt und bekleidete danach wieder seinen leitenden Posten in der Möbelfabrik, den er bereits vor dem Krieg innehatte.

Im Rahmen der Untersuchungen zum ersten Auschwitzprozess geriet auch Neubert in das Visier der Ermittler. Neubert musste jedoch keine Untersuchungshaft antreten und schied am 17.07.1964 aufgrund einer Nierenerkrankung im Verlauf des ersten Frankfurter Auschwitzverfahrens aus. Im zweiten Auschwitzprozess (Verfahren „4 Ks 3/63 gegen Burger u. a.") vor dem Landgericht Frankfurt am Main, der am 14.12.1965 begann und am 16.09.1966 endete, stand er mit zwei weiteren Angeklagten vor Gericht.

Neubert, der seit Anfang 1966 in Untersuchungshaft saß, wurde vom Landgericht Frankfurt wegen Beihilfe zum gemeinschaftlichen Mord in 35 Fällen zu dreieinhalb Jahren Zuchthaus verurteilt. Im Urteil wurde vermerkt, er habe bei Selektionen „auch endgültige Entscheidungen getroffen. Die von ihm ausgesonderten Häftlinge wurden noch nicht einmal dem Lagerarzt vorgestellt". Die von einigen Auschwitzüberlebenden bezeugte „mitfühlende Haltung" gegenüber Häftlingen wirkte sich strafmildernd aus.

Nachdem er Ende Januar 1971 bedingt aus der Strafhaft entlassen worden war, lebte er ein unauffälliges Leben und starb im Dezember 1993.[...]" [122]

....

MEITNER, RUDOLF

geb. 06.12.1900 in Budapest (Ungarn), gestorben am 17.08.1955 in Zepernick.[123] Er wurde auf dem Jüdischen Friedhof in Berlin-Weißensee beerdigt. Rudolf Meitner wohnte mit seiner Familie in Zepernick in der Zelterstraße 19. Nach den „Nürnberger Gesetzen" waren seine Großeltern väterlicher- und mütterlicherseits jüdischen Glaubens. Rudolf Meitner wurde deswegen als „Jude" bezeichnet. Im Adressbuch Zepernick von 1938 wird als Berufsbezeichnung von Rudolf Meitner „Kutscher" angegeben.

Er war verheiratet mit **Rosa Meitner**, geborene Dygula, geb. 12.03.1901 in Berlin, gestorben am 30.11.1971 in Zepernick.[124] Rosa Meitner wurde nach denselben nationalsozialistischen Gesetzen als „arisch" bezeichnet. Das Ehepaar war im Herbst 1929 von der Landsberger Allee in Berlin nach Zepernick umgezogen.

Sie hatten eine Tochter, **Margot Meitner**, geb. 14.10.1929 in Zepernick, gestorben 17.01.2019 in Zepernick. Margot heiratete am 24.03.1951 und hieß seither **Margot Rakitin**.[125]

Die Familie Meitner hatte in der Zeit des Nationalsozialismus viele Nachstellungen und viele Erniedrigungen zu erleiden. Die Ehe von Rudolf und Rosa Meitner, die vor dem Inkrafttreten der „Nürnberger Rassegesetze" geschlossen wurde, galt als „Mischehe". Rudolf Meitner

Margot Rakitin (Mitte), geborene Meitner, im Jahre 2006 anläßlich der Stolpersteinverlegung vor dem Hause Löwenthal. Foto: Dr. Rolf Gerlach

war deshalb zunächst vor einer Deportation geschützt. Die Tochter Margot galt nach diesen Gesetzen als „Mischling 1. Grades". Nach 1935 war es gemäß den Rassegesetzen, zu denen auch das Gesetz

„Zum Schutz des deutschen Blutes und der deutschen Ehre" gehörte, verboten, dass Juden und Arier untereinander heiraten.

Den Eheleuten Meitner wurde mehrfach gesagt, dass sie keine weiteren Kinder (nach 1935) haben dürften. Hätten sie noch ein Kind bekommen, wäre ihnen das als Rassenschande ausgelegt und schwerstens bestraft worden. Die nationalsozialistischen Behörden forderten bei jeder sich bietenden Gelegenheit Rosa Meitner auf, die Ehe mit Rudolf durch Scheidung zu beenden. Rosa Meitner hat sich bis zum Ende der Diktatur diesem Verlangen nicht gebeugt und konnte so ihren Ehemann und die Tochter vor der Deportation retten. Hätte sie sich scheiden lassen, wären Ehemann und Tochter nicht mehr durch die Mischehe geschützt gewesen.

Bei dem reichsweiten Pogrom am 09.11.1938 wurde das Inventar der Familie vollkommen zerstört. Auch das Haus in der Zelterstraße wurde stark beschädigt. In einer Schilderung der Ereignisse ruft Margot Rakitin im Jahre 1989 noch einmal alles in Erinnerung. Sie schreibt in einem Brief an den Rat der Gemeinde Bernau, weil sie von falschen Auskünften enttäuscht, erneut einen Antrag auf Anerkennung als Verfolgte des Nationalsozialismus stellen wollte. Sie schrieb:

„[...] Mit diesem Schreiben möchte ich eine Schilderung meines Lebens an Eides Statt an Sie richten.

Mein Name ist Margot Rakitin, geb. Meitner, geb. am 14.10.1929 in Zepernick Zelterstr. 19. Als Kind des Juden Rudolf Meitner, und der Deutschen Rosa Meitner. Aus dieser Mischehe, wie sie genannt wurde, sind keine weiteren Kinder hervorgegangen.

Am 09.11.1938 (im Volksmund wurde das reichsweite Pogrom in der Nacht vom 09.11 zum 10.11.1938 Kristallnacht genannt) wurde unser Haus in der Zelterstr. 19 stark beschädigt und das Inventar vollkommen zerstört. Als damals neunjähriges Mädchen mußte ich zusehen, wie alles Hab und Gut meiner Eltern zerstört wurde. An die Wand in meinem Zimmer wurde geschrieben, ‚Rache für Paris‘. Ich bin dann in der Nachbarschaft um ein paar Tassen und Glühlampen betteln gegangen. Schon während der Schulzeit hatte ich unter den Lehrern, sowie einigen Mitschülern zu leiden. Nach Abschluß der 8. Klasse wurde ich nirgendwo als Absolventin für mein Pflichtjahr angenommen, bis sich die Fleischerei Sabe aus Mitleid dazu entschloß.

Aus der Familie meines Vaters sind drei Brüder, sowie die Mutter im KZ, wahrscheinlich im KZ Theresienstadt, laut letzter Briefe umgekommen. Mein Vater mußte sich den (zusätzlichen, d.Verf.) Namen ‚Israel' zulegen. Nach der Kristallnacht mußte sich mein Vater in regelmäßigen Abständen bei der Gestapo in Potsdam melden. Seine damalige Tätigkeit in einer Baufirma wurde sofort gekündigt. Er bekam keine Arbeit. Um die Familie weiter ernähren zu können, ging mein Vater Schafe scheren und meine Mutter Wäsche waschen. Mein Vater wurde dann (nach Beginn des 2. Weltkrieges, d.Verf.) dienstverpflichtet bei der Müllabfuhr.

Meiner Mutter wurde bei mehreren Unterredungen eine Scheidung vorgeschlagen. Wogegen sie sich aber wehrte. Sie wurde auch darauf hingewiesen, daß sie keine weiteren Kinder mit dem Juden Meitner haben dürfe.

Unser Radio wurde beschlagnahmt. Wir hatten nur eine Aufenthaltsgenehmigung für Deutschland, die regelmäßig verlängert werden mußte. Man verlangte von uns, daß wir Deutschland verlassen sollten, alle Bemühungen schlugen aber fehl.

Beschimpfungen und Erniedrigungen mußten wir erdulden, so wurde auch unsere Lebensmittelkarte reduziert und mit einem ‚J' für Jude versehen. Erst nach Kriegsende erhielt unsere Familie die deutsche Staatsbürgerschaft. Mit diesem Schreiben möchte ich besonders darauf hinweisen, daß ich die von mir geschilderten Ereignisse im Hause meiner Eltern, als Minderjährige voll miterleben mußte und darunter sehr gelitten habe.

Auf Grund der von mir geschilderten Geschehnisse sind meine Eltern anerkannte Opfer (Vater O.D.F., Mutter VDN) geworden. Mein Vater verstarb am 17.08.1955 und meine Mutter am 30.11.1971. Habe nach dem Tode meiner Mutter bei dem Genossen M[...] und dem Genossen E[...], wegen der Anerkennung meinerseits als VDN, vorgesprochen. Beide haben mich abgewiesen und vollkommen falsch informiert so daß ich

*nach diesen Auskünften der beiden Genossen der Meinung war,
keinerlei Ansprüche auf eine Entschädigung zu haben und mich
nicht weiter bemühen mußte. Erst im vorigen Jahr wurde ich, von
einigen Genossen und anerkannten VDN Opfern belehrt, daß diese
Auskünfte falsch waren. [...]"* [126]

Margot Rakitin übergab Dr. Rolf Gerlach, dem temporären
Ortschronisten von Zepernick, eine Sammlung von Dokumentenkopien.
Sie lud den Panketaler Martin Jehle zu einem Interview[126a] ein. Die
Dokumente beschreiben in chronologischer Weise die Leidensgeschichte
der Familie Meitner. In dem Interview schildert Margot Rakitin als
Zeitzeugin Anfang der 2000er Jahre die Geschehnisse vor und nach
dem reichsweiten Pogrom im November 1938.

Margot Rakitin erinnert sich, dass es hauptsächlich junge Männer
waren, die durch die Straßen von Zepernick gezogen sind, die jüdische
Bevölkerung misshandelten und die Wohnungseinrichtungen sowie die
Häuser der jüdischen Mitbürger demolierten. Die Tochter Margot wurde
am nächsten Tag von ihren Eltern in die Nachbarschaft geschickt, um
Geschirr und andere Küchenutensilien zu erbitten. Das eigene Inventar
war größtenteils zerstört worden. Viele der „Schläger" haben auch nach
1945 noch in Zepernick gewohnt und liefen dort herum. Keiner von
ihnen hat sich jemals bei den Meitners entschuldigt oder öffentlich
Reue gezeigt.

Drei Brüder von Rudolf Meitner (Oskar, Willi und Heinz) und die
Mutter der vier Brüder, die in Berlin in der Landsberger Allee wohnten,
sind nach den Pogromen im November 1938 nach Prag geflüchtet
und wurden dort, nachdem die „Rest-Tschechei" im März 1939 vom
Deutschen Reich annektiert worden war, aufgespürt, Margot Rakitin
sagt in dem Interview „von Heydrich eingeholt". Die Meitners hatten
dagegen den ungewissen Schutz einer Mischehe und mußten zunächst
einmal nicht mit einer Deportation rechnen.

In erschütternden Briefen schildern die Brüder und die Mutter
die Zeit vor der Deportation in Prag. Die Briefe vom Februar
bis April 1942 sind erhalten geblieben. Die drei Brüder und die
Mutter saßen auf gepackten Koffern und warteten täglich auf die

Aufforderung, sich an einer Sammelstelle einzufinden. Täglich gingen Transporte ins Ungewisse. Meitners schreiben „Fahrt ins Blaue". Die Benachrichtigungen kamen meistens in der Nacht und am nächsten Morgen hatte man sich an einer bestimmten Stelle einzufinden. Die vier Meitners hatten einmal bereits eine Benachrichtigung bekommen, die aber in letzter Minute widerrufen wurde. Für die Betroffenen muss dieses Leben die Hölle gewesen sein.

In den gegenseitig geschriebenen Briefen berichtete man meistens von alltäglichen Dingen. Nur manchmal kam große Angst in den Briefen zum Vorschein:

> *„[...] Liebe Rosa, was soll ich dir zu deinem Geburtstag wünschen, es giebt[sic] nur eins und das ist die Gesundheit denn alles andere ist nichts wert. Wieder bist du nun ein jahr [sic] älter geworden und so vergeht ein jahr [sic] nach dem anderen und über drei jahre [sic] haben wir uns nicht gesehen, wer weis [sic] wann es dazu kommt das ist dem Schicksal überlassen, wenn nicht in diesem Jahr, dann wird es wohl Jahre dauern.*
>
> *Nochmal viel Glück zum Geburtstag, dein Heinz [...]"* [127]

Danach verliert sich ihre Spur. Margot Rakitin sagte in einem Interview, dass alle vier aus Prag nach Theresienstadt deportiert und dort oder in einem Vernichtungslager umgebracht wurden.

Außerdem erzählte sie in dem von Martin Jehle geführten Interview, dass es trotz der schrecklichen Ereignisse und des allgemeinen Verfolgungsdrucks in Zepernick noch Mitmenschen gab, die nach der Pogromnacht den Meitners und auch den anderen Verfolgten geholfen haben. Diese Hilfe war mit großer Gefahr für die Hilfeleistenden verbunden. Denunzianten gab es überall. Nach Angaben von Margot Rakitin gab es einige Zepernicker, die ihnen gesagt haben: „Wir dürfen sie nicht mehr grüßen". Diese Menschen waren noch die nettesten. Andere, wie die überwiegende Mehrheit der Deutschen, waren überzeugte Nationalsozialisten und fanden es völlig in Ordnung, dass man Juden nicht dulden, geschweige denn helfen dürfe.

Das tägliche Leben wurde für die jüdische Bevölkerung immer schwerer. Auf den im August 1939 eingeführten Lebensmittelkarten wurde ab Januar 1940 ein „J" für Juden gestempelt. Diese Kennzeichnung war eine weitere Stigmatisierung der Juden im Deutschen Reich. Deutsche Juden waren von allen Sonderzuteilungen ausgeschlossen und erhielten ab Oktober 1942 keinerlei Fleisch- und Kleiderkarten.

Auch in der Schule wurde Margot als Jüdin gekennzeichnet, obwohl sie katholisch getauft worden war. Allerdings galt nach der nationalsozialistischen Rassenideologie einzig die „rassische" Abstammung. Nach dieser Kategorisierung wurde der Vater als jüdisch und die Mutter als nicht jüdisch bezeichnet. Margot war die einzige „Halbjüdin" in ihrer Klasse und erinnert sich daran, dass auf ihrem Zeugnisheft ihr Name und „Jude" stand. Sie hatte eine Lehrerin, mit der sie sich gut verstand und die ihr zugewandt erschien. Die Lehrerin wurde eines Tages nicht mehr gesehen. Keiner wagte zu fragen, wohin sie verschwand – nach heutigen Verhältnissen kaum vorstellbar.

Die Klassenkameraden verhielten sich Margot gegenüber unterschiedlich. Es gab einige, die gaben ihr nicht die Hand, anderen war die Nazi-Ideologie egal, und sie verhielten sich Margot gegenüber menschlich. Trotz aller Probleme in der Schule hatte Margot einige positive Erinnerungen bewahrt.

Als Kind bemerkte sie nicht, dass die Eltern unter ständigem Druck, abgeholt zu werden, lebten. Sie wurde jedes Jahr versetzt, keine Selbstverständlichkeit, denn andere Kinder, auch von Nazis, blieben wegen mangelhafter Leistungen sitzen. Auch Margot sagte beim Eintreten des Lehrers in die Klasse „Heil Hitler", weil es alle sagten und sie nicht auffallen wollte. Mit neun Jahren war Margot darauf bedacht, nicht ausgegrenzt zu werden. Es reichte schon, dass ihr manche größeren Kinder auf der Straße „Jude" hinterherriefen.

Am 04.11.1939 wurde Meitners verboten, einen Radioempfänger zu besitzen, und der vorhandene Volksempfänger entschädigungslos von der Geheimen Staatspolizei Potsdam eingezogen. Ab dann war man von den allgemeinen Radioinformationen abgeschnitten und mußte sich in die Isolation begeben. Informationen bekam man nur im Vorübergehen, oder man schnappte aus Unterhaltungen anderer Leute etwas auf, das man dann zu dem eigenen Weltbild zusammenbauen konnte. Zu anderen jüdischen Einwohnern hatten die Meitners nur wenig Kontakt.

Margot Rakitin erinnert sich zum Beispiel an die Familie Löwenthal (siehe auch den Artikel zu Gerda und Moritz Löwenthal). Herr Löwenthal hatte sie einmal zu sich nach Hause eingeladen, damit sie sich seine Knochensammlung ansehen konnte. Sie erinnert sich weiter daran, dass Herr Löwenthal ein freundlicher Herr und die Familie einen relativ gut situierten Eindruck auf sie machte. Nach der Pogromnacht zog die alleinstehende Jenny Gold zu den Löwenthals, weil ihre Wohnung zerstört worden war und sie aus der Wohnung zwangsweise ausziehen mußte.

Jenny Gold und Gerda Löwenthal wurden, wie bereits berichtet, nach ihrer Deportation aus Deutschland ermordet. Als die Löwenthals und Jenny Gold über Nacht abgeholt wurden, in der Gemeinde Zepernick merkte kaum jemand etwas davon, wollten die Meitners wissen, was mit ihnen geschehen sei.

Die Meitners waren unruhig angesichts des Schiksals, dass sie selbst vielleicht zu erwarten hatten. Sie konnten nur einem einzigen Menschen, der im Standesamt Zepernick arbeitete, vertrauen. Herr Schlichting gab Auskunft und sagte, dass Gerda Löwenthal und Jenny Gold deportiert worden waren. Moritz Löwenthal war schon zuvor in das Konzentrationslager Buchenwald deportiert und dort ermordet worden.

Am 08.02.1939 erteilte Rudolf Meitner seiner Ehefrau Rosa vor einem Notar in Bernau eine Generalvollmacht. Vor dem Notar mußte er erklären, dass er Jude sei und staatenlos. Eine solche Erklärung mußten alle jüdischen Mitbürger einem notariellen Vertrag voranstellen. Nach dem Reichsbürgergesetz vom 15.09.1935 und der Ersten Verordnung zum Reichsbürgergesetz vom 14.11.1935 stand in § 4 (1) „Ein Jude kann nicht Reichsbürger sein". Rudolf Meitner wurde die deutsche Staatsbürgerschaft entzogen und galt seitdem als staatenlos.

Anfang des Jahres 1939 hatte das Fremdenamt den Meitners eine Frist zur Auswanderung aufgegeben. Rudolf Meitner versuchte über den „Hilfsverein der Juden in Deutschland e.V.", der bereits seit seiner Gründung im Jahre 1924 Auswanderern behilflich war, eine der begehrten Schiffspassagen nach Übersee zu bekommen.

Am 06.04.1939 wurden die Kosten für eine Überfahrt der Meitners nach Shanghai vom Hilfsverein bewilligt. Allerdings verzögerte sich der Abfahrttermin immer wieder. Am 04.08.1939 schrieb der Hilfsverein an Rudolf Meitner:

„[...] Die Tatsache, dass Schiffsplätze in Reichsmark nicht zur Verfügung stehen – sämtliche Linien, auch die deutschen, verlangen den Passagepreis ganz oder zum Teil in Devisen; diese Devisen stehen weder dem Hilfsverein noch Ihnen zur Verfügung – macht es unmöglich, einen bestimmten Ausreisetermin bereits jetzt auszugeben. Hin und wieder werden dem Hilfsverein einige wenige Reichsmarkpassagen zugänglich gemacht. Diese werden für die dringendsten Fälle verwendet.

Auch Ihren Fall haben wir als dringlich gemeldet und hoffen, dass in den nächsten 3-4 Monaten auch Ihnen eine solche Passage beschafft werden kann.

Diese Tatsache macht es notwendig, dass Sie den Herrn Landrat des Kreises Niederbarnim um eine Verlängerung Ihrer Abzugsfrist um weitere 4 Monate bitten.

Hochachtungsvoll
Reichsvereinigung der Juden in Deutschland
Abt. Wanderung (Hilfsverein) [...]" [128]

Zwischenzeitlich mußte sich Rudolf Meitner alle paar Monate um eine Verlängerung seiner Abzugsfrist beim Landrat des Kreises Niederbarnim bemühen Es war jedes Mal höchst ungewiss, und man ließ ihn auch bewusst im Ungewissen, ob er eine Verlängerung bekam. Außerdem mußte er sich einmal im Monat bei der Gestapo in Potsdam melden. Margot Rakitin erzählt in ihrem Interview, dass sich ihr Vater bei der Gestapo mit den vorgeschriebenen Worten melden mußte: *„Ich bin der Jude Rudolf Meitner und möchte mich heute wie vorgeschrieben melden."* Er durfte als Jude nicht „Heil Hitler" sagen, das wäre ein Grund für eine sofortige Verhaftung gewesen. Der Vater berichtete, dass auf dem Flur des Gestapo-Gebäudes viele Menschen mit dem Gesicht zur Wand standen und auf ihr ungewisses Schicksal warteten. Er selbst wusste beim Betreten des Gebäudes nicht, ob man ihn wieder nach Hause gehen lassen würde.

Nach Beginn des Krieges am 01.09.1939 wurde eine Ausreise nur noch sehr selten genehmigt. Das bisher aufnahmewillige Ausland war wegen des durch die Deutschen begonnenen Angriffskriegs plötzlich im Kriegszustand oder bereitete sich darauf vor. Zudem arbeiteten die damit befassten nationalsozialistischen Organisationen bereits an der „Endlösung der Judenfrage". Eine Ausreise konnte nur noch in das neutrale Ausland erhofft werden.

Am 30.10.1940 schrieb die nun umbenannte „Reichsvereinigung der Juden in Deutschland Abt. Wanderung (HILFSVEREIN)" an Rudolf Meitner:

„ [...] Sehr geehrter Herr Meitner,

Ihre Auswanderung bis zum 15. November d.J. durchzuführen ist aus nachfolgenden Gründen nicht möglich:

Wie wir Ihnen bereits unter dem 18. März d.J. mitgeteilt hatten steht die Tatsache, dass Sie weder Freunde noch Verwandte im neutralen Ausland haben, die Ihnen Devisen für Ihre Auswanderung zur Verfügung stellen können, der Förderung Ihrer Auswanderung entgegen.

Die inzwischen durch die politischen Veränderungen eingetretenen Schwierigkeiten der Auswanderung erschweren die Möglichkeit für Ihre Auswanderung entsprechend.

Diese Tatsachen machen es notwendig, dass Sie den Herrn Landrat um eine weitere Abzugsfristverlängerung bitten müssen und zwar mindestens auf 8 Monate, damit wir, falls in dieser Zeit sich Möglichkeiten finden, sie auch für die Förderung ihrer Auswanderung nutzen können. [...]" [129]

Die letzte Nachricht der Reichsvereinigung, die dem Verfasser vorliegt, ist vom 11.03.1941. Hierin wird Rudolf Meitner mitgeteilt, dass sich an der Sachlage nichts Grundsätzliches geändert habe, man weiter bemüht sei und darauf hinweist, dass eine Verlängerung der Abzugsfrist beim Landrat zu beantragen sei. Danach bricht der Kontakt wohl ab. Wie in dem nachstehenden „Exkurs Reichsvereinigung der Juden in Deutschland" beschrieben, setzen Ende 1941 auch aus Berlin die Deportationen in die Ghettos im Osten und in die Vernichtungslager ein.

Rudolf Meitner war vor 1933 bei einer Baufirma beschäftigt. Dort erhielt er sofort nach der Machtverschiebung die Kündigung. Die Familie litt dann wegen des ausbleibenden Einkommens große Not. Rosa Meitner ging putzen oder half in Haushalten bei den Bauern aus. Nach Beginn des Krieges wurde Rudolf bei der Berliner Müllabfuhr zwangsverpflichtet und war dort bis zum Kriegsende tätig. Fast alle Männer waren als Soldat im Einsatz, so dass man entweder die aus den eroberten Gebieten verschleppten Arbeitskräfte in Deutschland zur Arbeit zwang oder eben auch die in Mischehe lebenden jüdischen Mitmenschen.

Nach Kriegsende, als die Sowjetische Militäradministration das Kommando in Zepernick übernommen hatte, erinnerten sich viele Nazis aus Zepernick plötzlich an Meitners und baten um einen guten Leumund. Die Meitners wurden auf der Straße angesprochen, man besuchte sie zu Hause, immer mit der Absicht, einen „Persilschein" [130] zu bekommen. Da hatten plötzlich Menschen, die zuvor das Regime nach Kräften unterstützen, die Meitners immer gegrüßt, ihnen heimlich Lebensmittel zugesteckt usw. Allerdings warteten die Meitners vergeblich auf ein Wort der Reue oder ein Schuldeingeständnis. Alle waren plötzlich verführt worden, waren „nur" Mitläufer gewesen oder hatten innerlich immer in Gegnerschaft zum Nationalsozialismus gestanden. Amtsträger der NSDAP behaupteten, dass sie auf ihrem Posten verblieben waren, um das Schlimmste zu verhindern, was natürlich, so weiter die Legende, nicht immer gelingen konnte. „Wir standen doch alle unter Druck" war eine beliebte Ausrede.

Nachdem nun die Meitners die Verfolgung überlebt und der Deportation entgangen waren, konnten sie einen Antrag auf Anerkennung als „rassistisch Verfolgte des Nationalsozialismus" stellen. Anerkannte „ODF" (Opfer des Faschismus) oder „VdN" (Verfolgte des Nationalsozialismus) erhielten in der neu gegründeten DDR einige Privilegien, wie bessere Lebensmittelkarten, eine Rente und sonstiges. Wesentlich bessere Privilegien erhielten allerdings die Verfolgten der ehemaligen Kommunistischen Partei. Dies leitete sich aus dem Selbstverständnis der DDR ab. Rudolf Meitner wurde die

117

Anerkennung als „ODF" und Rosa Meitner als „VDN" zugesprochen. Die Tochter Margot Rakitin erhielt keine Anerkennung dieser Art, weil sie die in der DDR geltenden Voraussetzungen nicht erfüllen konnte. Ein erneuter Versuch, kurz vor der gesellschaftlichen Neuorientierung im Jahre 1989, eine Anerkennung als VDN zu erreichen, konnte auch der beauftragte Rechtsanwalt Lothar de Maiziere nicht erreichen.

So wurde das Unrecht, dass den Meitners in der Zeit des Nationalsozialismus zugefügt wurde, nur in kleinen Teilen entschädigt. Am 17.01.2019 verstarb Margot Rakitin in Zepernick.

Nun bist du mit deinem Hans vereint.

Margot Rakitin

* 14. 10. 1929
† 17. 01. 2019

In liebevoller Erinnerung
Dein Andreas
Dein Stephan und
Deine Lisa-Marie
sowie alle Angehörigen

Die Beisetzung findet im engsten
Familienkreis statt.
Von Beileidsbekundungen am Grab
bitten wir Abstand zu nehmen.

……………………..

Exkurs: Reichsvereinigung der Juden in Deutschland

Mit dem Machtantritt der Nationalsozialisten im Januar 1933 begann die soziale, rechtliche und wirtschaftliche Ausgrenzung der in Deutschland lebenden Juden. Ziel der zahlreichen antisemitischen Maßnahmen war die Isolierung der jüdischen Bevölkerung sowie ihre erzwungene Auswanderung. Vor diesem Hintergrund wurde im Januar 1939 auf Anordnung Görings die Reichsvereinigung der Juden in Deutschland gegründet. Mit ihr schuf der NS-Staat eine zentrale Organisation, die zunächst vornehmlich die Emigration von Juden aus Deutschland umzusetzen hatte. Zugleich verschärfte die Gründung der Reichsvereinigung die Isolierung der Juden, indem separate „jüdische Strukturen" aufgebaut bzw. zementiert wurden. Personell und organisatorisch knüpfte die Reichsvereinigung an die „Reichsvertretung der Juden in Deutschland" an, die von der Gestapo mit dem Aufbau beauftragt wurde und zugleich in der Reichsvereinigung aufging. Die Reichsvertretung war 1933 von verschiedenen jüdischen Organisationen als Interessensvertretung unter dem Namen „Reichsvertretung der deutschen Juden" gegründet und 1935 zwangsweise in „Reichsvertretung der Juden in Deutschland" umbenannt worden.

Im Unterschied zur Reichsvertretung handelte es sich bei der Reichsvereinigung um eine Zwangsorganisation. Sämtliche im Altreich lebenden deutsche und „staatenlose" Personen, die nach den Nürnberger Gesetzen als Juden galten, mussten ihr als Mitglieder angehören, vollkommen unabhängig von ihrem Selbstverständnis. Die Reichsvereinigung unterstand direkt der Gestapo (bzw. dem Reichssicherheitshauptamt) und wurde von dieser unmittelbar kontrolliert. Ihre Zentrale befand sich in der Kantstraße in Berlin-Charlottenburg. Dieser unterstanden regionale Bezirksstellen, denen wiederum die größeren Jüdischen Gemeinden als „örtliche Zweigstellen" nachgeordnet waren. Kleinere Gemeinden mit weniger als 1.000 Mitgliedern gingen in den Bezirksstellen auf. Die Jüdischen Gemeinden und ihre Wohlfahrtseinrichtungen wurden so faktisch Teil der Reichsvereinigung.

Gemeinsam mit den ihr unterstehenden Gemeinden war die Reichsvereinigung für sämtliche Lebensbereiche der Juden

119

„zuständig" u. a. für die Organisation des jüdischen Schulwesens und der Wohlfahrtstätigkeit wie Armenhilfe und Krankenhäuser. Auf Anordnung der Gestapo hatte die Reichsvereinigung zudem antijüdische Anordnungen und Restriktionen an ihre Mitglieder weiterzugeben.

Für die Verwaltung ihrer Mitglieder verfügte die Reichsvereinigung über verschiedene Namenskarteien, die ständig aktualisiert wurden und die teilweise lange vor der Gründung der Reichsvereinigung angelegt worden waren.

Nach dem weitgehenden Abschluss der Deportationen zog die wesentlich verkleinerte Reichsvereinigung im Juli 1943 auf das Gelände des Jüdischen Krankenhauses in Berlin-Wedding um. Fast alle Funktionäre waren bis zu diesem Zeitpunkt deportiert worden. Bei den im Wedding verbliebenen Mitarbeitern handelte es sich fast ausschließlich um Juden in „Mischehe", die sich um die wenigen noch im Reich verbliebenen Juden, ebenfalls zumeist in „Mischehe" lebend, zu kümmern hatten. Die Reichsvereinigung wurde am 20.09.1945 durch die Alliierte Control Commission endgültig aufgelöst. [131]

....

NAGELS, HERTA

geborene Reichmann, geb. 04.04.1895 in Breslau (Schlesien). Sie wohnte in Zepernick in der Schweizer Straße 1.[132] Sie war verheiratet mit **August Nagels**, geboren 14.06.1886 in Italien.

Nach den „Nürnberger Gesetzen" waren ihre Großeltern väterlicherseits und mütterlicherseits jüdischen Glaubens. Herta Nagels wurde deswegen als „Jude" bezeichnet. Der Beruf von August Nagels war Artist. Er wurde nach den vorgenannten „Nürnberger Gesetzen" als „Arier" bezeichnet.

Der Familie Nagel, obwohl in einer so genannten Mischehe lebend, blieb von den Nachstellungen der nationalsozialistischen Behörden nicht verschont. Anfang des Jahres 1938 wurden Verordnungen seitens der Machthaber beschlossen, die eine genaue Erfassung des jüdischen

Anmeldung jüdischen Vermögens [132a]

Vermögens, sei es Bargeld, Devisen, Aktien, Grundbesitz oder Schmuck und Gold, rechtfertigen sollten. In dem oben abgebildeten Schreiben wird seitens der Ortspolizeibehörde Zepernick der Landrat darauf hingewiesen, dass bei den jüdischen Familien Benning bezw. Benjamin und Nagels eine Nachprüfung der Vermögensverhältnisse angeraten sei.

Grundlage für diesen Hinweis an den Landrat war die Verordnung über die Anmeldung des Vermögens von Juden, die am 26. April 1938 (RGBl. I. S. 414f.) von Hermann Göring im Deutschen Reich erlassen wurde. Ihr folgte die „Verordnung zur Durchführung der Verordnung über die Anmeldung des Vermögens von Juden" vom 18. Juni 1938.

Diese Bestimmungen verlangten von allen jüdischen Bürgern im Deutschen Reich, einschließlich Österreichs, die Anmeldung des in-

121

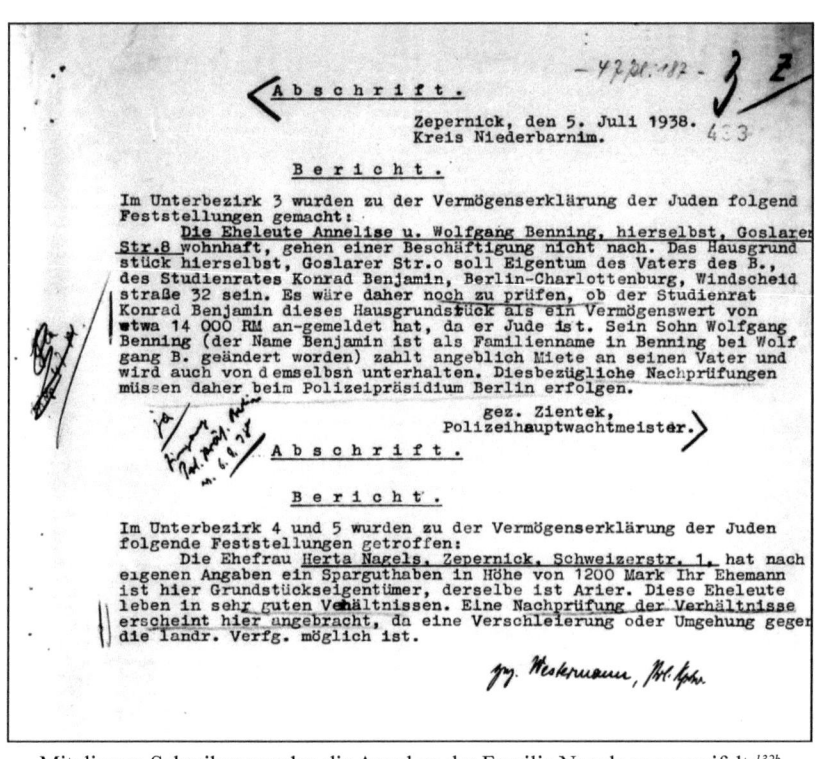

Mit diesem Schreiben werden die Angaben der Familie Nagels angezweifelt [132b]

und ausländischen Vermögens, wenn dessen Gesamtwert mehr als 5.000 Reichsmark betrug. Bei falschen Angaben drohten Geldstrafen, Haftstrafen bis zu zehn Jahren Zuchthaus sowie Vermögenseinzug.

Diese Vermögensaufstellungen dienten später dazu, unterschiedliche Vermögensabgaben zu berechnen, wie z.b. Reichsfluchtsteuer, Judenvermögensabgabe und vieles mehr. Schmuck und andere Wertgegenstände mußten abgegeben werden.

In Vorbereitung auf die von den Nationalsozialisten geplante totale Vernichtung der europäischen Juden wurde am 09. November 1938 ein Pogrom veranlasst, das unter der zynischen Bezeichnung „Kristallnacht" in Erinnerung geblieben ist. Wie überall im damaligen Deutschen Reich, wütete auch in Zepernick ein wild gewordener, organisierter Mob. Diese kriminellen Gruppen wurden am Abend auf Befehl aus linientreuen Nazis zusammengestellt. Nach und nach

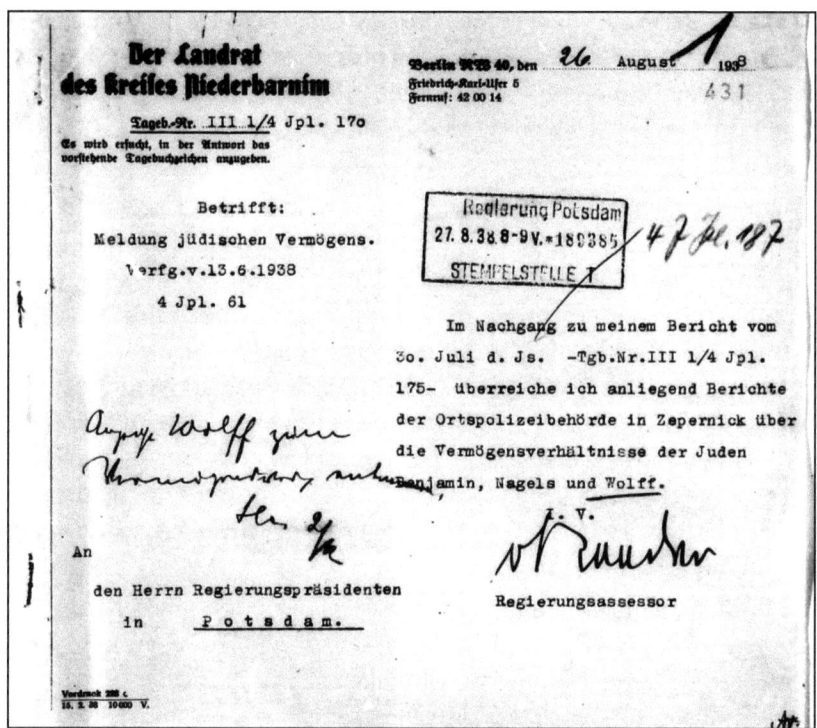

Nachdem der Landrat aufgefordert worden war, berichtet auch er... [132c]

gesellten sich andere meistens dorf- oder stadtbekannte Schlägertypen hinzu.

Als Vorwand für das Anzetteln dieses Pogroms diente den Nationalsozialisten das Attentat auf einen bis dahin völlig unbedeutenden Mitarbeiter der Deutschen Botschaft in Paris, Ernst von Rath. Rath verstarb zwei Tage nach dem Anschlag.

Der Attentäter war ein in Hannover aufgewachsener polnischer Staatsbürger. Sein Name war Herschel (Hermann) Grynszpan. Die Gründe für das Attentat sind nicht bis ins letzte Detail ermittelt worden. Einerseits sollen von Rath und Grynszpan ein homosexuelles Verhältnis gehabt haben, wobei Eifersucht eine Rolle gespielt haben könnte. Andererseits wurde behauptet, dass Grynszpan aus Rache für die Zwangsdeportation von mindestens 17.000 aus Polen eingewanderter Juden (Polenaktion) im Oktober 1938, das Attentat begangen habe.

Da homosexuelle Neigungen offiziell von den Nazis nicht geduldet wurden, schon gar nicht zwischen einem Juden und einem Angehörigen der Deutschen Botschaft, musste Rache für die Polenaktion als Motiv für die Tat von Herschel Grynszpan herhalten. Es spielte keine Rolle ob wahr oder nicht.

Joseph Göbbels vereinnahmte das Ereignis und inszenierte ein beispielloses Pogrom gegen die jüdische Bevölkerung in Deutschland. Als die Parteigrößen im Laufe der Ausschreitungen merkten, dass enorme Werte bei diesem Pogrom unwiederbringlich zerstört wurden, veranlasste Göbbels das Ende der Zerstörungen. Dem Deutschen Reich wären ansonsten wertvoller Besitz in Größenordnungen verloren gegangen. Außerdem war zu befürchten, dass die Brände und mutwilligen Zerstörungen zu Entschädigungsleistungen von Versicherungen geführt hätte. Die Eigentümer der Versicherungen waren meistens „Arier" und hätte dann aus Sicht der Nationalsozialisten die Falschen getroffen.

In Zepernick zog an diesem Abend der Mob, bestehend aus linientreuen Parteigenossen, Mitläufern und eine Schar Hitlerjungen von einer jüdischen Wohnstätte zur anderen. Die jüdischen Bewohner wurden mit lautem Geschrei bedroht, mit Knüppeln misshandelt und man drang in die Wohnungen ein. Dort wurden die Einrichtungsgegenstände zertrümmert und aus dem Fenster geworfen.

Besonders hervorgetan bei diesen Aktionen hat sich der damalige Schulungs-, Block- und Zellenleiter Hans Zitzler. Er war ein glühender Anhänger der Nationalsozialisten und seit 1933 Mitglied der NSDAP.

Als die Schreckensherrschaft 1945 beendet war, versuchten die Überlebenden der brutalen Verfolgung, die schrecklichen Erlebnisse juristisch aufzuarbeiten. Nachdem sich einigermaßen stabile Strukturen in Zepernick gebildet hatten, erstattete Herta Nagels Strafanzeige gegen Hans Zitzler, der sich als einziger ihr bekannter Täter noch in Zepernick aufhielt. Die Polizeiverwaltung nahm diese Anzeige unter dem Titel „Verbrechen gegen die Menschlichkeit" gemäß der Kontrollratdirektive Nr. 38 auf.

Die Kontrollratsdirektive Nr. 38 war eine vom Alliierten Kontrollrat am 12. Oktober 1946 erlassene Direktive über die „Verhaftung und Bestrafung von Kriegsverbrechern, Nationalsozialisten und Militaristen und die Internierung, Kontrolle und Überwachung von möglicherweise gefährlichen Deutschen".

Herta Nagels gab zu Protokoll, dass sich am 09.11.1938 gegen 17:00 Uhr vor ihrer Wohnung eine Menschenmenge versammelt hatte und Sturm läutete. Als sie vor die Tür trat, standen Zitzler, Matthikates, Ludwig und eine Horde Hitlerjungen in Zivil vor dem Haus. Später stellte sich heraus, dass sich zahlreiche Angehörige der SS in Zivil bei dem Mob mitliefen.

Die Meute erhob ein furchtbares Geschrei und beschimpften Frau Nagels mit den Worten: „Judenweib, mach dass du hinauskommst, du hast in Deutschland nichts zu suchen. Geht doch dahin, wo ihr euch bisher immer herumgetrieben habt!"

Ähnlich lautende Berichte gab es von allen jüdischen Bewohnern in Zepernick. Alle wurden in dieser Nacht bedrängt, geschlagen oder gar verschleppt. Das Mobiliar wurde auf die Straße geschleudert und zerstört. Die Anzeige von Herta Nagels führte zu einer umfassenden Untersuchung der Vorfälle des 09.11.1938 in Zepernick. Auch andere Zeugen, wie beispielsweise Frau Martha Döring, Rosa Meyk und Dora Reschke, bestätigten die Aussage von Herta Nagels. In diesen Aussagen fand sich der Name Seidlitz als weiterer Tatverdächtiger. Allerdings konnte nur Zeitzler zu den Anschuldigungen vernommen werden. Die anderen Tatverdächtigen waren in den Wirren des Krieges verschwunden, untergetaucht oder bewusst in die Westzonen abgewandert, weil dort keine intensive Verfolgung ihrer Straftaten zu befürchten stand.

Die Westalliierten legten größeren Wert auf den Fortbestand und die Wiederankurbelung der Wirtschaft. Dazu benötigte man im Westen an vielen Stellen die alten Eliten. Eine breit angelegte Verfolgung der Verbrechen gegen die Menschlichkeit war an der Stelle nur hinderlich. Diese Sichtweise machten sich viele Straftäter, die in den Herrschaftsbereich der sowjetischen Besatzer geraten waren, zunutze und wechselten in eine der Westzonen über. Der Angeschuldigten Matthikates konnte, wie die anderen Täter, nicht ausfindig gemacht werden. Es gab ein Gerücht, dass Matthikates nach Kriegsende in der Westzone bei einer Polizeieinheit beschäftigt wurde.

Zitzler, der mit großen gesundheitlichen Problemen aus Kriegsgefangenschaft zurückkehrte, gab bei seiner Vernehmung am

12.05.1947 seine Beteiligung an dem Pogrom am 09.11.1938 zu. Er berichtete, dass er und andere vom Bürgermeister tags zuvor beauftragt worden war, zu den Wohnungen der in Zepernick lebenden Juden zu gehen. Er habe auch mit einem Stock Frau Nagels gedroht und sie und ihren Ehemann beschimpft. Das vom Bürgermeister eingesetzte Kommando zog in dieser Nacht von jüdischer Wohnung zu jüdischer Wohnung, bedrohte die Einwohner, drang in eine Vielzahl der jüdischen Wohnung ein, zerrte die Bewohner auf die Straße und misshandelte sie. Essgeschirre und Wohnungseinrichtungen landeten auf den Straßen, so dass die jüdischen Bewohner tags darauf bei den wenigen wohlgesonnenen Zepernickern um Tassen und Teller betteln mussten.

Zitzler wurde von einigen Zeugen vorgeworfen, er habe sich auch maßgeblich an Misshandlungen von gefangen genommenen Antifaschisten der Kommunistischen Partei im Jahre 1933 beteiligt. Auch soll er aktiv bei der Erstellung von Listen der ortsansässigen Antifaschisten mitgewirkt haben. Diese Listen führten in einigen Fällen zu brutaler Verfolgung. An den Verhafteten wurden einigen Todesurteilen des Volksgerichtshofs vollstreckt.

Am 02.01.1948 wurde Hans Zitzler vom Landeskriminalamt Brandenburg beim Landgericht Eberswalde wegen Verbrechens gegen die Menschlichkeit angeklagt. [132d]

Das Grundstück und sein Wohnhaus in der Schweizer Straße wurde 1946 auf Grund des Befehls 124 der SMAD entschädigungslos enteignet. Dies wurde auch deshalb so entschieden, weil die Ehefrau von Hans Zitzler in der NS-Frauenschaft des Ortes eine führende Rolle spielte.

Hans Zitzler war seit dem 26.03.1921 verheiratet mit Anneliese Zitzler, geb. Ebell. Frau Zitzler ist am 27.02.1957 in Bernau verstorben.

Zudem war die Tochter ebenfalls Mitglied der NSDAP gewesen. Zum Prozess ist es nicht mehr gekommen, da Hans Zitzler am 09.02.1949 in Berlin-Buch verstarb.

Die Beschlagnahme der Liegenschaft wurden am 22.12.1949 von der Landesregierung, Minister des Inneren, Landesausschuss zum Schutze des Volkseigentums aufgehoben und die Immobilie an die Erben nach Hans Zitzler zurückgegeben. Eine Entschädigung wurde von der Gemeinde Zepernick nicht gezahlt. [132e]

NEUHÄUSL, LINA

geborene Matiszig, geb. 18.10.1872 in Berlin. Sie wohnte in Zepernick in der Adolf-Hitler-Straße 69, später Heinestraße.[133] Nach den „Nürnberger Gesetzen" waren ihre beiden Großelternteile jüdischen Glaubens. Lina Neuhäusl wurde deswegen als „Jude" bezeichnet. Sie war verheiratet mit **Heinrich Neuhäusl**, geboren 03.05.1868 in Dresden (Sachsen). Heinrich Neuhäusl war nach der Eintragung im Adressbuch von Zepernick von 1937/38 Rentner. Er wurde nach den vorgenannten „Nürnberger Gesetzen" als „Arier" bezeichnet. Über das Leben der Familie Neuhäusl während und nach der Hitler-Diktatur ist dem Verfasser nichts bekannt. Möglicherweise schütze Lina diese Familien-Konstellation (so genannte Mischehe) vor direkter Verfolgung.

NITSCHKE, HEINZ

geb. 24.11.1905 in Berlin.[134] Gestorben am 03.03.1996 in Eberswalde.[135] Am 15.07.1938 zog Nitschke von Berlin-Buch nach Zepernick-Röntgental in die Winklerstraße 1. Ab dem 05.11.1965 wohnte er in der Schillerstraße 43 in Zepernick.

Nach den „Nürnberger Gesetzen" waren seine Großeltern väterlicherseits nicht jüdisch und mütterlicherseits jüdischen Glaubens. Heinz Nitschke wurde deswegen als „Mischling 1. Grades" oder als „Halbjude" bezeichnet. Er war verheiratet mit **Margarete Nitschke**, geborene Schröder, geb. 03.10.1907 in Neuwied, gestorben 21.11.1988 in Zepernick. Margarete wurde nach der nationalsozialistischen Rassegesetzgebung als „nicht jüdisch" oder „arisch" bezeichnet. Diese Konstellation, eine so genannte „Mischehe", wenn sie vor der Verabschiedung der Nürnberger Gesetze im September 1935 geschlossen worden war, gewährte einen ungewissen Schutz vor der Verfolgung der Nationalsozialisten. Margarete hatte den Beruf einer Kontoristin und war später Hausfrau. Nach der Recherche im Standesamt Panketal und im Kreisarchiv Barnim hatte das Ehepaar Nitschke offensichtlich keine Kinder.

Der Vater von Heinz Nitschke war Maurer, die Mutter Näherin.

Er sympathisierte bereits vor der Machtverschiebung mit der Kommunistischen Partei Deutschlands (KPD). Davor war er deutschnationaler Gesinnung gewesen. Nitschke bemühte sich vor 1933 und soweit es ihm noch möglich war nach 1933, sein Umfeld über die Ziele der Nationalsozialisten und die Folgen ihres Handelns aufzuklären. Die KPD wies schon vor 1933 und danach unter Lebensgefahr auf die kriegerischen Ziele der Nazis hin. Nach der Machtverschiebung wurde es für KPD-Mitglieder und deren Sympathisanten in Deutschland lebensgefährlich. Den Reichstagsbrand vom 28.02.1933 nahmen die neuen Machthaber zum Anlass, eine Verschärfung der Massnahmen gegen Gegner des Regimes in die Tat umzusetzen. Den Reichstagsbrand lasteten die Nazis unbewiesen der KPD an. In der Folge wurde unbarmherzig Jagd auf alle Gegner und Oppositionelle gemacht. Schon bald zogen sich Freunde und Bekannte von Nitschke zurück, und der Kreis um ihn herum wurde immer kleiner. Nach der Rassenideologie der Nazis war Nitschke jüdischer Abstammung und noch dazu bewegte er sich in kommunistischen Kreisen. Allein diese Umstände führten zu dem deutlichen Rückzug der Freunde. Sie konnten durch eine Bekanntschaft mit Nitschke verdächtigt werden, staatsfeindlich unterwegs zu sein. Eine solche Bekanntschaft erwies sich für Freunde der Nitschkes zunehmend als lebensgefährlich.

Nach erfolgreich abgeschlossenem Musikstudium war Nitschke ab 1930 Geiger im Berliner Funkorchester und auch in Bereich Musik pädagogisch tätig. Wegen seiner jüdischen Abstammung erhielt er 1935 ein volles Berufsverbot. Seine Frau hielt trotz vielschichtiger Anfeindungen, auch aus dem engsten Familienkreis, weiter zu ihm.

Damals wurden die „arischen" Ehepartner seitens der NSDAP und anderer Kreise bedrängt, sich von jüdischen Ehepartnern zu trennen. Nicht alle „Mischehen" oder wie man auch verächtlich sagte „jüdisch versippte" Ehen hielten diesem massiven Druck stand. Nach einer Trennung war der jüdische Ehepartner den Nationalsozialisten ausgeliefert und wurde wie alle jüdischen Bewohner behandelt, mit anschließender Deportation in ein Vernichtungslager. Die jüdischen Ehepartner in den „Mischehen" waren zunächst noch geschützt. Nach Vorstellung der Nationalsozialisten wollte man diese Menschen nach dem Krieg ebenfalls vernichten.

Das Ehepaar Nitschke hatte kurz vor Verkündung der Nürnberger Rassegesetze und dem darin enthaltenen Heiratsverbot zwischen jüdischen Mischlingen 1. Grades und nicht jüdischen Deutschen,

128

geheiratet. Durch das ausgesprochene Berufsverbot standen die Nitschkes plötzlich ohne Einkommen da, und man führte ein armseliges Schattendasein.

Nachdem der 2. Weltkrieg von Hitler entfesselt wurde, mußte auch Nitschke Kriegsdienst leisten. Er war an den Überfällen der Wehrmacht auf die Staaten im Westen des Deutschen Reiches als einfacher Soldat beteiligt — der so genannten Westfront — und wurde im Laufe des Krieges zum Feldwebel befördert. 1944, nach dem Attentat auf Hitler, wurde er plötzlich wegen der Verschärfungen, die Hitler für nicht arische Wehrmachtsangehörige erlassen hatte, verhaftet. Nach den im Jahre 1935 erlassenen Verordnungen und seinen nachfolgenden zahlreichen Änderungen und Ausführungsbestimmungen sollten ab 1940 „Mischlinge 1. Grades" aus der Wehrmacht entlassen werden. Diese strikte Verordnung wurde allerdings durch zahlreiche aufeinanderfolgende Ausnahmegenehmigungen wiederum vielfach nicht wirksam. Allerdings verschärfte Hitler die Situation nach dem Attentat auf ihn am 20.07.1944. Danach wurde die überwiegende Zahl der Wehrmachtssoldaten und Offiziere mit nicht arischen Vorfahren aus der Wehrmacht entlassen. Nitschke wurde sodann in das Arbeitslager Zerbst deportiert. Im April 1945 befreiten ihn dort die amerikanischen Truppen. Er schlug sich bis Zepernick durch; der Ort war zu diesem Zeitpunkt noch nicht von der Roten Armee erobert, sondern befand sich noch in deutscher Hand. Um einer Denunziation durch fanatische Deutsche zu entgehen, verbarg er sich bis zum Eintreffen der Roten Armee am 21.04.1945 in seiner Wohnung.

Kurze Zeit nach der Eroberung von Zepernick meldete er sich befehlsgemäß bei der örtlichen sowjetischen Kommandantur. Der sowjetische Kommandant forderte ihn auf, bei der Errichtung der örtlichen Zivilverwaltung mitzuhelfen. Er wurde in der Landwirtschaft eingesetzt, obwohl er kaum Erfahrung in landwirtschaftlichen Fragen hatte. 1946 ernannte die sowjetische Militäradministration (SMAD) ihn zum Leiter des Wohnungs- und des Volksbildungsamtes. 1948 berief man ihn zum Leiter der Personalabteilung und zum Standesbeamten. 1950 wurde er zum Leiter der allgemeinen Abteilung, Personalleitung, Standesbeamter, Leiter der Abteilung Volksbildung und später Abteilungsleiter Arbeits-, Wohnungs-, und Volksbildungsamt ernannt.[136]

Außerdem wurde Nitschke Produktionsleiter beim Rundfunk. 1970 war er als Dozent für Violine an der Spezialoberschule für Musik Berlin, Rheinsberger Straße 6, Abteilung der Deutschen Hochschule für Musik „Hans Eisler" tätig. [137]

Wie oben beschrieben, dehnte sich das Betätigungsfeld von Heinz Nitschke auch auf die Ingangsetzung vieler kultureller Einrichtungen aus. Kindergärten usw. wurden eröffnet. Er organisierte musikalische und kulturelle Veranstaltungen bis in sein hohes Alter. [138, 139]

Folgenden Organisationen gehörte Nitschke an:

Vor 1933: Deutscher Musikerverband und Rote Hilfe.

Nach 1945: KPD, SED, FDGB, dem Kulturbund, DSF, VVN, und er war Mitglied im Konsum. [140]

Am 24.05.1952 wurde er durch Beschluss der VdN-Landesdienstelle als Verfolgter des Naziregimes anerkannt. [141]

REIN, LUISE (LUCIE)

geborene Less, geb. 04.10.1902 in Rößel (Ostpreußen). Sie wohnte in Schwanebeck-Bergwalde in der Waldstraße 20. [142] Nach den „Nürnberger Gesetzen" waren ihre Großeltern mütterlicherseits jüdischen Glaubens. Luise Rein wurde deswegen als „Halbjüdin" bezeichnet.

Über das Leben der Luise Rein während oder nach der Hitler-Diktatur ist dem Verfasser nichts bekannt. Auch ist nicht bekannt, ob Luise Rein den Holocaust überlebt hat.

REITZES, ADOLF

geb. 21.06.1876 in Wien, Österreich. Gestorben am 28.02.1947 in Chicago, Illinois. Er wohnte in Zepernick-Röntgental in der Schillerstraße 85.

Nach den „Nürnberger Gesetzen" waren seine Großeltern väterlicherseits und mütterlicherseits jüdischen Glaubens. Adolf Reitzes wurde deswegen als „Jude" bezeichnet. [143]

Adolf Reitzes kam aus einer bekannten Wiener Bankiersfamilie. Die Familie hatte ein enormes Vermögen mit Spekulationen im Bereich der Eisenbahnunternehmen und im Minengeschäft gemacht. Die Familie war beispielsweise Großaktionär der Gotthardbahn. Adolf Reitzes bewegte sich nicht im Bankensektor. Gleichwohl war er, nach nicht zu verifizierenden Angaben, recht wohlhabend.

Er wohnte im Mai 1939 bei der Familie W*[...]*, weil er in Berlin keine Bleibe mehr hatte. Er war verheiratet mit einer Cousine der W*[...]*. Adolf Reitzes hatte sein Vermögen für die Flucht seiner Verwandtschaft und für seine eigentlich ungefährdete Frau (sie war nach den Nürnberger Gesetzen „arisch") ausgegeben. Nun wartete er bei den W*[...]* in der Schillerstraße 85 auf eine Gelegenheit gleichfalls zu flüchten, sobald er die notwendige Kaution für eine Einreise in die USA beisammen hatte.

Bei der Volkszählung von 1939 gab Adolf Reitzes die obengenannte Wohnadresse an. Eine weitere Angabe findet sich auf einer Internetseite von FamilySearch. Dort ist von einem Angehörigen vermerkt, dass Reitzes am 13.10.1942 über Miami, Florida, in die USA eingereist ist. Er hatte zuvor einige Zeit in Quarantäne auf Kuba verbracht. Demnach kann davon ausgegangen werden, dass Reitzes die Flucht aus Deutschland gelang und er in die Vereinigten Staaten immigrierte.

Die Familie W*[...]* in Röntgental erhielt von ihm nach dem Krieg regelmäßig Care-Pakete. Auf der gleichen Internetseite von FamilySearch ist als Sterbedatum der 28.02.1947 vermerkt. Reitzes wohnte zu der Zeit in Chicago, Illinois.[144, 145]

SEELIG, SALOMON

geb. 31.08.1875 Bandsechow (Pommern). Die Familie Seelig wohnte in Zepernick in der Hufelandstraße 10. Er war verheiratet mit **Hedwig Seelig**, geborene Tietzker, geboren am 15.08.1877 in Friedland (Ostpreußen).

Nach den nationalsozialistischen „Nürnberger Gesetzen" vom September 1935 waren seine Großeltern väterlicherseits und mütterlicherseits jüdischen Glaubens. Salomon Seelig wurde deswegen als „Jude" bezeichnet.[146] Nach seiner Heirat zog er nach Berlin, wo er mit seiner Frau ein kleines Konfektionsgeschäft betrieb. Im 1. Weltkrieg kämpfte er in Flandern als Gefreiter in der kaiserlichen Armee. Im Jahre 1921 eröffnete er in Zepernick in der Hufelandstraße 10 ein kleines Kaufhaus und war als freundlicher Mensch bekannt. Er war geschäftlich sehr erfolgreich und ließ der Gemeinde mehrmals finanzielle Unterstützung für soziale Projekte zukommen. In der jüdischen Gemeinde Biesenthal/Werneuchen bekleidete er eine Leitungsfunktion.[147] Ihm gehörte auch das Eckgrundstück Hufelandstraße 11.

Nach der Zwangsarisierung der Grundstücke Hufelandstraße 10 und 11 in den Jahren 1938/1939 mußte Salomon mit seiner Frau Hedwig in ein sogenanntes „Judenhaus" in der Weissenburger Straße 70, Berlin NO 55 umziehen (heute Bezirk Spandau). In diesen sogenannten „Judenhäusern" wurden Juden von den nationalsozialistischen Behörden konzentriert. Später hatte es die Gestapo leicht, die in diesen Judenhäusern wohnenden Menschen insgesamt zu deportieren.

Die Immobilie wurde mit Kaufvertrag vom 04.02.1939 zur Urkundenrolle Nummer 71/1939 an den Ingenieur Kurt Boenisch aus Berlin-Charlottenburg verkauft. Der amtierende Notar war Dr. Walther Schiegnitz aus Bernau b.Berlin, Kaiserstraße 62, der jetzigen Breitscheidstraße. Salomon Seelig mußte das Grundstück Hufelandstraße 10 und 11 in Röntgental zwangsweise verkaufen, weil Juden ab einem bestimmten Datum kein Eigentum an Grundstücken und Häusern mehr besitzen durften. Grundlage war die „Verordnung zur Ausschaltung der Juden aus dem deutschen Wirtschaftsleben" vom 12.11.1938.

Ab Januar 1939 wurden sämtliche Betriebe jüdischer Eigentümer zwangsgeschlossen und Juden die Ausübung praktisch aller Berufe verboten. Entsprechend niedrig fiel der Verkaufserlös aus. Der Kaufpreis für Grundstücke aus jüdischem Besitz wurde grundsätzlich in Höhe des Verkehrswertes angesetzt, der in der Regel unter dem tatsächlichen Marktwert lag. Zudem wurden oftmals noch Abschläge gemacht, weil von offizieller Seite behauptet wurde, das Grundstück, wenn es einem Juden gehörte, sei grundsätzlich in keinem guten Zustand. Hinzu kam noch, dass von den „Ariern" die Zwangslage der Verkäufer ohne Bedenken ausgenutzt wurde.

Es handelte sich um die Grundstücke Hufelandstraße 11, Gemarkung Zepernick, Flur 14, Grundbuchband 43, Grundbuchblatt 1338 (heute 5183), Flurstück 2063 (heute 296) und

Hufelandstraße 10, Gemarkung Zepernick, Flur 14, Grundbuchband 45, Grundbuchblatt 1379, Flurstück 2062 (heute 273).

Das Grundstück Hufelandstraße 11 ging 1974 vom bisherigen Eigentümer Boenisch in das „Eigentum des Volkes" über und wurde unter die Verwaltung des Rates der Gemeinde Zepernick gestellt. Im Jahre 2004 wurde es verkauft an Helga Sch*[...]*.

Das Grundstück Hufelandstraße 10 wechselte zu einem nicht nachvollziehbaren Zeitpunkt vom Eigentümer Boenisch zu der neuen Eigentümerin Anja Be*[...]*. Dieses Grundstück ging demnach nicht in das „Eigentum des Volkes" über.[148]

Nachstehend ist der komplette Kaufvertrag abgebildet. Auf Blatt 3 wird festgelegt:

> *„[...] Eine Auszahlung an den Verkäufer darf nur mit Genehmigung der Behörden erfolgen.[...]"*

Diese Formulierung war damals bei Grundstückskaufverträgen im Zusammenhang mit der „Arisierung" von jüdischem Vermögen üblich und gesetzlich vorgeschrieben. Insofern ist es fraglich, ob Seelig, unter welchen Abschlägen auch immer, einen Teil des Verkaufspreises zur freien Verfügung erhielt. Sicherlich bekam er nur einen Bruchteil des Verkaufspreises, der ja für die Versorgung der Familie dringend gebraucht wurde. Denn mit der zwangsweisen „Arisierung" war Seelig ja auch die Existenzgrundlage entzogen worden. Wovon sollte die Familie in Berlin leben?

Ein Zusatz durfte in den einschlägigen Kaufverträgen nicht fehlen. Auf Blatt 4 heißt es im 5. Absatz von oben:

> *„[...] Der Erschienene zu 2 (Boenisch, d.Verf.) versichert, dass er arischer Abstammung ist. Der Erschienene zu 1 (Seelig, d.Verf.) dagegen ist nicht arischer Abstammung.[...]"*

Zu den vielfältigen Abgaben wird unter § 2 auf Seite 2 einiges festgelegt. Unter Ziffer 1 wird dort erwähnt, dass im Grundbuch in Abtlg. III eine Darlehenshypothek in Höhe von 5.000,00 *RM* eingetragen ist. Salomon Seelig hatte von den Eheleuten Emma und August Peter eine Summe von 5.000,00 *RM* geliehen. Zur Sicherheit hatte man diese Summe im Grundbuch vermerken lassen. Bei einem Verkauf des Grundstückes war es üblich, das Grundbuch zu bereinigen. Dies bedeutete, von dem Kaufpreiserlös waren zuerst die Schulden an die oder den Gläubiger zu erstatten. Bei den jüdischen Grundbesitzern, die unter Zwang verkaufen mußten, waren die Gläubiger oftmals ebenfalls jüdisch. Den jüdischen Gläubigern wurden die Darlehen nicht zurückgezahlt, sondern die Beträge wurden vom Deutschen Reich vereinnahmt. Mit anderen Worten, auch die jüdischen Gläubiger wurden dreist beraubt.

Auch Hedwig Seelig wurde in Anwendung der „Nürnberger Gesetze" als „Jude" bezeichnet. Von einer Sammelstelle in Berlin am 03.02.1943 wurden beide, Salomon und Hedwig, mit dem „28. Osttransport"[149,150] (Nummer 899 und 900, Seite 46 der Transportliste) nach Auschwitz verschleppt. Dort ermordet.[151] Das genaue Todesdatum liegt nicht vor. Es ist allerdings davon auszugehen, dass das Ehepaar Seelig, schon auf Grund ihres Lebensalters, unmittelbar nach der Ankunft in Auschwitz in die Vernichtung „selektiert" wurde.

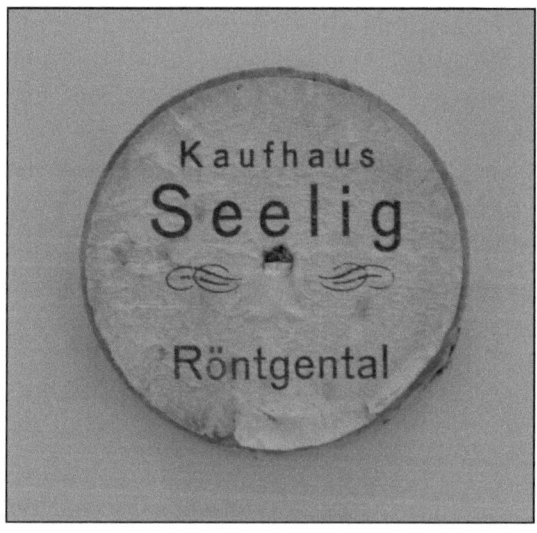

Marke für Kleiderbügel aus dem ehemaligen Kaufhaus Seelig [152]

Erste Ausfertigung.
==========================

Als Erste Ausfertigung urkundensteuerfrei.
Zur Urschrift ist eine Urkundensteuer
von RM 3.-- in Marken entwertet.
Bernau bei Berlin, den 6. Februar 1939

Notar.

Nummer 71 der Urkundenrolle für 1939.
===

Verhandelt
Bernau bei Berlin, den 4. Februar 1939
Vor dem unterzeichneten Notar im Bezirk des
Kammergerichts

Dr. Walther S c h i e g n i t z

in Bernau bei Berlin erschienen heute :

1. der Kaufmann Salomon S e e l i g
aus Röntgental, Hufelandstrasse 10,
2. der Ingenieur Kurt B o e n i s c h,
aus Berlin -Charlottenbrug, Nehringstrasse 2.

Der Erschienene zu 1 ist dem Notar von Person bekannt.
Der Erschienene zu 2 dagegen nicht. Er legte zu seiner
Legitimation seinen mit Lichtbild versehenen Sied-
lerausweis ausgestellt am 24.12.1938 von der Fahr-
kartenausgabe Berlin - Stettiner Bahnhof vor.

Die Erschienenen schlossen folgenden

K a u f v e r t r a g

§ 1.

Der Erschienene zu 1 verkauft seine Grundstücke
Zepernick Band 43 Blatt 1338 und Zepernick Band
45 Blatt 1379 mit den darauf befindlichen Gebäuden
und allem Zubehör, wie alles steht und liegt, an
den Erschienenen zu 2 zum Alleineigentum.

§ 2.

Der Kaufpreis ist auf RM 16.500.-- (sechzehntau-
sendfünfhundert Reichsmark) vereinbart und wird
wie folgt belegt :

1. In Anrechnung auf den Kaufpreis übernimmt der
   Erwerber die in Abteilung III Nummer 2 bezw.
   Nummer 7 für die Eheleute August und Emma
   Peter eingetragene Darlehenshypothek von 5.000.-
   RM mit den Zinsen vom 1. Februar 1939 ab als Al-
   lein- und Selbstschuldner.

2. RM 500.-- (fünfhundert Reichsmark) sind heute in
   bar zu Händen des amtierenden Notars gezahlt, wie
   der Verkäufer anerkennt.

3. RM 3.000.- (dreitausend Reichsmark) sind heute in
   bis 1. April 1939 in bar zu Händen des amtierenden Notars zu zahlen.

4. der Rest des Kaufpreises von RM 8.000.- (achttau-
   send Reichsmark) ist bis zum 15. Mai 1939 zu
   Händen des amtierenden Notars zu zahlen.

Der Notar wird die Restkaufgelder zu 2, 3 und 4 nach
Anweisung der zuständigen Behörden auf Grund der Verordnungen vom 12½., 21., November 1938 und 3. Dezember 1938 verwenden. In erster Linie soll aus diesen
Geldern die Restabgabe gedeckt werden, die der Verkäufer auf Grund des Gesetzes vom 12. November 1938
und der Durchführungsverordnung vom 21. November 1938
betreffend die Vermögensabgabe der Juden zu leisten
hat sowie eine etwaige Wertzuwachssteuer gedeckt
werden.

48

Eine Auszahlung an den Verkäufer darf nur mit Genehmigung der zuständigen Behörden erfolgen.

§ 3.

Nicht mitverkauft ist die Geschäftseinrichtung und
das vorhandene Warenlager. Dem Verkäufer ist gestattet, die Geschäftseinrichtung und das Warenlager so-
lange unentgeltlich in dem Laden zu belassen, bis
diese verkauft und dem Käufer der Ware übergeben sind.

§ 4.

Dem Käufer ist der Zustand der Kaufobjekte insbesondere der Gebäude genau bekannt. Er verzichtet auf
alle aus diesem Zustand etwa herzuleitenden Gewähr-
leistungsansprüche.

§ 5.

Der Verkäufer behält sich vor, in einer Stube, Küche
und Wohnkammer im Obergeschoss bis zum 1. April 1939
unentgeltlich wohnen zu bleiben . Wohnt er nach diesem Zeitpunkte in den Räumen, hat er dafür eine monatliche Entschädigung vom RM 20.- zu zahlen.

§ 6.

Die Uebergabe soll sofort nach Genehmigung dieses
Kaufvertrages durch die zuständige Behörde erfolgen.
Lasten, Abgaben und Nutzungen gehen vom 1. Februar
1939 ab auf den Käufer über. Die Auflassung soll sobald als möglich erfolgen nicht aber vor Zahlung
des Restkaufgeldes. Der Verkäufer sowie der Käufer
bevollmächtigen den Bürovorsteher Stanislaus Klessa
in Berg***, die Auflassungserklärungen in ihrem
Namen abzugeben.
Eine Auflassungsvormerkung soll nicht eingetragen
werden.

§ 7 8̶7̶

D-er Käufervin *will* alle Verpflichtungen des Verkäufers
der Gemeinde Zepernick gegenüber hinsichtlich der
Strassenbaukosten ein. Er erklärt, dass ihm die Ge-
meindebedingungen bekannt gegeben seien. Sollte etwa
noch Strassenland aufzulassen sein, so verpflichtet
sich der Käufer auch hierzu.
Wert dieser Verpflichtung ungefähr 2.000.- RM.

Die Kosten und Steuern dieses Vertrages und seiner
Durchführung sowie die Grunderwerbsteuer trägt
der Käufer. Eine etwaige Wertzuwachssteuer der Verkäufer. Den Beteiligten ist bekannt, dass jeder von
Ihnen für Grunderwerb- und Wertzuwachssteuer den
Veranlagungsbehörden gegenseitig in voller Höhe haf-
tet.
Dem Käufer ist ferner bekannt, dass dieser Vertrag de
Genehmigung des Landrats bedarf und des Regierungspräsidenten, dass das Eigentum am Grundstück auf ihn
erst mit der Eintragung in das Grundbuch übergeht
und dass ausser der Genehmigung des Landrats noch die
Beibringung der Grunderwerbsteuerbescheinigung erforderlich ist.
Der Erschienene zu 2 versichert, dass er arischer
Abstammung ist. Der Erschienene zu 1 dagegen ist
nicht arischer Abstammung

Das Protokoll wurden den Erschienenen vorgelesen,
von ihnen genehmigt und eigenhändig, wie gegt,
unterschrieben :

                        gez : Kurt Boenisch
                        gez : Salomon Seelig
                        gez : Dr. Walther Schiegnitz

                            Notar.

49

Kostenrechnung

Wert : RM 19.330.-

Gebühr §§ 144,26,29 RKO   RM 104.--
Urkundensteuer § 45   R M 3.--
191/38/39 Abgabe   RM 107.--
                           ==========

gez. **Dr. Schiegnitz**

Notar.

Die vorstehende in der Urkundenrolle für 1939 unter
Nummer 71 eingetragene Verhandlung wird hiermit für
den Ingenieur Kurt B o e n i s c h in Berlin -
Charlottenburg, Nehringstrasse 2 ausgefertigt.

Bernau bei Berlin, den 8. Februar 1939

Notar.

....

Exkurs: Verordnung über den Einsatz des jüdischen Vermögens, Reichsfluchtsteuer, Judenvermögensabgabe und andere Zwangsabgaben

Am 05.12.1938 war die „Verordnung über den Einsatz des jüdischen Vermögens" [154] in Kraft getreten. Unter Artikel I – Gewerbliche Betriebe – wurde darin verkündet:

„[...] § 1 Dem Inhaber eines jüdischen Gewerbebetriebes [...] kann aufgegeben werden, den Betrieb binnen einer bestimmten Frist zu veräußern oder abzuwickeln. Mit der Anordnung können Auflagen verbunden werden.[...]

Diese Auflagen waren vielfältig. Für einen Betrieb, dem die Nationalsozialisten die Veräußerung aufgegeben hatten, konnte sofort ein Treuhänder eingesetzt werden, der dann im Sinne der Nationalsozialisten handelte. Zudem war jeder Kaufvertrag über die Veräußerung von „jüdischem" Vermögen genehmigungspflichtig. Die Betriebe durften nunmehr nicht an Menschen mit jüdischem Glauben veräußert werden. Sie konnten auch keine Grundstücke oder andere Wertgegenstände (Schmuck, Gold, Silber usw.) mehr erwerben. Aktien und festverzinsliche Wertpapier waren innerhalb einer Woche in ein Depot bei einer Devisenbank einzulegen und als „jüdisches Vermögen" zu kennzeichnen. Nach und nach wurden viele weitere Einschränkungen wirksam, die die jüdisch gläubigen Menschen noch mehr knebelten und der Willkür der Nationalsozialisten auslieferten.

Von den Finanzämtern wurde ein „Sicherheitsbescheid" über Reichsfluchtsteuer in Höhe zunächst 25 % eines Vermögenswertes erlassen. Hierbei war nicht der Auswanderungswille ausschlaggebend, sondern der jüdische Glaube. Die Nationalsozialisten verschickten „vorsorglich" solche „Reichsfluchtsteuerbescheide". Die Reichsfluchtsteuer war am Ende der Weimarer Republik eingeführt worden, um Vermögende möglichst davon abzuhalten, auszureisen und das Vermögen im Ausland gewinnbringender anzulegen. Diese Steuer nutzten nun die Nationalsozialisten, um den terrorisierten Menschen mit jüdischem Glauben vorsorglich einen Steuerbescheid zu schicken, weil das Regime davon ausging, dass eine Flucht ins Ausland die einzige Möglichkeit darstellte, dem Terror zu entgehen. Da wollte das Regime einen möglichst großen Teil des „Vermögens" vorher abschöpfen.

Nach den Novemberpogromen 1938 wurde zusätzlich allen jüdisch Gläubigen in der Gesamtheit zynischerweise eine „Judenvermögensabgabe" in Höhe von 1 Milliarde RM für die angerichteten Schäden auferlegt. Zuständig war das Finanzamt, die praktische Durchführung veranlasste Hermann Göring. Der Prozentsatz betrug zunächst 20, dann 25 % ab einem Vermögenswert in Höhe von 5.000,00 RM. Einnahmen aus Zwangsverkäufen, seien es Immobilien, Betriebseinrichtungen, Aktien oder sonstige Wertgegenstände, mußten zunächst auf ein Sperrkonto eingezahlt werden. Erst wenn eine steuerliche Unbedenklichkeitsbescheinigung (den Begriff gibt es im Steuerrecht noch heute, d. Verf.) von den Finanzämtern ausgestellt worden war und eine Genehmigung der Bezirksregierung und des Gauwirtschaftsberaters vorlag, konnten die Verkäufer über den größtenteils kümmerlichen Restbetrag verfügen, allerdings auch nicht uneingeschränkt. Die steuerliche Unbedenklichkeitsbescheinigung wurde nur erteilt, wenn die vielfältigen Abgaben, die von den jüdisch Gläubigen geleistet werden mußten, an das Deutsche Reich abgeführt waren.

Zusammenfassend kann gesagt werden, dass zunächst von den genehmigenden nationalsozialistischen Behörden der Verkaufspreis, zu Gunsten der „arischen" Käufer erheblich unter den tatsächlichen Verkehrswert gesenkt wurde, danach waren die steuerlichen Forderungen zu begleichen. Zudem wurden den Verkäufern noch allerlei Kosten berechnet, so dass vom ehemaligen Wert nur noch ein geringer Teil übrigblieb." [155]

....

geb. 26.02.1904 in Kienitz, Niederbarnim. Er war der älteste Sohn von Salomon und Hedwig Seelig. Emil Hans Seelig wurde nach der „Nürnberger Gesetzgebung" als „Jude" bezeichnet. Er war der ältere Bruder von Walter Seelig.

Emil Hans Seelig war in zweiter Ehe mit **Erika Helene Seelig**, geborene Behrendt, geb. am 08.05.1898 in Marienburg (Westpreussen) verheiratet. Diese Ehe wurde am 08.01.1936 im Standesamt Utrecht geschlossen.

In erster Ehe war E.H.Seelig mit **Hedwig Seelig**, geb. Levy verheiratet. Wann er Witwer wurde, ist nicht bekannt. Aus dieser Ehe stammen drei Kinder. Hella Seelig, geb. am 20.05.1926 in Berlin, Käte Doris Seelig, geb. am 10.02.1928 in Berlin, Ursel Seelig, geb. am 11.04.1929 in Berlin.

E.H. Seelig hatte den Beruf eines Musikers [156] und war mit seiner Familie am 10.02.1934 in die Niederlande geflüchtet. Seine Adresse in Berlin vor der Flucht war Puttbusser Straße 11. Die Familie wohnte bis zum 10.02.1935 in Amsterdam. Danach zogen sie nach Utrecht, Singelstraat 20 bei Behrendt.

Kurz nach dem Überfall der deutschen Wehrmacht auf die Niederlande, am 10.05.1940, wurden die in die Niederlande geflüchteten jüdisch Gläubigen, wie bereits in Deutschland und Polen, gnadenlos verfolgt. Über 100.000 Juden sowie Sinti und Roma wurden in das Sammellager nach Westerbork verbracht und von dort in die Vernichtungslager deportiert.

Das Lager wurde bereits in der Zeit vor der deutschen Invasion eingerichtet – ursprünglich als Auffanglager für jüdische Flüchtlinge aus dem nationalsozialistischen Deutschland, um diesen mit einer provisorischen Behausung, Wasser und Nahrungsmittel helfen zu können.

Den Nationalsozialisten kam dies wie gerufen, da sie das Lager samt Einwohnern praktisch übernehmen und es in ein Konzentrationslager umwandeln konnten.

Die Familie Seelig mußte in der Zeit wiederum umziehen in die Kwartelstraat 40 in Utrecht, sicherlich wie in Deutschland üblich, in ein sogenanntes Judenhaus.

Familie E.H. Seelig von links nach rechts: Käte Doris (Tochter), Erika Helene (Stief-Mutter), Emil Hans (Vater), Hella (Tochter), Ursel (Tochter) [157]

E.H. Seelig wurde am 19.08.1942 in das K.L. Westerbork eingeliefert. Am 21.08.1942 erfolgte die Deportation in das Vernichtungslager Auschwitz. [158] Am 26.09.1942 wurde in Auschwitz seine Todesmeldung unter der Nr. 31127/1942 geschrieben. Daraus geht hervor, dass E.H. Seelig als Holzarbeiter eingesetzt war und am 17.09.1942 verstarb. Er war demnach nicht sofort nach seiner Ankunft in Auschwitz ermordet worden, sondern ist noch in einen Arbeitseinsatz gezwungen worden. Diese Arbeitseinsätze waren allerdings mörderisch und von fortwährenden Misshandlungen und Schikanen der Wachmannschaften begleitet. Er überlebte diese Unmenschlichkeiten nur wenige Tage und verstarb an den Folgen der unbarmherzigen Arbeitsbedingungen. In der standesamtlichen Todesfallmeldung wurde als Todesursache „Pleuropneumonie" [159, 160] angegeben.

Erika Helene Seelig wurde gleichfalls am 19.08.1942 in das K.L. Westerbork eingeliefert. Auch sie wurde am 21.08.1942 in das Vernichtungslager Auschwitz deportiert. [161] Das genaue Todesdatum von Erika Helene ist nicht bekannt. Weil die Informationen am Tage der Deportation nach Auschwitz abreißen, kann als gesichert angenommen werden, dass sie sofort nach Eintreffen in Auschwitz an der „Rampe" selektiert und in der Gaskammer ermordet wurde.

Hella Seelig wurde wie ihre Eltern auch am 19.08.1942 in das K.L. Westerbork gebracht. Am 21.08.1942 wurde sie in das Vernichtungslager Auschwitz deportiert.[162] Am 18.09.1942 wurde in Auschwitz eine Todesmeldung unter der Nr. 29049/1942 geschrieben. Daraus geht hervor, dass Hella Seelig als Schneiderin eingesetzt war, demnach nicht sofort nach ihrer Ankunft in Auschwitz ermordet wurde. Diese Arbeitseinsätze waren allerdings von fortwährenden Misshandlungen und Schikanen der Wachmannschaften begleitet. Sie überlebte diese Unmenschlichkeiten nur wenige Tage und verstarb am 08.09.1942 an den Folgen der barbarischen Behandlung. In der standesamtlichen Todesfallmeldung wurde als Todesursache „Herzmuskelschwäche" angegeben.

Käte Doris Seelig wurde gleichfalls am 19.08.1942 in das K.L. Westerbork eingeliefert. Auch sie wurde am 21.08.1942 in das Vernichtungslager Auschwitz deportiert.[163] Das genaue Todesdatum von Käte Doris ist nicht bekannt. Weil die Informationen am Tage der Deportation nach Auschwitz abreißen, kann als gesichert angenommen werden, dass sie, als 14jährige, sofort nach Eintreffen in Auschwitz an der „Rampe" für die Gaskammer selektiert und damit in den sicheren Tod getrieben wurde.

Ursel Seelig ist gleichfalls am 19.08.1942 in das K.L. Westerbork eingeliefert worden. Sie wurde am 21.08.1942 in das Vernichtungslager Auschwitz deportiert.[164] Das genaue Todesdatum von Ursula ist nicht bekannt. Auch bei Ursel kann als sicher angenommen werden, dass sie, als 13jährige, sofort nach Eintreffen in Auschwitz in die Gaskammer geschickt wurde.

Wie von Überlebenden berichtet worden ist, konnte manchmal das Lebensalter entscheidend sein. Wenn die Ankömmlinge ihr Alter mit 15 Jahren angaben, konnte sich eine Chance eröffnen, in das Arbeitslager geschickt zu werden. Unter 15 Jahren wurden sämtlich alle in die Gaskammer geschickt.

No. 5.

Op heden den *achtsten Januari* negentienhonderd *zesen* dertig zijn voor ons ondergeteekende, Ambtenaar van den Burgerlijken Stand van Utrecht, in het huis der gemeente verschenen, ten einde een huwelijk aan te gaan:

Seelig, Emil Hans, Duitscher, tuinhaar, geboren te Rienitz, gemeente Herpentelleus, wonende alhier, laatst te Amsterdam, oud één en dertig jaar, weduwnaar van Perry, Hedwig, meerderjarig zoon van Seelig, Salomo, koopman en Tietz, her, Hedwig Bethi, zonder beroep, beide, wonende te Röntgental en

Behrendt, Erika Helene, Duitsch, zonder beroep, geboren te Marienburg, wonende alhier, laatst te Heemstede, oud zeven en dertig jaar, meerderjarige dochter van wijlen, Behrendt, Siegfried en Kaminskij, Martha

Afkondiging heeft alhier zonder stuiting plaats gehad den *achten, twintigste, der vorige maand.*
Zij hebben aan ons overgelegd: *Bewijs der afkondiging te Amsterdam en Heemstede, hun geboorteakten en de sterfakte van de vrouw des bruidegoms.*

Wij hebben de aanstaande echtgenooten afgevraagd of zij elkander als echtgenooten aannemen en getrouwelijk alle de plichten zullen vervullen, welke door de wet aan den huwelijken staat zijn verbonden. Nadat deze vragen door hen bevestigend waren beantwoord, hebben wij in naam der wet uitspraak gedaan, dat zij door den wet aan elkander zijn verbonden. Als getuigen waren tegenwoordig: *Behrendt, Erich, oud zes en veertig jaar, broeder der bruid en Cohen, Jozef, oud zestig jaar, kooplieden, hier wonende.*

Waarvan akte, welke overeenkomstig de wet is voorgelezen.

Standesamtliche Eintragung über die Heirat zwischen Emil Hans Seelig und Erika Helene Seelig, geb. Behrendt am 08.01.1936 [165]

145

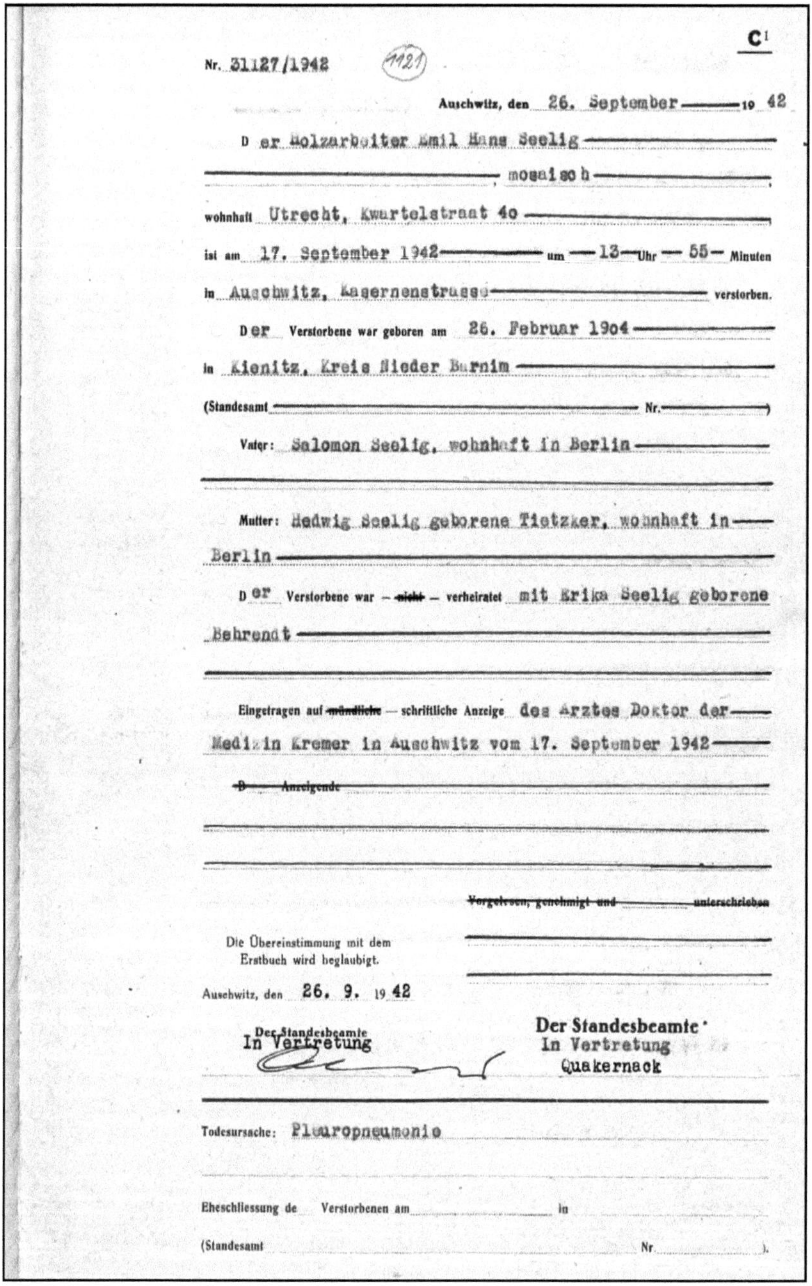
C1

Nr. 31127/1942 (1121)

Auschwitz, den 26. September 1942

Der Holzarbeiter Emil Hans Seelig

, mosaisch

wohnhaft Utrecht, Kwartelstraat 4o

ist am 17. September 1942 um 13 Uhr 55 Minuten

in Auschwitz, Kasernenstrasse verstorben.

Der Verstorbene war geboren am 26. Februar 1904

in Kienitz, Kreis Nieder Barnim

(Standesamt Nr.)

Vater: Salomon Seelig, wohnhaft in Berlin

Mutter: Hedwig Seelig geborene Tietzker, wohnhaft in Berlin

Der Verstorbene war ~~nicht~~ verheiratet mit Erika Seelig geborene Behrendt

Eingetragen auf ~~mündliche~~ — schriftliche Anzeige des Arztes Doktor der Medizin Kremer in Auschwitz vom 17. September 1942

~~D Anzeigende~~

~~Vorgelesen, genehmigt und~~ ~~unterschrieben~~

Die Übereinstimmung mit dem Erstbuch wird beglaubigt.

Auschwitz, den 26. 9. 1942

Der Standesbeamte
In Vertretung

Der Standesbeamte
In Vertretung
Quakernack

Todesursache: Pleuropneumonie

Eheschliessung de Verstorbenen am in

(Standesamt Nr.).

Standesamtliche Eintragung aus Auschwitz über den Tod von Emil Hans Seelig [166]

Nr. 29049/1942   C[1]

Auschwitz, den ___18. September_____ 19 42

Die Schneiderin Hella Seelig _____

_____ moslisch _____

wohnhaft ...Utrecht, Avarteletraat 40 _____

ist am 8. September 1942_____ um __17__ Uhr __00__ Minuten

in ...Auschwitz, Kasernenstrasse _____ verstorben.

Die Verstorbene war geboren am 20. Mai 1926 _____

in ...Berlin _____

(Standesamt _____ Nr. _____)

Vater: Emil Seelig _____

Mutter: Erika Seelig geborene Behrendt _____

Die Verstorbene war nicht verheiratet

Eingetragen auf mündliche — schriftliche Anzeige des Arztes Doktor der Medizin Kremer in Auschwitz vom 8. September 1942

Die Anzeigende

Vorgelesen, genehmigt und unterschrieben

Die Übereinstimmung mit dem Erstbuch wird beglaubigt.

Auschwitz, den 18. 9. 1942

Der Standesbeamte
In Vertretung

Der Standesbeamte
In Vertretung
Quakernack

Todesursache: Herzmuskelschwäche _____

Eheschliessung de Verstorbenen am _____ in _____

(Standesamt _____ Nr. _____)

Standesamtliche Eintragung aus Auschwitz über den Tod von Hella Seelig [167, 168]

147

geb. 14.05.1906 in Kienitz, Niederbarnim. Er wohnte in Zepernick in der Hufelandstraße 10. Er war der Sohn von Salomon und Hedwig Seelig. Nach den „Nürnberger Gesetzen" waren seine Großeltern väterlicherseits und mütterlicherseits jüdischen Glaubens. Walter Seelig wurde deswegen als „Jude" bezeichnet.[169] Walter Seelig war verheiratet mit **Malwine Seelig**, geborene Brandsdörfer, geb. am 16.01.1912 in Szepesváralja (slowak. Spisske Podhradie) / Szepes / Ungarn.

Er war der jüngere Bruder von Emil Hans Seelig. Walter war Verkäufer im Kaufhaus Hertie in Berlin. In seiner Freizeit war er passionierter Mineraliensammler.[170] Walter und Malwine Seelig mussten, nach der Zwangsarisierung des Familieneigentums in der Hufelandstraße, wie die Eltern Salomon und Hedwig Seelig in die Weissenburger Straße 70 in das damalige Berlin NO 55 umziehen (heute Bezirk Spandau). Auch Malwine Seelig wurde in Anwendung der „Nürnberger Gesetze" als „Jüdin" bezeichnet.

Von Berlin wurden Walter und Malwine am 03.02.1943, mit dem „28. Osttransport" [171, 172] (Nummer 862 und 863, Seite 45 der Transportliste) nach Auschwitz verschleppt. Dort verliert sich ihre Spur. Sie wurden vermutlich sofort ermordet.[173, 174] Das genaue Todesdatum liegt nicht vor. Es ist allerdings davon auszugehen, dass das Ehepaar Seelig, unmittelbar nach der Ankunft in Auschwitz in die Vernichtung „selektiert" wurde.

Walter Selig war ein guter Sportler und beim V.f.L. (Verein für Leibesübungen) „Sportfreunde" Zepernick aktiv. Es sind einige Teilnehmerlisten von Wettkämpfen erhalten. Er nahm beispielsweise an einem Speerwurfwettbewerb am 29.07.1928 teil und errang den 7. Platz unter 12 Teilnehmern; an einem Laufwettbewerb am 19.05.1929 startete er über die Distanz von 800m; bei den Bezirkswaldlaufmeisterschaften am 06.04.1930, die von der „Sportvereinigung" Schönow abgehalten wurde, startete Walter Seelig auf der Distanz 5000 m.

Er war in dem am 07.07.1925 gegründeten V.f.L. langjähriger 2. Vorsitzender neben dem Ehrenvorsitzenden Erwin Pohl und dem 1. Vorsitzenden Willy Klinke.

Die nachstehende Information konnte einer Mitteilung an die Redaktion des Berliner Lokal-Anzeigers entnommen werden. Diese Zeitung hatte im Oktober 1932 um eine Information über die Vereinsgeschichte gebeten. Im Jahre 1932 hatte demnach der Verein 60 aktive Mitglieder und unterhielt vier Handballmannschaften. Jährlich fanden Straßenläufe, ein Sportfest und Querfeldeinläufe statt. Die Wettkämpfe wurden durch die Teilnahme von zahlreichen Berliner Vereinen jeweils zu regional bedeutenden Ereignissen. Jüdische Sportvereine aus Berlin kamen zu diesen Veranstaltungen des V.f.L. mit einem hohen Aufgebot an Teilnehmern.

Wie aus einem Schreiben vom 11.02.1933 des Johann R. Lisse an den Verein hervorgeht, war Walter Seelig zu der Zeit 1. Vorsitzender des Vereins. Ende Februar 1933 kam es im Verein zu einem Eklat. Aus einem Schreiben des Gesamtvorstandes des Vereins, das Lisse an den Verband der brandenburgischen Athletik-Vereine e.V., Berlin sandte, wurden die aktuellen Ereignisse, die zu einer massiven Mitgliederkündigung führten, beschrieben. Der damalige Vereinskassierer hatte sich offensichtlich auf einer Mitgliederversammlung rüde an die Vereinsmitglieder gewandt. Als daraufhin Mitglieder mehrere Beschwerden an den Vereinsvorsitzenden Walter Seelig richteten und der sich nicht veranlasst sah zu reagieren, trat eine Vielzahl von Mitgliedern aus dem Verein aus. Daraufhin trat auch Walter Seelig von seinem Amt zurück und verließ gleichfalls den Verein. Auch der 2. Vorsitzende Willy Klinke folgte dem 1. Vorsitzenden und legte sein Amt nieder.

Der V.f.L. wurde danach von Lisse reorganisiert. Lisse meldete am 08.03.1933 an den Verband der brandenburgischen Athletik-Vereine e.V., Berlin (V.B.A.V.) die Zahl der Mitglieder, die ausgetreten waren, unter ihnen Walter Seelig, und die vom Verein beschlossenen Mitgliederausschlüsse.

Die oben bis zum März 1933 geschilderten Ereignisse waren, jedenfalls dem Anschein nach, noch relativ frei von antisemitischen Angriffen. Das änderte sich schlagartig mit einem Schreiben des V.B.A.V. vom 08.04.1933.

Mit diesem Schreiben wurden die Vereine aufgefordert, alle jüdischen Funktionäre und Mitglieder aus den Vereinen auszuschließen.

Jüdischer Turn= und Sport=Club
Bar Kochba=Hakoah E. V.

Mitglied des Deutschen Kreises im Makkabi=Welt=Verband
der Deutschen Sportbehörde / des Deutschen Hockey=Bundes / des Deutschen Fußball=Bundes
SEKRETARIAT: N. 24, ORANIENBURGER STRASSE 60-63

Ne/Po.

BERLIN, den 8. Juli 1932.

Ttl.
V.f.L. "Sportfreunde" Zepernik
Herrn W. R o s e n k e
Röntgental, Steenerbuschstr.61

Sehr geehrte Herren!

Wir gestatten uns, zu Ihrem Sportfest am 17.7.32 nachstehende
Meldungen abzugeben:

offen für alle:

800 m	Silbermann	0,50	0,20
100 m	Kurz I, Lewin	1,00	0,40
Weitsprung	Kurz II	0,50	0,20

Leistungsklasse II

200 m	Lesser	0,50	0,20

Leistungsklasse III

100 m	Bergmann II, Kurz III, Scharf, Leschkowitz, Simon, Wasserlauf,	3,00	1,20
Weitsprung	Bergmann II, Dünner	1,00	0,20
800 m	Bergmann III, Blumberg, Hirsch, Rath, Seelinger, Wollenberger	3,00	1,20

Leistungsklasse IV

200 m	Dünner, Gross, Nöcker	1,50	0,40
Hochsprung	Blumberg, Zimting	1,00	0,20
Diskuswerfen	Liebshardt, Blumberg, Meyer, Simon, Spitzer, Steinberg	3,00	0,80
Staffeln:	4x100 m 2 Mannschaften		3,00
	Schlussstaffel 2 Mannschaften		1,00

Jugend

100 m Jahrg.14/15	Schattmann, Rabinowicz, Bergmann IV, Tolmacz, Kirschenbaum.		1,50

Wir wünschen der Veranstaltung volles Gelingen und zeichnen

mit sportlichem Gruss!
JÜDISCHER TURN u. SPORT VEREIN
BAR KOCHBA E. V.

Postscheck-Konto: Berlin 77461   Bank-Konto: Volksbank IWRIA   Fernsprecher: D 2 Weidendamm 1003

Meldung des Jüdischen Turn- und Sport-Club Bar Kochba Hakoah e.V. zum Sportfest des V.f.L.
„Sportfreunde Zepernick" vom 08.07.1932 [175]

Jüdischer Turn= und Sport=Club 1905

Geschäftsstelle: BERLIN SO 16, RUNGESTRASSE 13 (3-7) (außer Sonnabend)

Fernruf: F 7 Jannowitz 1668 / / / / / Postscheckkonto: Berlin Nr. 58437, Siegmund Wilhelm Rawack, Berlin NO 43

den 8. Juli 1932

An den

Verein für Leibesübungen
" S p o r t f r e u n d e "
Zepernick z. Hd. Herrn W. Rosenke

R ö n t g e n t a l b. Bernau
Seenabuschstr. 61

Werte Sportsfreunde!

Untenstehend überreichen wir Ihnen unsere Meldung zu
Ihrem am 17. Juli 1932 stattfindenden Sportfest. Das Startgeld
in Höhe von 13,90 R M geht Ihnen in den nächsten Tagen per
Postanweisung zu. Indem wir Ihrem Fest einen glücklichen Ver=
lauf wünschen zeichnen wir

mit bestem Sportgruss

Jüdischer Turn- und Sport-Club 1905

i. A. de Vries

Männer: Klasse III 100 m Sommerfeld, Schaffer, H. Levy.   1,50   0,60
======= Klasse IV. 200 m Kurt Rosen, Loschinski, Barthel,Nadel   0,80
        Klasse IV. Diskuswerfen: Broh, Köppel, Lewin   1,50   0,40

        4 x 100 m Staffel für BCD-Vereine: Sommerfeld, Schaffer
                                           Noher, H. Levy.1,50   0,20
        Schlusstaffel für BCD-Vereine: 1000 m Distel
                                        400 m Nadel
                                        200 m Loschinski   1,50   0,20
                                               Sommerfeld
                                        100 m H. Levy   8,00   2,40
                                               Schaffer   3,00   0,80
                                                          11,00   3,40

Jugend: Jahrgang 14/15: 100 m Louis Katz

Frauen: Leistungsklasse II. 100 m Vera Goldwasser   0,50   0,20
        Leistungsklasse IV. Seeger, Kalman   1,00   0,40
        4 x 100 m Staffel für BCD-Vereine: Goldwasser, Seeger,
                                           Kalman, Margot Preuss 1,20
                                           1,50
                                           3,00   0,80

Meldung des Jüdischen Turn- und Sport-Club 1905 zum Sportfest des V.f.L. „Sportfreunde Zepernick" vom 08.07.1932 [176]

151

Dies war verbunden mit der Drohung, dass ansonsten behördliche Maßnahmen ergriffen würden. Die Vereine wurden aufgefordert, schon am Ende des Monats April 1933 den Vollzug dieser Maßnahmen an den Verband zu melden. Bereits am 20.04.1933 meldet der 1. Vorsitzende Lisse an den V.B.A.V. wörtlich:

Walter Seelig (Mitte) 01.07.1928. Die beiden anderen Personen sind nicht bekannt [177]

„[...] Unser bisheriger Vorsitzender, Herr W. Seelig, war jüdischer Konfession. Derselbe ist am 2. März or. freiwillig aus dem Verein ausgeschieden. – Wir überprüfen z.Zt. die Liste unserer Mitglieder und geben bis zur gesetzten Frist Nachricht.[...]" [178]

Handschriftlich wurde auf dem Schreiben vermerkt: „Können mitteilen, daß keine Juden vorhanden." [179]

Es ist denkwürdig, wie schnell in diesem Fall die Vereinsspitze bereit war, die Vorgaben der Nationalsozialisten vollends zu erfüllen. Dieses Verhalten konnte im Übrigen reichsweit beobachtet werden. Nur durch die völlige Unterwerfung der Vereine konnte es den Nationalsozialisten gelingen, innerhalb kürzester Zeit die Kontrolle über ausnahmslos

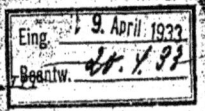

Verband Brandenburgischer Athletik-Vereine EV
Geschäftsstelle: Berlin NW 40, Kronprinzenufer 10
Fernsprecher: A 1 Jäger 3635

Eing. 9. April 1933
Beantw.

Berlin, den 8.April 1933

R u n d s c h r e i b e n   Nr.9/1933
-.-.-.-.-.-.-.-.-.-.-.-.-.-.-.-.-."

74.Betrifft: Jüdische Funktionäre und jüdische Mitglieder: Die ungeklärten
Verhältnisse auf sportlichem Gebiet haben uns veranlasst, mit einer
massgebenden Stelle der Reichsregierung in Verbindung zu treten. Nachstehend geben wir das Ergebnis dieser Rücksprache allen Verbandsvereinen mit der dringenden Bitte um genaueste Beachtung im eigensten Jnte-
resse bekannt:
1.Die Verbandsvereine werden gebeten, ihre jüdischen Funktionäre zum
Rücktritt zu veranlassen.
2.Die Verbandsvereine werden weiter gebeten, jüdische Mitglieder bei
leichtathletischen Wettkämpfen und Spielen in ihrem eigensten Jnte-
resse von sofort ab nicht mehr zu beschäftigen.
3.Den Verbandsvereinen wird ferner empfohlen, ihren jüdischen Mitgliedern das Ausscheiden nahe zu legen.
Es ist mit Sicherheit anzunehmen, dass, falls die vorgeschlagene Regelung nicht im Wege gütlicher Vereinbarung zu erreichen ist, behördliche
Massnahmen getroffen werden, die wir vermieden sehen möchten.
Der Verbandsvorsitzende steht nach vorheriger telefonischer Anmeldung
bei der Verbandsgeschäftsstelle zur mündlichen Rücksprache zur Verfügung.
Die Verbandsvereine wollen der Verbandsgeschäftsstelle bis zum
30. April 1933 schriftlich darüber genaue Mitteilung machen, was
sie in diesen Punkten veranlasst haben.
Innehaltung dieses Termins unbedingt erforderlich !

75.Betrifft: Verbandsmitglieder aus marxistischen Parteien: Bei gleicher
Gelegenheit (siehe Ziffer 74) ist zum Ausdruck gekommen, dass Mitglieder marxistischer Parteien, die Funktionäre dieser Parteien waren
oder noch sind, für die Bekleidung von Aemtern nicht mehr in Frage
kommen. Die frühere Mitgliedschaft allein soll im allgemeinen keine
Veranlassung zum Rücktritt geben.Jedoch wird hier gegebenenfalls
Prüfung des Einzelfalls erforderlich sein.
Auch über diese Fälle bitten wir eingehend bis zum 30.4.1933 schriftlich zu berichten.

76.Betrifft: Aufnahmesperre: Wir geben noch einmal bekannt, dass der
Vorstand beschlossen hat, allen Verbandsvereinen auf die Dauer von
zunächst drei Monaten zu verbieten, ehem. Mitglieder der Arbeiter Turn-
und Sportorganisationen aufzunehmen.

77.Betrifft: Aufnahmesperre von Vereinen: Nochmals geben wir bekannt, dass
der Verbandsvorstand infolge der ungeklärten Verhältnisse auf sportlichem Gebiet beschlossen hat, zunächst auf drei Monate keine Neu-
aufnahme von Vereinen vorzunehmen.

78.Betr.: Hallen und Spielplätze: Die Durchführung des künftigen Lehr-,
Ausbildungs- und Erziehungsprogramms im Verein erfordert mehr Raum
in Form von Spielplätzen und Hallen. In fast allen Städten sind die
Vereine der Arbeiter Sportorganisationen von der Zuteilung dieser
Uebungsgelegenheiten ausgeschlossen worden. Wir weisen daher auf die
Möglichkeit hin, Hallen und Spielplätze erhalten zu können, und bitten
alle Vereine, sich um die frei gewordenen Spiel- und Uebungsgelegen-
heiten schnellstens zu bewerben.

I.A. Der Geschäftsführer:

Rundschreiben Verband Brandenburgischer Athletik-Vereine vom 08.04.1933 [180] alle Bereiche des Lebens im gesamten Reich zu gewinnen. Bei Walter Seelig dauerte es nicht einmal einen Monat vom 1. Vorsitzenden zum Geächteten zu werden. Eine erschreckende Wandlung, die so hoffentlich nie wieder geschehen wird.

Zu der vom Verband vorgegebenen Frist war auch der V.f.L. „voll auf Linie". Der Vorstand teilte in einem Schreiben vom 28.04.1933 mit, dass der Verein keine Mitglieder jüdischer Konfession mehr hatte. Wörtlich heißt es da:

„[...] Im Nachgang zu unserem Schreiben vom 20. ds. Mts. teilen wir [...] abschließend mit, dass wir eine Überprüfung unserer Mitgliederliste anhand behördlicher Angaben durchgeführt haben, dass sich zt. [sic] Zt. In unseren Reihen Mitglieder <u>jüdischer Konfession nicht</u> befinden. Der Ordnung wegen geben wir hiervon Kenntnis und zeichnen.

Unterschrift 1. Vorsitzender [...]" [181]

Der Verein war somit „judenrein", wie es zunächst nur im internen Gebrauch hieß. Später wurde dieser Ausdruck öffentlich verwendet, um zu verkünden, dass zum Beispiel eine Stadt oder ein Ort „judenrein" sei, nachdem man die jüdisch gläubige Bevölkerung eines Ortes in die Vernichtung deportiert hatte. Es kam laufend zu Verschärfungen der gegen die jüdische Bevölkerung gerichteten Maßnahmen. Mit Datum vom 22.05.1933 schickte der V.B.A.V. unter der Nr. 16/1933 ein weiteres Rundschreiben an die Mitgliedsvereine. Dort heißt es unter Punkt 109:

„[...] Betrifft: Mitgliedschaft von Juden: Der Vorstand hat in seiner Sitzung am 19. Mai 1933 beschlossen, dass bis zur endgültigen Herausgabe der Richtlinien des Herrn Reichssportkommissars für die Mitgliedschaft von Juden in Verbandsvereinen die Bestimmungen des Beamtengesetzes anzuwenden sind. Dementsprechend ist sportliche Betätigung jedes Juden (nicht konfessions-, sondern rassemässig) mit Ausnahme derjenigen, die den Schutz des Beamtengesetzes geniessen, bei jeder Veranstaltung mit sofortiger Wirkung verboten.

Die Verbandsvereine haben der Verbandsgeschäftsstelle bis zum 26. Mai 1933 zu melden, dass vorstehender Vorstandsbeschluss zur Durchführung gekommen ist.[...]" [182]

Am 24.05.1933 meldet der Vorstand des V.f.L. „ergebenst" an den Verband:

> *„ [...] Zur lfd. Nummer 109 obigen Rundschreibens teilen wir [...] ergebenst mit, daß wir uns voll an den Verbandsbeschluß halten werden.*
>
> *Z.Zt. sind im hiesigen Verein keine Mitglieder jüdischer Konfession. Die Vereinsleitung lehnt Aufnahmen jedes Juden ab.*
>
> <div align="right"><i>Unterschrift 1. Vorsitzender [...] "</i> [183]</div>

Bei der Familie Seelig ist es den Nationalsozialisten gelungen, sämtliche Mitglieder der Familie umzubringen. Insgesamt neun Familienangehörige, soweit dem Verfasser bekannt, wurden ermordet.

Da das Vereinswesen in Deutschland durch Dachverbände straff nach unten durchorganisiert war und zudem hohe Mitgliedszahlen aufweisen konnte, war es nur logisch, dass die Nationalsozialisten dieses Potential für sich nutzen wollten. Die überwiegende Anzahl der Vereine wiederum liefen diesen Bestrebungen förmlich entgegen und erfüllten in „vorauseilendem Gehorsam" die Befehle der nationalsozialistischen Administration. Sehr anschaulich wird es in dem nachfolgend abgedruckten Artikel „DER ZEIT" aus dem Jahre 1984 von Friedemann Bedürftig dargestellt.

……………………..

Exkurs: [...] Sport für den Führer

„Viele NS-Forderungen wurden erfüllt, noch bevor sie offiziell erhoben worden waren.

„Ohne Sentimentalität" sollten Sportvereine die Messingspitzen ihrer Traditionsfahnen für die „Metallspende des deutschen Volkes" opfern, forderte zum „Führer"-Geburtstag 1940 der Gau Berlin-Brandenburg. Die Vereinsfahnen standen ohnehin schon lange nutzlos in der Ecke, denn seit 1936 gab es die „Reichsbundtragefahne": rotes Tuch mit weißem Streifen, in der Mitte Adler mit Hakenkreuz. Sie hatte die bunte Vielfalt verdrängt und flatterte bei Wettkämpfen den einziehenden Mannschaften voran.

Der Sport hatte sich ganz in den Dienst des Nationalsozialismus gestellt.

Das muss man schon so im Aktiv formulieren, will man die Eilfertigkeit beschreiben, mit der sich die bürgerlichen Verbände und Funktionäre gleich nach Hitlers Machtübernahme 1933 auf den „Vormarsch ins Dritte Reich" begaben. Nach der Devise „Beiseite stehen heißt untergehen" erfüllten sie Forderungen der neuen Regierung, noch ehe sie gestellt waren. Juden wurden aus den Vereinen entfernt, neue Satzungen nahmen Abschied vom „unfruchtbaren Parlamentarismus", keine Hand rührte sich für die verfolgten Arbeitersportler. Carl Diem, Organisator der Olympischen Spiele 1936 und Gründer der Kölner Sporthochschule 1947, prägte angesichts dieses unwürdigen Verhaltens die bittere Metapher: „Charakterlos wie ein Sportführer."

Die Charakterlosigkeit fand nach dem Krieg ihre Fortsetzung im Selbstmitleid der einstigen Selbstgleichschalter; jetzt wollten sie den Sport in die Liste der Opfer des braunen Terrors schmuggeln. Daß er dort nichts zu suchen hat, sondern eher zum Studienobjekt für die „ideologische Anfälligkeit des ganzen Volkes" taugt, beweist:

Hajo Bernett: „Der Weg des Sports in die nationalsozialistische Diktatur"; Beiträge zur Lehre und Forschung im Sport, Nr. 87; Verlag K. Hofmann, Schorndorf; 120 S.

Der Bonner Sportwissenschaftler hat mit seiner knappen Studie mehr Licht in die Frage nach der Ermöglichung Hitlers gebracht als manche dickleibige Analyse. Im Sport erwischt man offenbar mehr vom Zeitgeist als in den hehren Sphären von Politik oder Wirtschaft. Das fängt schon bei der Sprache an: Der Ruderverband propagierte „die Ausrichtung der organisierten Ruderer in der Braunen Armee", die Schwimmer erstrebten „die Ertüchtigung zu wehrhaften und wahrhaften Volksgenossen", die Deutsche Turnerschaft setzte auf „Wehrturnen", Ziel aller war „ein Volk leibestüchtiger Männer und Frauen". Streckenweise lesen sich die Verlautbarungen wie Kriegsberichte. Hitlers „Reichssportführer" Hans von Tschammer und Osten hatte es bei der allseitigen Anbiederung nicht schwer, den Sportbetrieb in den Griff zu bekommen. Zunächst wurde zentralisiert: Alle Verbandsführungen mußten nach Berlin umziehen; bei der Bestellung der Funktionäre galt das Führerprinzip, also nicht Wahlen, sondern die übergeordneten Dienststellen bestimmten über die Postenvergabe; eine Einheitssatzung beendete die Organisationsvielfalt; 25 Fachämter fanden sich schließlich unter dem Dach eines Deutschen Reichsbundes für Leibesübungen (DRL) wieder.

Dann, nach den Olympischen Spielen 1936, forcierte Tschammer die Ideologisierung und auch da fand er viele offene Türen: Im wehrpolitisch entmündigten Deutschen Reich hatte sich nach 1918 der Sport als Ventil für militärische Bedürfnisse angeboten. Die Sportfeste hießen „Kampfspiele", Strapazensport und Geländeübungen wurden großgeschrieben, der Reichspräsident gründete ein Kuratorium für „Jugendertüchtigung". Das Wehrsportkonzept der Nationalsozialisten war die logische Fortsetzung, das dahintersteckende „Lebensraum"-Programm Hitlers schon angelegt.

Auch für das zweite Dogma der NS-Weltanschauung war der Boden bereitet: Antisemitische Affekte hatten Tradition in der Sportbewegung, die Körper- und Kraftvergötzung machte sie zudem anfällig für vulgärdarwinistische Argumentation. Der Sieg bei den Olympischen Spielen wurde jedenfalls fröhlich als „Triumph der weißen Rasse" mitgefeiert. Die „Dietwarte" (weltanschauliche Schulungsleiter in Vereinen) mußten sich nicht sonderlich anstrengen, um die rassebiologische Botschaft an den Sportsmann zu bringen.

Beides weist dem Sport nicht mehr Schuld als anderen zu an Stalingrad und Auschwitz. Aber es macht überdeutlich, wie sich das Verhängnis etablieren konnte. Die nächsten Schritte waren zwangsläufig: 1938 wurde der Reichsbund mit dem Beiwort „Nationalsozialistischer" geschmückt und zu einer „betreuten" Organisation der Partei degradiert, die Vereine mußten sich zu „Ortssportgemeinschaften" zusammenschließen, Mitgliederversammlungen verloren das

157

Wahlrecht, die Jugendabteilungen gingen an die HJ über. Der einst selbstverwaltete Sport war zum Instrument nationalsozialistischer Herrschaft geworden. Die Bilanz 1945: Eine uferlose Liste von toten „Helden", mehr als 40 Prozent aller Sportanlagen zerstört. „Am allerschlimmsten aber war", schrieb 1970 der Präsident des Deutschen Sportbundes, Willi Daume, „die völlige Zerstörung der moralischen Substanz des Sports."

Bernetts Abriss gehört in eine weitreichende Taschenbuchreihe. Jeder Sportfreund, dessen Interessen über Rasenviereck und Aschenbahn hinausreichen, wird fasziniert sein von diesem Lehrstück über den kurzen Weg von der sportlichen Fahnenspitze zur todbringenden Granate.

Friedemann Bedürftig" [184]

....

Exkurs: Methoden des Regimes

Es ist bemerkenswert, dass gerade unmittelbar nach der Machtverschiebung[185], in den Jahren 1933/1934, die Euphorie in der Bevölkerung übermäßig groß war. Alle wollten „den Zug nicht verpassen", der, wenn man den Nationalsozialisten glaubte, in eine herrliche Zukunft fuhr. Allerdings spürten die Mitglieder und Sympathisanten der Kommunistischen Partei Deutschlands (KPD) und der Sozialdemokratischen Partei Deutschlands (SPD) sofort den unerbittlichen Verfolgungsdruck der neuen Machthaber. Vor allen waren auch die jüdischen Mitbürger den brutalen Übergriffen und Verfolgungen der Nationalsozialisten ausgesetzt. Auch das Denunziantentum erreichte in den ersten Jahren nach der Machtverschiebung ungeahnte Größen. Jeder achtete auf jeden, und man war bemüht, jeden anzuschwärzen, der Gegnerschaft zu den Nationalsozialisten erkennen ließ. Erst nach der Anfangsphase trat etwas Ernüchterung ein, besonders bei denjenigen, die nicht zu den Profiteuren gehörten.

Der Verfasser hat sich oft gefragt, wie es sein konnte, dass innerhalb kürzester Zeit nach der Machtverschiebung alle Bereiche des Lebens auf die nationalsozialistische Ideologie ausgerichtet, also gleichgeschaltet waren. Hier empfiehlt sich die Lektüre des Buches „Geschichte eines

Deutschen" von Sebastian Haffner. Ein bedeutendes Beispiel war die Gleichschaltung der Vereine im Deutschen Reich.

Eines der größten Probleme zu Anfang der nationalsozialistischen Diktatur war die hohe Arbeitslosigkeit. Sie führte zu heute kaum vorstellbarer Armut in weiten Kreisen der Bevölkerung und war ein Grund dafür, dass der Nationalsozialismus so an Boden gewinnen konnte. Die Menschen glaubten den Lügen der Nazis. Die offiziellen Arbeitslosenzahlen gingen zwar zurück; der Rückgang war allerdings größtenteils auf die Anwendung rigoroser Mittel zurückzuführen. So wurde beispielsweise den Betrieben untersagt, Arbeitnehmer zu entlassen, wenn das Arbeitsamt nicht vorher zugestimmt hatte. In der Zigarrenindustrie wurden komplette Fertigungsmaschinen abgebaut, um den Anteil der Handarbeit am Fertigungsprozess zu erhöhen und dadurch die Unternehmen gezwungen waren mehr Arbeitnehmer zu beschäftigen.

Der Autobahnbau, der von den Machthabern als Vorzeigeprojekt gepriesen wurde, band eine Unmenge von Arbeitern, die mit viel Handarbeit die Autobahnen zu Hungerlöhnen bauten. Sie waren oftmals weit ab von der Heimat eingesetzt und konnten sich bei der niedrigen Entlohnung keine oder nur seltene Heimfahrten leisten. Das Arbeitspensum war enorm und wurde in keiner Weise adäquat entlohnt.

Ein weiteres Beschäftigungsfeld war die Landwirtschaft. Das Arbeitsamt schickte massenweise Arbeitnehmer aufs Land zur Mithilfe in der Landwirtschaft. Die Entlohnung bestand aus freier Unterkunft und Verpflegung. Eine Weigerung, dort zu arbeiten, war für den Einzelnen kaum möglich und weitgehend zwecklos. Eine Ablehnung führte unweigerlich zu einem Eintrag in das neu eingeführte Arbeitsbuch. Schnell galt ein renitenter Arbeiter als arbeitsscheu und konnte in ein Arbeitserziehungslager eingewiesen werden.

Nachdem im März 1935 im Dritten Reich, nach Scheitern der Genfer Abrüstungskonferenz und Austritt Deutschlands aus dem Völkerbund, die Wehrpflicht wieder eingeführt wurde und Hunderttausende zur Wehrmacht einberufen wurden, hatte das natürlich u.a. auch erheblichen Einfluss auf den Arbeitsmarkt. Plötzlich wurden Arbeitskräfte knapp. So entstand der Mythos, Hitler habe die Anfang der 1930er Jahre in

Deutschland herrschende Arbeitslosigkeit beseitigt. Dass es sich bei den angewandten Methoden tatsächlich um ausbeuterische Systeme handelte, die auch zu einer gigantischen Aufrüstung herhalten mußten, blieb vielen Zeitgenossen verborgen. Arbeitsrechte, nach heutigem Maßstab, war ein Fremdwort. Die Arbeitnehmer wurden mit rigorosen Mitteln „auf Linie gebracht", keiner lehnte sich dagegen auf. So konnte sich bis in die heutige Zeit in gewissen Kreisen das Märchen halten: „Hitler habe auch gute Seiten gehabt".

Alles unter dem Deckmantel von zuvor geschaffenen Gesetzen. Auf diese Gesetze beriefen sich die Täter im Nachkriegsdeutschland in der Bundesrepublik und behaupten später: „Wir haben doch nur bestehende Gesetze ausgeführt und durchgesetzt!" Die Justiz im Nachkriegsdeutschland hat bei der Verfolgung von Völkermord und Verbrechen gegen die Menschlichkeit gigantisch versagt und eine übergroße Fehlleistung vollbracht. Siehe dazu den Hinweis im Exkurs Litzmannstadt.

Aus heutiger Sicht sind die angewandten Methoden zur Verringerung der Arbeitslosigkeit in einer globalisierten Welt nicht mehr vorstellbar. In den Jahren nach 1933 gab es noch nicht weltweit miteinander konkurrierende Unternehmen. Deshalb war es einfach, zumal in einer absoluten Diktatur, die Unternehmen zu zwingen, niemanden zu entlassen oder eine Vielzahl von Arbeitnehmer für niederschwellige Tätigkeiten einzustellen. Zudem wurden die Termini militärisch ausgerichtet. Plötzlich hieß es „Arbeitsschlacht", „Geburtenschlacht", und „Arbeitsfront", um nur einige zu nennen. Die Methoden, die die Arbeitnehmerschaft gefügig machen sollte, waren nicht im Geringsten vereinbar mit heutigen Arbeitnehmerrechten, sie waren diktatorisch. Allerdings konnte man einen Vorteil für sich herausholen, wenn man in die NSDAP oder einer seiner Gliederungen, wie SA, SS, NSV usw., beitrat. Den höheren Parteikadern dieser Organisationen ging es gut und sie ließen keinen Zweifel aufkommen, wer zu bestimmen hatte. Vielleicht waren die Aussichten, mit der Partei Karriere zu machen, für viele Anreiz genug einer NS-Organisation beizutreten. Belegte Beispiele hierzu gibt es genug. Viele, vom Akademiker bis zum ungelernten Arbeiter, sprangen auf den fahrenden Zug und fuhren die übrigen Deutschen ins Verderben.

Die staatlichen Behörden in der jungen Bundesrepublik Deutschland waren, was die Personalauswahl betraf, zu weiten Teilen, in manchen Behörden - wie zum Beispiel dem Justizministerium, dem Verfassungsgericht, dem Verfassungsschutz, die so genannten Organisation Gehlen — aus der später der Bundesnachrichtendienst hervorging — mit Leuten besetzt, die bereits Hitler einen Eid geschworen hatten und geistig noch im Nationalsozialismus verhaftet waren. Entsprechend skandalös fielen die ersten richtungsweisenden Entscheidungen dieser Behörden aus.

Besonders auffällig war, dass die Verfolgung und Aufarbeitung des Holocaust und der schweren Kriegsverbrechen nicht mit dem notwendigen Nachdruck angegangen wurde. Bei diesen Ermittlungsverfahren musste in der Regel gegen ehemalige Parteigenossen, Mitglieder der SS, des SD und gegen Wehrmachtssoldaten ermittelt werden. Die Ermittlungsbehörden der Bundesrepublik Deutschland (Polizei und Staatsanwaltschaft) waren in der Nachkriegszeit noch durchsetzt mit Mitarbeitern, die selbst zum großen Teil die Verbrechen vor 1945 mit Worten und Taten befördert hatten und selbst gleichfalls schwer belastet waren.

Insofern praktizierten die Verfolgungsbehörden und letztendlich auch die Gerichte eine Verzögerungstaktik, oder man ließ die Ermittlungen ins Leere laufen, in der Hoffnung auf eine Verjährung oder Einstellung der Verfahren. Eine beträchtliche Anzahl von Kriegsverbrechern wurde, nachdem man Ermittlungen gegen die Täter einleitete, von „alten Kameraden" gewarnt und über die „Rattenlinien" die Flucht nach Übersee ermöglicht. Es wurde eine einzigartige Möglichkeit, diese größten Verbrechen der jüngeren deutschen Geschichte aufzuklären, für immer vertan.

Erst durch die Auschwitzprozesse wurde breiten Bevölkerungsschichten in der Bundesrepublik Deutschland bewusst, welche gigantischen Verbrechen geschehen waren. Die Auschwitzprozesse sollten ab 1963 in der Bundesrepublik Deutschland die juristische Aufarbeitung des Holocausts, insbesondere der NS-Verbrechen im KZ Auschwitz ermöglichen. Angeklagt waren Angehörige der SS-Wachmannschaften in diesem größten aller nationalsozialistischen Konzentrations- und Vernichtungslager. Während der deutschen Besetzung Polens im Zweiten Weltkrieg waren dort zwischen 1940 und 1945 mehr als eine Million Menschen – vor allem Juden – aus ganz Europa ermordet worden.

In den Nachkriegsjahren verurteilten bundesdeutsche Gerichte lediglich Täter, denen sich eine Mordbeteiligung unmittelbar nachweisen ließ. Urteile ergingen unter anderem in den sechs Strafprozessen vor dem Schwurgericht in Frankfurt am Main in den Jahren 1963 – 1965 (erster Auschwitzprozess), 1965/66 (zweiter Auschwitzprozess) und 1967/68 (dritter Auschwitzprozess) sowie in drei Nachfolgeprozessen in den 1970er-Jahren. Auch außerhalb Deutschlands fanden Prozesse dieser Art statt, etwa der Krakauer Auschwitzprozess. Der ehemalige Lagerkommandant von Auschwitz, Rudolf Höß, wurde 1947 in Polen verurteilt und dort hingerichtet.

Der erste Auschwitzprozess in der Bundesrepublik begann in Frankfurt am Main am 20.12.1963 und dauerte 20 Monate. Bei der Urteilsverkündung, die am 19.08.1965 begann, erhielten sechs Angeklagte eine lebenslange Haftstrafe, zehn Freiheitsstrafen zwischen dreieinhalb und vierzehn Jahren und einer eine zehnjährige Jugendstrafe. Drei Angeklagte wurden aus Mangel an Beweisen freigesprochen.

Infolge einer veränderten Rechtsauffassung kam es seit 2015 in Deutschland zu erstinstanzlichen Prozessen gegen frühere SS-Männer des Konzentrationslagers Auschwitz, denen keine konkrete Mordtat nachzuweisen war. Verhandelt wurde daher ihre Beihilfe und ihr Tatanteil an dem Massenmord.[186]

Bei Gründung der Bundesrepublik Deutschland wurde auch das Strafgesetzbuch überarbeitet und sogar im Grundgesetz fand sich eine grundlegende Neuerung, die nur mit einer Zweidrittelmehrheit des Bundestages und des Bundesrates geändert werden kann. Die Todesstrafe wurde gemäß Artikel 102 des Grundgesetzes abgeschafft. In Deutschland ist die lebenslange Freiheitsstrafe, umgangssprachlich „lebenslänglich", die höchste Strafe, die ein Gericht verhängen kann. Sie bedeutet, dass der Verurteilte auf unbestimmte Zeit ins Gefängnis muss, mindestens aber für 15 Jahre. Nach 15 Jahren kann die Strafe zur

Bewährung ausgesetzt werden. Der Deutschlandfunk schreibt dazu am 03.04.2019, also zum 70. Jahrestag des Grundgesetzes:

„[...] Also der Ursprung dieses Artikel 102 ist durchaus nicht von allerhöchster Ehrenhaftigkeit geprägt"... oder „von allerhöchsten Rechtsstaatsgedanken".

„Die Todesstrafe ist abgeschafft", so lautet Artikel 102 des Grundgesetzes. Und woran Thomas Fischer, ehemaliger Vorsitzender Richter am Bundesgerichtshof, hier erinnert: dass die Forderung, diesen Artikel ins Grundgesetz aufzunehmen, erstaunlicherweise aus der rechtskonservativen Ecke kam. Genauer: von Hans-Christoph Seebohm, dem späteren Bundesverkehrsminister. Er und seine Freunde von der Deutschen Partei wollten das Verbot. Der Grund: Sie wollten damit weitere Hinrichtungen von NS-Tätern vor Militärgerichten der Alliierten stoppen.

Der frühere Innenminister von der FDP Gerhart Baum beschreibt, dass der Artikel 102 daher auf widersprüchliche Weise eine Folge aus dem Nationalsozialismus ist:

„Das war natürlich eine vergiftete Initiative, die sollte also Kriegsverbrecher schützen und hat also nichts mit humanitären Impulsen zu tun. Die Abschaffung ist natürlich eine Reaktion auf die Nazi-Barbarei. Die Nazis haben die Todesstrafe exzessiv eingeführt und exzessiv praktiziert auch gegen politische Gegner. Und man wollte auf keinen Fall auch nur einen Hauch dieser Politik in das Grundgesetz haben.[...]" [187]

....

Exkurs: Die Auschwitz-Prozesse

Initiator: Fritz Bauer

Als hessischer Generalstaatsanwalt war Fritz Bauer verantwortlich für das Zustandekommen des Auschwitz-Prozesses, der von Dezember 1963 bis August 1965 in Frankfurt am Main stattfand. Mit diesem Prozess gewann die Auseinandersetzung mit dem Holocaust in der Bundesrepublik Deutschland erstmals eine öffentliche Dimension.

Fritz Bauer wurde am 16.07.1903 als Kind einer deutsch-jüdischen Familie in Stuttgart geboren. Er studierte Rechtswissenschaft und Volkswirtschaft in München und Tübingen und promovierte 1927 in Heidelberg. Ab 1930 war er am Stuttgarter Amtsgericht der jüngste Hilfsrichter in Deutschland.

1933 musste Bauer sein Amt als Richter niederlegen und wurde für einige Monate im KZ Heuberg inhaftiert. 1936 emigrierte er nach Dänemark, wo er nach der deutschen Besetzung verhaftet wurde, aber dank Interventionen dänischer Freunde wieder frei kam. Im Oktober 1943, als die Deportation der dänischen Juden begann, gelang Bauer mit seiner Familie, wie auch 7.000 anderen Juden, mit dänischer Hilfe die Flucht nach Schweden.

Nach der Befreiung kehrte Fritz Bauer 1945 nach Dänemark zurück und lebte bis 1949 in Kopenhagen. 1949 remigrierte er mit Unterstützung des SPD-Politikers Kurt Schumacher in die Bundesrepublik Deutschland. Ein Jahr später wurde er zum Generalstaatsanwalt am Oberlandesgericht in Braunschweig ernannt.

1956 wurde Bauer hessischer Generalstaatsanwalt in Frankfurt am Main. Er war einer der bedeutendsten Vorkämpfer für Strafrechts- und Strafvollzugsreformen, für Resozialisierung und für eine gesellschaftliche Verantwortung des Justizwesens beim Wiederaufbau einer demokratischen Gesellschaft.

Fritz Bauer gab dem israelischen Auslandsgeheimdienst Mossad den entscheidenden Hinweis auf den Aufenthaltsort von Adolf Eichmann in Argentinien. Bauer hatte befürchtet, die deutsche Justiz könnte sich vor einem Auslieferungsverfahren drücken, oder Eichmann würde durch mit ihm sympathisierende Mitarbeiter der Justizbehörden gewarnt werden. Deshalb wandte sich Bauer unter Umgehung des Dienstweges direkt an die israelischen Behörden. Aufgrund des Hinweises konnte Eichmann 1960 in Argentinien gefasst und nach Israel gebracht werden.

In der Nacht vom 30.06. auf den 01.07.1968 starb Fritz Bauer in seiner Wohnung in Frankfurt am Main. Der noch in der Vorbereitungsphase stehende große Prozess gegen die Schreibtischtäter der „Euthanasie" fand nie statt.

Der Prozess

Im Konzentrations- und Vernichtungslager Auschwitz (1940–1945) ermordete das SS-Personal mehr als eine Million Menschen. Die meisten der Opfer waren Juden, die aus ganz Europa an die Mordstätte verschleppt worden waren. Circa 8.000 Angehörige der Waffen-SS und 200 SS-Aufseherinnen leisteten in dem Lager freiwillig ihren Dienst. Viele nutzten diese Stellung aus, um ihre sadistischen Neigungen auszuleben, denn sie waren Herrinnen und Herren über Leben und Tod völlig unschuldiger Menschen. Kein Gericht, kein Vorgesetzter keine Vorschrift hinderte sie, ungestraft zu töten, zu quälen und zu foltern. Allesamt waren sie an den Massenverbrechen beteiligt, die in dem Todeslager begangen worden sind.

In den ersten Jahren nach 1945 wurden wichtige Funktionsträger von Auschwitz vor Gerichten der Alliierten zur Verantwortung gezogen. Der erste Kommandant von Auschwitz, Rudolf Höß, wurde vom Obersten Gerichtshof der Volksrepublik Polen zum Tode verurteilt und auf dem Gelände von Auschwitz gehängt. Auch die Kommandanten Arthur Liebehenschel, Josef Kramer, Heinrich Schwarz und Friedrich Hartjenstein büßten für ihre Verbrechen mit dem Tod.

Die Justizbehörden der beiden deutschen Staaten, der Bundesrepublik Deutschland und der Deutschen Demokratischen Republik, haben die Täter von Auschwitz nicht systematisch verfolgt.

Erst Ende der 1950er Jahre setzten umfassende Ermittlungen ein, die 1963 zum 1. Frankfurter Auschwitz-Prozess führten. Angeklagt waren ehemalige SS-Angehörige und ein einstiger Häftling. In dem Strafprozess, der 20 Monate dauerte, wurden 360 Zeugen vernommen. 211 Überlebende von Auschwitz kamen an den Gerichtsort Frankfurt am Main und sagten aus.

Einigen Angeklagten wurden Einzeltötungen zur Last gelegt, die sie eigenmächtig begangen hatten. Wer in Auschwitz ohne Befehl, also aus eigener Initiative, aus niedrigen Beweggründen und auf grausame und heimtückische Weise Menschen getötet hatte, war Mörder. Den meisten Angeklagten wurde aber zum Schuldvorwurf gemacht, dass sie verbrecherische Befehle der deutschen Staatsführung befolgt, sich an Massenverbrechen gemeinschaftlich mit anderen beteiligt hatten. Verantwortlich und somit schuldig waren diese willigen Befehlsvollstrecker, weil sie im Wissen um die Rechtswidrigkeit der Befehle gehandelt hatten und ihre Mitwirkung an den befohlenen Taten nicht aus einer Notstandslage heraus geschehen war. Ein fehlendes Unrechtsbewusstsein und ein unverschuldeter Notstand hätten die Angeklagten entschuldigt. Strafrechtlich hätten sie nicht zur Verantwortung gezogen werden können.

Für die schwierige Frage, ob ein Angeklagter wegen der Mitwirkung an befohlenen Verbrechen als Mittäter oder als Gehilfe zu beurteilen war, mussten die Frankfurter Richter die „innere Einstellung" der Angeklagten zu den Taten und ihre „Willensrichtung" bewerten.

Gelangten die Richter zu der Erkenntnis, dass ein Angeklagter sich die befohlenen Taten des NS-Regimes zu eigen gemacht hatte, dass er also mit den Zielen der Machthaber übereinstimmte, verurteilten sie ihn als Mittäter. War das Gericht hingegen der Auffassung, ein Angeklagter habe nur die Befehle anderer fördern und unterstützen wollen, die fremden Befehle sich nicht zur eigenen Sache gemacht, wurde er als Gehilfe qualifiziert und kam mit einer meist geringen Zuchthausstrafe davon.

Sechs Angeklagte wurden als Mörder zu lebenslangem Zuchthaus verurteilt, ein Angeklagter (zur Tatzeit unter 21 Jahren) als Mörder zu zehn Jahren Jugendstrafe. Zehn Angeklagte wurden nicht als Täter bzw. Mittäter, sondern als Gehilfen qualifiziert und erhielten Zuchthausstrafen zwischen dreieinviertel und vierzehn Jahren. Drei Angeklagte wurden mangels Beweisen freigesprochen.

Tatort

Das Konzentrations- und Vernichtungslager Auschwitz wurde im Mai 1940 auf Befehl von Heinrich Himmler (Reichsführer SS) gegründet.

Dieser Heinrich Himmler heiratete im Herbst 1928 kirchlich in Zepernick. Er hatte sich mit seiner Familie überworfen, weil er die sieben Jahre ältere, geschiedene Margarete Boden, die zudem evangelisch war, ehelichen wollte. Himmler dagegen war katholischer Konfession. Die Eltern von Margarete Boden sollen zeitweise in der Ahornallee gewohnt haben. Später wurde er von der Zepernicker Gemeinde zum Ehrenbürger ernannt.

Bis Frühjahr 1942 verschleppte die SS hauptsächlich Polen in das Lager. Tausende KZ-Insassen kamen um. Sie fielen dem Terror der SS zum Opfer, verstarben an Krankheiten, wurden durch Zwangsarbeit vernichtet.

Von Frühjahr 1942 bis Herbst 1944 deportierte das SS-Reichssicherheitshauptamt in Berlin Juden aus nahezu allen europäischen Ländern mit Sonderzügen der Deutschen Reichsbahn nach Auschwitz. Erklärtes Ziel des NS-Regimes war es, alle Juden zu ermorden. Die Lagerverwaltung errichtete zunächst Vergasungsstätten, in denen Juden massenweise mit dem Giftgas Zyklon B ermordet wurden. Später erbaute sie kombinierte Todesfabriken (Auskleideraum, Gaskammer, Verbrennungsöfen), in denen die Opfer vergast und verbrannt werden konnten.

Die deutsche Staatsführung und die SS hatten eine Methode gefunden, ein ganzes Volk auszulöschen, es spurlos zu beseitigen.

In Auschwitz und seinen circa 40 Nebenlagern wurden 400.000 Menschen registriert. Die SS beraubte die Lagerinsassen ihrer Namen, die Menschen waren nur noch Nummern. In Arbeitskommandos mussten sie für die Lagerverwaltung, SS-Wirtschaftsbetriebe und Privatfirmen Sklavenarbeit leisten. Von der SS und ihren Handlangern (Kapos) terrorisiert, kamen viele KZ-Insassen während der Arbeit in den Kommandos um. Durch die Zwangsarbeit und mangelnde Ernährung ausgezehrt und geschwächt, wurden viele Deportierte als „arbeitsunfähig" aussortiert und ermordet. Die SS führte regelmäßig „Selektionen" durch und tötete alle KZ-Insassen, die in ihren Augen nicht mehr „arbeitseinsatzfähig" waren. Für die SS hatten die Menschen keinen Nutzen mehr.

Nahezu eine Million Juden wurde nach Auschwitz deportiert und unmittelbar nach ihrer Ankunft, ohne registriert zu werden, ermordet. Frauen mit Kindern, Alte und Kranke wurden in die Todesfabriken geführt, mussten sich auskleiden und nackt in die als Duschräume getarnten Gaskammern gehen. Waren die Gaskammern voll, wurde das Giftgas Zyklon B (in kristalliner Form) hineingeschüttet. Innerhalb von wenigen Minuten waren die Menschen tot. Die SS stellte Sonderkommandos aus anderen Deportierten zusammen und zwang diese, die Leichen zu den Öfen zu transportieren und zu verbrennen. Nach einiger Zeit wurden auch diese Sonderkommandos komplett liquidiert. Die SS wollte keine Augenzeugen hinterlassen, die über das verbrecherische Tun berichten konnten.

Ende 1944 stellte die SS die Massenvernichtung ein und löste Mitte Januar 1945 das Lager auf. Am 27.01.1945 wurde das Lager von der Roten Armee befreit. Der Versuch, alle Spuren der Verbrechen zu beseitigen, gelang den Mördern nicht gänzlich. Heute noch zeugen in der Gedenkstätte Auschwitz-Birkenau die Reste der Krematorien, die Verbrennungsgruben und die Menschenasche von dem deutschen Menschheitsverbrechen.[188]

Fazit

In jüngster Zeit wurden noch lebende SS-Angehörige, die in Ausschwitz tätig waren, trotz ihres mittlerweile beträchtlichen Lebensalters angeklagt und auch verurteilt. Ein herausragender Fall war der des SS-Unterscharführers Oskar Gröning. Er wurde in der Presse „Buchhalter des Todes" genannt, weil er akribisch die den in Auschwitz ankommenden Opfern geraubten Wertsachen registrierte und verbuchte.

Die damalige Justiz (Frankfurter Auschwitz-Prozess 1963 - 1965) unterschied zwischen „reinen" Vernichtungslagern und jenen Lagern wie Auschwitz und Lublin, die eine Doppelfunktion als KZ und Vernichtungslager hatten. Beim Lagerkomplex Auschwitz musste bezüglich Mords der Nachweis einer direkten Tatbeteiligung geführt werden.

Die internationale Holocaustforschung hat über 60 Jahre hinweg den Lagerkomplex Auschwitz, seine eindeutige Funktion als Vernichtungslager und seinen Anteil am Völkermord tiefgreifend erforscht. Der Nachweis der unmittelbaren, direkten Beteiligung an einzelnen Tötungsdelikten galt, im Ergebnis der Forschungen, nun auch bei der SS in Auschwitz als nicht mehr notwendig. Man geht heute davon aus, dass jeder hier Tätige wissentlich zum reibungslosen Ablauf der Tötungsfabrik Auschwitz beigetragen hat. Entgegen der vielfach vorgebrachten Täterbehauptung, man hätte von Folterungen und Massentötungen nicht gewusst, weil man beispielsweise einer Verwaltungsaufgabe nachgegangen war, ist durch viele Zeugenaussagen ad absurdum geführt worden. Jeder, ob Bewacher, Besucher oder Gefangener, der das Lager betrat und sich einige Schritte darin bewegte, wusste sofort und unmissverständlich worum es ging.

Der Vorwurf der Staatsanwaltschaft lautete, Gröning habe durch seine Tätigkeit, z. B. Wertgegenstände von neu ankommenden Transporten zu plündern und an die SS weiterzuleiten, die SS finanziell unterstützt und einen „zumindest untergeordneten Beitrag" zum organisierten Massenmord geleistet. Gröning war auch an der Rampe tätig. Er hatte für den Abtransport des Gepäcks zu sorgen sowie für die Reinigung des Bahnsteigs, damit dieser ordentlich aussah und neu ankommende Deportierte arglos waren. Bei der Ankunft des nächsten Deportationszuges sollte keine Panik am Bahnsteig ausbrechen.

Die zahlreichen Methoden, mit denen die SS die Arg- und Wehrlosigkeit der Opfer herbeiführte, wodurch die sehr hohe Vernichtungsrate ermöglicht wurde, wertete das Landgericht Lüneburg bei der späteren Urteilsbegründung als Mordmerkmal Heimtücke. Die Cyanidvergiftung mittels Zyklon B bewirkte bei den Todgeweihten einen bis zu 30-minütigen Todeskampf mit innerer Erstickung und Krämpfen. Die Todgeweihten wurden in Gruppen in die Gaskammern geführt und hatten während des eigenen Sterbens nicht nur erhöhte körperliche Qualen zu erleiden, sondern auch seelische Qual, da sie zudem den Todeskampf ihrer Familienangehörigen ertragen mussten. Dies wertete das Gericht nach der jetzigen Rechtsauffassung als Mordmerkmal „Grausamkeit".

Am 15.07.2015 wurde Gröning zu einer vierjährigen Haftstrafe verurteilt. Das Gericht würdigte beim Urteil seine körperlichen und seelischen Anstrengungen. Der 93-Jährige hatte in den Prozesstagen bis zur Erschöpfung durchgehalten. Er hebe sich aus der Masse der SS-Männer heraus, die in Prozessen ihre Taten meist bestritten oder

169

beschönigt hätten: Er habe detailliert über Auschwitz berichtet, sich zu moralischer Verantwortung bekannt und Reue gezeigt. Das Gericht legte ihm zur Last, dass er mittels Buchhaltertätigkeit und Aufgaben während der Ankunft von Deportierten zum reibungslosen Ablauf der Tötungsfabrik beigetragen habe. Auch seine Aussage, dass er als SS-Buchhalter eine Waffe gehabt und an der Suche nach einem entflohenen KZ-Insassen teilgenommen habe, bekräftigte das Urteil. Sämtliche SS-Männer hatten die Erlaubnis bzw. Dienstanordnung, auf entflohene Deportierte ohne Vorwarnung zu schießen.

Anwälte von Nebenklägern legten beim Bundesgerichtshof (BGH) Revision gegen das Urteil ein. Von den Verteidigern Grönings wurde ebenfalls Revision eingelegt. Mit Beschluss vom 20.09.2016 bestätigte der BGH das Urteil, das somit Rechtskraft erlangte. Die Nebenkläger begrüßten dies als „wichtige Korrektur der früheren Rechtsprechung", die in NS-Prozessen gegen ehemaliges Wachpersonal der Vernichtungslager wegen Beihilfe zum Mord den Nachweis einer unmittelbaren Beteiligung an bestimmten Tötungshandlungen gefordert hatte. Gröning starb am 09.03.2018, ohne die Strafe angetreten zu haben.[189]

Es gehört schon eine zutiefst gespaltene Auffassung dazu, wenn man einerseits das Unterschlagen des Eigentums von Gefangenen strengstens ahndete, andererseits aber am Foltern, Quälen und grausamen Töten von eben diesen Gefangenen keinen Anstoß nahm und darin obendrein keine Straftat sah. Für den Verfasser sind diese so unterschiedlichen Sichtweisen nicht zu begreifen. Immer wieder sieht der Verfasser fassungslos auf diese Jahrtausendverbrechen von Deutschen und ihrer willigen Helfer.

„[...] Das nunmehr – 70 Jahre nach Kriegsende und nach der Befreiung des Lagerkomplexes Auschwitz – die bundesdeutsche Justiz auch einen Angestellten des Vernichtungsapparates wie Oskar Gröning zur Rechenschaft zieht, der emotionslos still seinen Dienst verrichtete, ist eine Veränderung der Rechtsprechung geschuldet, die sich auch in der Folge der Beteiligung der bundesdeutschen Justiz an der Aufklärung und Ahndung von ebenfalls arbeitsteilig organisierten Verbrechen im Rahmen des internationalen Terrorismus ergab. Offenbar bedurfte es eines

neuen Organisationsverbrechens in bis dahin nicht vorstellbarem Ausmaß wie die Anschläge des 11. September 2001, um diese Veränderung anzustoßen. Im Januar 2007 verurteilte das Hanseatische Oberlandesgericht Hamburg den Terrorhelfer Mounir al-Motassadeq zu 15 Jahren Haft wegen Beihilfe zum Mord in 246 Fällen bei den Anschlägen auf das New Yorker World Trade Center am 11. September 2001. [...]

[...] Auch im Bereich der Ahndung von NS-Verbrechen ging die bundesdeutsche Justiz nunmehr neue Wege. Im Mai 2011 verurteilte das Landgericht München II den 91jährigen John Demjanjuk wegen Beihilfe zum Mord an 28.060 Juden im Vernichtungslager Sobibor zu einer fünfjährigen Haftstrafe.[190] Auch Demjanjuk konnte keine konkrete einzelne Mitwirkungshandlung an der Vernichtung der Opfer nachgewiesen werden, sondern nur, dass er in einem Zeitraum von drei Monaten während der „Abfertigung" von 16 Transporten Dienst als Wachmann in dem Vernichtungslager geleistet hatte. Diesen Tatbeitrag stufte das Landgericht München II als relevante Beihilfehandlung ein, die für eine Verurteilung ausreichte.

[...] »Streichelstrafen für Mördernazis« Mit diesem Ausspruch bezeichnete der Philosoph Ernst Bloch im Jahre 1963 den juristischen Umgang mit NS-Verbrechen in Deutschland.

[...] Ein vom Institut für Zeitgeschichte München/Berlin in Kooperation mit den Holocaust-Gedenkstätte Yad Vashem in Jerusalem durchgeführtes Projekt zur Inventarisierung und Teilverfilmung der Akten aus Strafverfahren der westdeutschen Justiz wegen NS-Verbrechen seit 1945 ergab im Jahr 2008 einen zahlenmäßigen Überblick zur strafrechtlichen Aufarbeitung der NS-Vergangenheit, dessen Ergebnis insbesondere im Hinblick auf das Ziel, Gerechtigkeit für die Opfer zu schaffen, in der Tat sehr nachdenklich stimmen muss: Zwar gab es über 36.000 Ermittlungsverfahren gegen mehr als 170.000 Beschuldigte. Diese führten jedoch nur zu 6.656 Verurteilungen zu Tod oder zu lebenslanger Haft, darunter 1.147 wegen Tötungsdelikten und 172 wegen Mordes. Der Grund für die Einstellung der Verfahren lag meist darin, dass die Beweise aus den bereits erläuterten Gründen nicht für eine Anklage ausreichten. Zahlreich waren auch die

Einstellungen wegen Nichtermittlungen des Beschuldigten, sei es,
dass sein Aufenthaltsort nicht festgestellt konnte, sei es dass die
vorliegenden Namensangaben so unzureichend waren, dass keine
genauen Personalien festgestellt werden konnten. Gut 20 Prozent
waren bei der Aufnahme der Ermittlungen bereits verstorben oder
verstarben in deren Verlauf.

Nur 4.964 aller einschlägigen Ermittlungsverfahren der
bundesdeutschen Staatsanwaltschaften, also ein knappes Siebtel
(14 Prozent), führten zu einem Strafverfahren. 14.693 Angeklagte
standen vor den Richtern, gegen 13.952 Angeklagte ergingen
rechtskräftige Urteile: Von diesen wurden 6.656 verurteilt (48
Prozent) und 5.184 freigesprochen, gegen die übrigen 2.101
Angeklagten verfügten die Gerichte eine Einstellung.

[...] Diese Bilanz ist mehr als unbefriedigend, wenn man in
Betracht zieht, dass [...] allein 6.500 Personen bekannt waren, die
ihren Dienst im Lagerkomplex Auschwitz versahen. [...]" [191]

....

SINGER, KARL-HEINZ

geb. 27.01.1923 in Zepernick. Er war der Sohn von Max Singer, geb.
03.10.1889 in Lipiny (Polen) und Margarete Singer, geb. 16.03.1898 in
Berlin, geborene Plehm. Nach den nationalsozialistischen „Nürnberger
Gesetzen" vom September 1935 waren seine Großeltern väterlicherseits
jüdischen Glaubens. Die Großeltern mütterlicherseits wurden nach
den vorgenannten „Rassegesetzen" als „arisch" bezeichnet. Karl-
Heinz Singer wurde nach dieser nationalsozialistischen Ideologie als
„Mischling 1. Grades" oder „Halbjude" bezeichnet. Seinen Vater Max
deutete man als Juden und seine Mutter Margarete wurde als Arierin
klassifiziert. Die Familie wohnte zumindest zur Zeit der Geburt von
Karl-Heinz, also 1923, in Zepernick. Danach zogen sie in die Wexstraße
61 nach Berlin-Schöneberg.[192]

Max Singer war seit 1924 als Einkäufer beim Kaufhaus Hermann
Tietz in Berlin tätig. Im Jahre 1929 wurde ihm auf Grund seiner
Fähigkeiten die Leitung des gleichnamigen Hauses in Plauen übertragen.

Im Herbst 1938 bereitete er sich, wegen der Verfolgung in Deutschland, auf die Flucht seiner Familie vor. Bei diesen Vorbereitungen stellte er auch einen Antrag, verschiedene Schmuckgegenstände mitzunehmen. Dies wurde ihm zunächst gegen Zahlung einer Abgabe in Höhe von RM 300,00 vom Oberfinanzpräsidenten Berlin-Brandenburg gestattet.

Unmittelbar danach wurde die Erlaubnis, Schmucksachen mitzuführen, widerrufen. Max Singer musste die Schmucksachen, ein Brillantring und zwei goldene Uhren, ohne einen Gegenwert zu erhalten, an den Oberfinanzpräsidenten Berlin-Brandenburg abgeben. Zudem bekam er die bereits als Abgabe gezahlten RM 300,00 nicht erstattet. Insofern wurde auch Max Singer von Deutschland dreist beraubt. Durch die eingetretene Verzögerung gelang ihm die Flucht aus Berlin und Deutschland erst am 12.08.1939. Er und seine Familie flüchteten über Antwerpen nach Brasilien.

Nach Auskunft des Generalkonsulates in Sao Paulo, Brasilien und der zur Verfügung stehenden Unterlagen wurde mitgeteilt, dass das Generalkonsulat in Sao Paulo K.H. Singer, geb. am 27.01.1923 in Zepernick, jeweils in 1962 (Nr. 2042235, gültig bis 1965) und 1965 (Nr. B7435434, gültig bis 1970) deutsche Reisepässe ausstellte. Zu dieser Zeit wohnte K.H. Singer in der Avenida Presidente Wilson 1146 in São Vicente (Bundesstaat São Paulo). Weiter wörtlich das Generalkonsulat:

„[...] Ebenso wurde für seine Mutter, Margarete Singer im Jahre 1956 vom Generalkonsulat Sao Paulo erstmals ein deutscher Reisepass (gültig bis 1957) ausgestellt. Anschließend wurden weitere Reisepässe ausgestellt; letztmalig in 1976. M. Singer war ebenfalls in Sao Vicente unter der o.g. Anschrift wohnhaft; anschließend in Sao Paulo (in der Rua Padre Cornelho 77), und zuletzt in Rio Claro (Avenida Quadro 54).[...]

[...] Die jüdische Abstammung der Familie legt nahe, dass sie während der NS-Zeit spätestens in 1941 auf der Grundlage der sogenannten „11. Verordnung" ausgebürgert worden war. Da die Familienangehörigen zwischen 1956 und 1976 mehrere deutsche Reisepässe erhielten, ist davon auszugehen, dass sie die deutsche Staatsangehörigkeit anschließend wieder erworben haben; entweder durch Einbürgerung im Rahmen des Art. 116 II GG,

173

oder durch Wohnsitznahme in Deutschland (vor 1956). Bezüglich der möglichen Einbürgerung ist in der entsprechenden Datenbank nichts verzeichnet.

Das Generalkonsulat hat keine Kenntnis von Hr. Singers weiterem Werdegang nach 1965. Inwiefern er Fr. Singer nach Rio Claro gefolgt ist, ist ebenso nicht bekannt. [...]" [193]

Max Singer ist am 08.06.1954 in Sao Paulo in Brasilien verstorben. Seine Ehefrau Margarete und sein Sohn Karl-Heinz stellten am 12.10.1957 unter dem Aktenzeichen 34 WGA 42/57 einen Antrag auf Rückerstattung, der vom Deutschen Reich geraubten Wertsachen, an die Wiedergutmachungsämter von Berlin. Wie in diesen Angelegenheiten üblich, fanden sich die beraubten Menschen als Bittsteller und Antragsteller vor deutschen Ämtern wieder.

Die Anträge auf Rückerstattung wurden durch dieselbe kalte Bürokratie „bearbeitet", die damals den Raub organisiert hatte. Das Wiedergutmachungsamt verlangte Belege, Fotos und Gutachten der zur Debatte stehenden Wertgegenstände. Sicherlich haben die flüchtenden Juden zuallerletzt daran gedacht, alle Kaufbelege der geraubten Gegenstände mitzuführen. Es ging den Menschen damals ums nackte Überleben. Keiner hatte erwartet, später einmal in dem Deutschland, dass ihn unter keinen Umständen leben lassen wollte, einen Antrag auf Rückerstattung stellen zu können.

Man bedenke, die jüdische Bevölkerung, die in den Vernichtungslagern ermordet wurde, hatte man zuvor in Deutschland und den anderen eroberten Gebieten bereits alles Hab und Gut abgenommen. Das letzte armselige Eigentum, das die Deportierten noch bis an die Rampe der Vernichtungslager mitgebracht hatten, wurde ihnen dort mit Gewalt abgenommen. Bei diesen Deportationen wurde beim Ankommen in den Lagern kein Wertgegenstand namentlich registriert. Die Ermordeten konnten keinen Rückerstattungsantrag stellen. Vielfach waren ganze Sippen ausgelöscht worden, so dass auch keine Hinterbliebenen einen Antrag auf Rückerstattung einreichen konnten. Der Verfasser fragt sich, ob die Bundesrepublik Deutschland jemals ermittelt hat, welche Werte geraubt wurden und ob eine pauschale monetäre Wiedergutmachung versucht wurde.

Der Rückerstattungsantrag der Familie Singer wurde nach umfangreicher Korrespondenz, für die ein hiesiger Rechtsanwalt engagiert werden mußte, am 21.11.1961 entschieden. Nicht enden wollende Unterlagen-Nachforderungen der Wiedergutmachungsbehörde kennzeichneten dieses und auch sicherlich die Mehrzahl der einschlägigen Verfahren. Es dauerte über vier Jahre, bis man zu einem Ergebnis kam. Im Vergleich dazu benötigten die Nazis nur wenige Tage um der jüdischen Bevölkerung ihr Hab und Gut zu rauben. Es wurde entschieden, für den Brillantring, die zwei goldenen Uhren sowie für die gezahlte Abgabe in Höhe von RM 300,00, einen Wiedergutmachungsbetrag in Höhe von DM 970,00 zu bewilligen. Die Singers hatten von dieser Summe die Gebühren des hiesigen Anwalts zu zahlen und die Gebühr für den Transfer des Geldbetrages von Deutschland nach Brasilien.

Als Fazit bleibt festzuhalten, dass es grundsätzlich am politischen Willen fehlte, die Verbrechen aus der Zeit 1933 – 1945 ehrlich aufzuarbeiten und geschehenes Unrecht in vollem Umfang und schnellstens auszugleichen. Rückübertragung von Grundstücken und Häusern und Rückerstattung von Werten und Wertgegenständen in vollem Umfang wären für den Verfasser eine Selbstverständlichkeit gewesen.

Leider war es im Nachkriegsdeutschland in Ost und West nicht so selbstverständlich. In der DDR ging es hauptsächlich um Reparationszahlungen an die Sowjetunion und die Anerkennung von Verfolgten des Nationalsozialismus (VDN) wobei im Vordergrund die politisch Verfolgten der KPD standen. Die Verfolgung der jüdischen Bevölkerung wurde in der DDR weniger zur Kenntnis genommen. In der Bundesrepublik Deutschland waren die Entscheidungsgremien in dieser Sache bis in die 1970er Jahre von Personal durchsetzt, das noch einen Eid auf Hitler geschworen hatte. Entsprechend der Einstellung dieser Leute wurde die Bearbeitung der Anträge verzögert, verschleppt und auf die lange Bank geschoben. Das gleiche gilt für die politischen Vorgaben, nach denen sich die Bürokratie zu richten hatte. Die Überlebenden des Holocaust bekamen noch einmal zu spüren, dass sie noch immer unerwünscht waren, auch als Antragsteller berechtigter Forderungen.

geb. 25.12.1912 in Berlin. Er wohnte in Zepernick in der Planettastraße 25.[A, 194]

Nach den „Nürnberger Gesetzen" waren seine Großeltern mütterlicherseits und väterlicherseits jüdischen Glaubens. John Sternschein bezeichnete man deshalb als „Jude". Er wurde am 14.04.1942 von einer Sammelstelle in Berlin in das Ghetto nach Warschau deportiert. Vom Ghetto in Warschau soll er in das Vernichtungslager Majdanek in Polen verschleppt worden sein. Er wurde im Holocaust ermordet.[195, 196]

....

Exkurs: Vernichtungslager Chelmno, Belzec, Sobibor, Treblinka, Majdanek und Auschwitz-Birkenau

„Die 6 Vernichtungslager Chelmno, Belzec, Sobibor, Treblinka, Majdanek und Auschwitz-Birkenau wurden benutzt, um den systematischen Massenmord der Juden Europas als Teil der „Endlösung" durchzuführen.

Chelmno war das erste Vernichtungslager, das die Deutschen auf polnischem Boden errichteten. Die Mordaktionen begannen dort am 8. Dezember 1941 und wurden mit Unterbrechungen bis Januar 1945 fortgesetzt. Hauptsächlich Juden aus dem Ghetto Lodz und Umgebung wurden nach Chelmno deportiert, wo sie in Gaswagen ermordet wurden. Bei ihrer Ankunft im Lager wurde den Deportierten befohlen sich auszuziehen. Ihnen wurden ihre persönlichen Gegenstände abgenommen, dann wurden sie unter Vortäuschung falscher Tatsachen dazu gebracht, einen Lastwagen zu besteigen, dessen Auspuff mit dem abgedichteten Laderaum im Inneren verbunden war. Die Türen des Lastwagens wurden geschlossen und er begann mit der Fahrt zur vorgesehenen Grabstätte im nahe gelegenen Wald. Mit nur drei Gaswagen wurden in Chelmno knapp 300.000 Juden und etwa 5.000 Sinti und Roma ermordet. Nur wenige Juden überlebten dieses Todeslager.

Nachdem bei der Wannseekonferenz die Richtlinien festgelegt worden waren, errichteten die Deutschen ab März 1942 in der Nähe von Hauptbahnlinien drei Vernichtungslager an der östlichen Grenze des Generalgouvernement: Belzec war von März 1942 bis Dezember desselben Jahres in Betrieb. Im Frühling 1943 begann die Verbrennung der Leichen (Aktion 1005), um die Spuren des Mordes zu verwischen. Sobibor war in zwei Zeiträumen in Betrieb: Von Mai bis Juli 1942, und von Oktober 1942 bis Oktober 1943. Treblinka war von Juli 1942 bis August 1943 in Betrieb.

Diese Lager wurden errichtet, um den systematischen Massenmord der Juden Osteuropas als Teil der „Endlösung" durchzuführen. In diesen Lagern wurden feste Gaskammern errichtet und in ihnen wurde keine Selektion durchgeführt. Als die Deportationszüge eintrafen, wurden die Opfer – Männer, Frauen und Kinder – direkt in ihren Tod geschickt. In diesen drei Lagern wurden etwa 1.700.000 Juden, zum Großteil aus Polen, ermordet.

Die Methode des Mordes war immer dieselbe: Kohlenstoffmonoxid wurde aus großen Dieselmotoren in die abgedichteten Kammern geleitet. Die Opfer, die nackt in die Gaskammern gepfercht worden waren, starben innerhalb weniger Minuten an Erstickung. Ihre Leichen wurden von den Mitgliedern des jüdischen Sonderkommandos in riesige Gruben geworfen und darin verbrannt, um die Beweise zu verwischen. Der gesamte Vorgang des Mordes dauerte lediglich wenige Stunden und das Lager nahm an einem Tag mehrere Transporte auf und ermordete sie.

Majdanek wurde Ende 1941 für sowjetische Kriegsgefangene errichtet und fungierte ebenfalls als Konzentrationslager für Polen. 1942 wurden im Lager Gaskammern und Krematorien errichtet, und im Frühling 1942 wurden im Lager tausende Juden slowakischer, tschechischer, deutscher und polnischer Herkunft ermordet. Das Lager war bis zur Befreiung der Region Lublin durch die sowjetische Armee im Juli 1944 in Betrieb. In Majdanek wurden etwa 78.000 Menschen ermordet.

Nur wenige von denen, die in die 1944 noch verbliebenen Vernichtungslager – Auschwitz, Majdanek und Chelmno –

177

gebracht wurden, schickte man in Arbeitslager, die für die
Bedürfnisse der deutschen Armee und für die Industrie arbeiteten.
Ein winziger Teil von ihnen wurde dazu verurteilt, am Prozess
der Vernichtung teilzunehmen: sie hatten z.b. die Kleidung und
Gegenstände der Ermordeten zu sortieren und zu verpacken, die
Leichen aus den Gaskammern zu entfernen, den Opfern nach
ihrer Ermordung die Goldzähne herauszubrechen, die Toten zu
begraben und zu verbrennen. Diese Juden gehörten den Einheiten
des Sonderkommandos an – Sondereinheiten, deren Häftlinge dazu
gezwungen wurden diese furchtbare Arbeit durchzuführen. Nach
einigen Monaten wurden sie selbst in Gaskammern ermordet und
durch „neue" Häftlinge ersetzt.

Die Deportationen und der Massenmord wurden bis Ende
des Jahres 1944 fortgesetzt. Obwohl die Mordtätigkeit in den
Gaskammern auf eine Anweisung Himmlers beendet wurde,
starben weiterhin viele Häftlinge durch Misshandlungen, Hunger
und Krankheiten." [197]

....

TELLER, EGON

geb. 13.09.1909 in Berlin, wohnhaft 1939 in Berlin-Prenzlauer
Berg, Lottumstraße 16.[198] Auf der am 10.04.1942, ein paar Tage vor
Ihrer Deportation in das Ghetto Warschau, von Gerda Löwenthal für
die Gestapo erstellten Vermögensaufstellung, gibt Gerda Löwenthal
an, dass Egon Teller neben Jenny Gold, als Untermieter bei ihr in der
Poststraße 8 wohnte. Ob Egon Teller mit den Löwenthals verwandt
war oder welche sonstigen Gründe vorlagen, dass er 1942 in Zepernick
wohnte, ist dem Verfasser nicht bekannt.

Nach den „Nürnberger Gesetzen" waren seine Großeltern
mütterlicherseits und väterlicherseits jüdischen Glaubens. Egon
Teller wurde deswegen als „Jude" bezeichnet. Egon Teller wurde
am 02.04.1942 von einer Sammelstelle in Berlin deportiert und mit
dem 12. Osttransport (Nummer 33, Seite 2 der Transportliste) in das
Ghetto nach Warschau gebracht.[199] Dort verliert sich seine Spur. Ob

er im Ghetto umgebracht wurde oder bei der Räumung des Ghettos ab Juli 1942 noch in ein Vernichtungslager deportiert wurde, ist nicht bekannt. Es ist mit Sicherheit davon auszugehen, dass Egon Teller die Deportation nicht überlebt hat.

WISBAR, SERAPHINE

geborene Bornstedt, geb. 13.07.1894 in Berlin. Sie wohnte in Zepernick in der Ahornallee 43.[200] Sie war verheiratet mit dem Musikpädagogen und Kaufmann **Karl Wisbar**, geb. 16.06.1887 in Berlin.

Nach den „Nürnberger Gesetzen" waren die Großeltern von Seraphine väterlicherseits jüdischen Glaubens und ein Großelternteil mütterlicherseits war jüdisch gläubig, Ein anderer Großelternteil mütterlicherseits wurde als „arisch" bezeichnet. Seraphine war per nationalsozialistischer Definition „Jude". Sie übte den Beruf einer Stenotypistin aus, später war sie Klavierlehrerin, bevor sie Rentnerin wurde.

Karl wurde nach eben diese nationalsozialistischen Rasseneinteilung als „nicht jüdisch" bezeichnet. Diese Konstellation, die sogenannten „Mischehe" schütze Seraphine möglicherweise vor der nationalsozialistischen Verfolgung. Das Ehepaar wohnte vor dem 17.06.1933 in der Brüsseler Straße 26 in Berlin, ab dem 27.06.1933 in der Platanenallee 2, danach in der Ahornallee 43 in Zepernick. Ab dem 26.03.1958 wohnten sie in der Buchenallee 54 in Zepernick. Karl Wisbar ist am 22.02.1958 verstorben, Seraphine Wisbar am 06.08.1968.[201]

Das Ehepaar Wisbar hatte einen Sohn, **Günter Wisbar**, geb. 04.11.1926 in Berlin. Er hatte den Beruf eines Musiklehrers. Auch Günter wurde durch die nationalsozialistische Kategorisierung nach den „Nürnberger Gesetzen" als „Jude" bezeichnet. Nach unbestätigten Informationen soll er durch den Schutz der so genannten „Mischehe" seiner Eltern die nationalsozialistische Verfolgung überlebt haben.

Allerdings kam er infolge eines tragischen Unglücksfalls durch einen Sturz von der Treppe im Hause Platanenallee 2 am 19.01.1947

Ablichtung der standesamtlichen Eintragung über die Heirat von Karl und Seraphine Wisbar vom 15.08.1920. Daneben steht ein Vermerk des Standesamtes vom 06.07.1939, dass Seraphine den zusätzlichen Vornamen „Sara" tragen muß. Insofern wurde sie als Jüdin stigmatisiert. Darunterstehend wird am 14.03.1951 diese Bezeichnung wieder aufgehoben. *200a*

Nr. *10*   C

Köpenick, den *21. Januar* 19*47*

D*er Musiker Günther Karl Wisbar*

wohnhaft *Köpenick, Platanenallee 2*

ist am *19. Januar 1947*   zwischen *6 - 7 Uhr*

um   Uhr   Minuten

in *Köpenick, in dieser Wohnung* verstorben.

D*er* Verstorbene war geboren am *4. November 1926*

in *Berlin*

(Standesamt _____ Nr. _____).

Vater: *Friedrich Nikolaus Karl Wisbar, wohnhaft in Köpenick Platanenallee 2*

Mutter: *Serafine Wisbar, geborene Boruskin, wohnhaft in Köpenick, Platanenallee 2*

D*er* Verstorbene war — nicht — verheiratet _____

Eingetragen auf ~~mündliche~~ — schriftliche Anzeige *des Amtsvorstehen als*
Ortspolizeibehörde in Köpenick

D*er* ~~Anzeigende~~ _____

~~Vorgelesen, genehmigt und~~ _____ ~~unterschrieben~~:

Der Standesbeamte

In Vertretung: Kluge

Todesursache: *Sturz von der Treppe (Schädelbruch, Kieferbruch)*

Eheschließung de____ Verstorbenen am _____ in _____

(Standesamt _____ Nr. _____).

Sterbeurkunde des Standesamtes für Günter Wisbar vom 19.01.1947 *201a* ums Leben. Er erlitt bei diesem Treppensturz einen Schädel- und Kieferbruch.

Ältere Zepernicker Bewohner bezeichneten das Haus als gruselig und verflucht, weil es wohl nicht der erste Unfall in diesem Hause gewesen sein soll. Außerdem war die Benutzung der Treppe wohl sehr gefährlich. Letzteres ist allerdings nur gerüchteweise überliefert. Wie es zu dem Unfall kam, ist nicht bekannt. Sicherlich war es eine Unachtsamkeit am frühen Morgen. Der Unfall geschah nach dem Polizeibericht zwischen sechs und sieben Uhr morgens. Günter war 26 Jahre alt und unverheiratet.

WOLFF, FRITZ HEINRICH

geb. 04.10.1891 in Berlin.[202] In Zepernick wohnte er zeitweise in der Bachstraße 8. Von Berlin wurde er am 01.03.1943 (Nummer 1483, Seite 77, Transportliste des „31. Osttransportes")[203] in das Vernichtungslager nach Auschwitz deportiert.

Für ihn wurde in der Dresdner Straße 95 in Berlin-Mitte ein Stolperstein verlegt. Seine Lebensgeschichte hat seine Großnichte Dina Wolf auf der Internetseite „https://www.stolpersteine-berlin. de/de/biografie/7293" hinterlegt. Der Verfasser möchte diese Lebensgeschichte hier wiedergeben.

„[...] Wenn immer mir die Frage nach meiner Volkszugehörigkeit vorgelegt wird, kann ich mich nach wie vor nur (als) zu dem deutschen Volke zugehörig bezeichnen."

31. Mai 1939 (Auszug aus einem Brief von Fritz Wolff an seinen Bruder Herbert in Palästina).

Fritz Wolff wurde am 4. Oktober 1891 als zweiter Sohn des Kommerzienrats Victor Wolff geboren. Victor Wolff besaß eines der größten und erfolgreichsten Pelz-Handelshäuser in Deutschland, die H. Wolff AG, mit Hauptsitz in der Krausenstraße 17/18 in Berlin-Mitte.

Fritz Wolff ergriff ein Ingenieursstudium. Er verabscheute den luxuriöse Lebensstil seiner Eltern und seines Bruders und schloss sich der Kommunistischen Partei an. Nach dem Reichstagsbrand 1933 gehörte er zur Gruppe der willkürlich Verhafteten und wurde drei Monate in „Schutzhaft" im Strafgefängnis Spandau zusammen mit KPD- und SPD-Mitgliedern und Abgeordneten sowie prominenten Schriftstellern und Intellektuellen festgesetzt. Während seiner Haft verließ sein Bruder Herbert Berlin und flüchtete in das sichere Land Palästina, wohin seine Frau und die drei Kinder ihm wenige Monate später folgten.

Nach der Entlassung aus der Haft im Mai 1933 zogen Fritz und seine nichtjüdische Frau Charlotte Schwarz nach Hermsdorf, wo Charlotte in der Wohnung am Stolper Weg im Dezember 1933 an Krebs starb. Anfang 1934 zog Fritz nach Bernau-Eichwerder in die Scheffelstraße (Parzelle 450) und 1938 nach Zepernick in die Bachstraße 8.

Fritz blieb in Berlin um die Geschicke der Hauptstelle des Familienbetriebs in der Krausenstraße 17/18 zu überwachen. Inzwischen war das Gebäude an bekannte jüdische Textilhändler vermietet worden. Als die Victoria-Versicherung (1853 als Allgemeine Eisenbahn-Versicherungs-Gesellschaft gegründet), 1937 das[sic] Hypothek vorzeitig kündigte, wurde Fritz Wolff gezwungen, das Gebäude der Reichsbahn zu überlassen.

In Folge der Reichs-Pogromnacht am 9./10. November 1938 (auch als „Kristallnacht" bekannt) wurde Fritz erneut verhaftet und am 22. November in Sachsenhausen als Gefangener Nr. 13677, Kategorie: Jude, in „Schutzhaft" genommen.

Er wurde am 6. Dezember 1938 unter der Bedingung entlassen, dass er Deutschland verlässt. Sein Bruder verbürgte, dass er für Fritz ein Visum für das französische Protektorat Syrien beschaffen könne.

Statt auszuwandern zog Fritz Anfang 1939 in die Dresdener Straße 97. Ein Foto aus den frühen 20er Jahren zeigt das Haus so, wie Fritz es auch kannte, bevor es gegen Kriegsende zerstört wurde. Hier lebte Fritz in einer Wohngemeinschaft als die Volkszählung im Mai 1939 durchgeführt wurde. Zu den Unterlagen gehörte eine

"Ergänzungskarte für Angaben über Abstammung und Vorbildung",
die für alle zum Haushalt gehörende Personen ausgefüllt werden
musste. Alle Bewohner der Wohnung in der Dresdener Straße -
auch Fritz Wolff - gaben an, vier jüdische Großeltern zu haben.

Bis heute wurde keinen[sic] Hinweis gefunden, wo Fritz Wolff
als Zwangsarbeiter beschäftigt war. Er lebte in der Dresdener
Straße 97 bis er im Rahmen der „Fabrikaktion" am 27. Februar
1943 abgeholt, am 1. März nach Auschwitz deportiert und ermordet
wurde.

Fritz Wolff war stolz, ein Deutscher zu sein. Seine unbeirrbare
Loyalität wurde mit Verfolgung und Mord vergolten.

Dieser vorstehende Text wurde verfasst von:

Dina Gold (Großnichte Fritz Wolffs, Enkelin Herbert Wolffs, Tochter
von Aviva Gold geb. Wolff und Urenkelin von Kommerzienrat Victor
Wolff). Übersetzung: Mary Bianchi

Biografische Zusammenstellung: Dina Gold

Weitere Quellen: Gold, Dina, Stolen Legacy: Nazi Theft and the Quest
for Justice at Krausenstrasse 17/18, Berlin, Ankerwycke, 2015; www.
stolenlegacy.com [...]" [204]

Ungeklärte Schicksale

Die nachfolgenden Namen hat der Verfasser in einer Liste gefunden, die der Landrat des Kreises Niederbarnim am 30.06.1938 für den Regierungspräsidenten in Potsdam anfertigte. In dieser Liste wurden die beim Landrat eingereichten jüdischen Vermögensaufstellungen namentlich nach Gemeinden geordnet erfasst.[205] Zu zwei der dort bezüglich Zepernick aufgeführten Personen konnte der Verfasser keinen Hinweis auf das weitere Schicksal in den einschlägigen Archivalien und Verzeichnissen finden. Trotzdem dürfte es sich um Juden handeln, deren Eigentum vom Landkreis Barnim und somit vom Deutschen Reich, unter dem Deckmantel der Rechtmäßigkeit, geraubt wurde. Hierbei handelt es sich um die Personen:

URY, GEORG

Beruf: Rentenempfänger, Zepernick, Schweizerstraße 1.

STRASCHITZ, IRMA

geborene Teller, Beruf: Ehefrau, ohne Beruf, Zepernick, Bodestraße 123.

259

Der Landrat
des Kreises Niederbarnim

Tageb.-Nr. III 1/4 Jpl. *15.*

Berlin NW 40, den 30. Juli 193 8.
Friedrich-Karl-Ufer 5
Fernruf: 42 00 14

Regierung Potsdam
-2 8.3c 8 -9 V.* 17031

Betrifft

STEMPELSTELLE 1

Anmeldung des Vermögens von Juden.

Verfügung vom 13. J u n i   1938
   - 4 Jpl. 61 -

Auf die Verordnung über die Anmeldung des Vermögens von Juden vom 26.
April 1938 wurde durch Kreisblattbe-
kanntmachung vom 15. 6. 1938 besonders
hingewiesen und gleichzeitig bekanntge-
macht, daß die Anmeldungen bei den
Ortspolizeibehörden abzugeben sind.Die
mir von diesen vorgelegten Anmeldungen
überreiche ich anliegend unter Beifügung
einer namentlichen Aufstellung über die
eingereichten Vermögensverzeichnisse.

I. V.

Regierungsassessor.

Ar

den Herrn Regierungspräsidenten

in

P o t s d a m .
-.-.-.-.-.-.-.-

DM

Vordruck 226 a
17. 3. 38. 10 000. 386.

(206)

186

Z e h l e n d o r f

Schmachtenhagen Gut Vallentinhof	Valentina *Swewr*	Elbing-Jushni *Paul*	Schauspielerin *Günder*

Z e p e r n i c k .

Bachstr. 8	Wolff	Fritz	Techniker
Schweizerstr.1	Ury	Georg	Rentenempfänger
Hufelandstr. 10	Seelig	Salomon	Kleinkaufmann
Schweizerstr.25	Kahn	Meta	Ehefrau,ohne Beruf
Bodestr. 123	Straschitz geb.Teller	Jrma	dto.
Poststr. 8	Loewenthal	Moritz	Bankprokurist i.R.

W a n d l i t z

Amselweg	Landsberger	Otto	Hundezüchter
Stolzenhagener-Lanker-Chaussee Kol.Kiewitt	Salzer	Lazar	Rentier
dto.	Salzer	Peppie	Ehefrau ohne Beruf
Basdorf	Markowitz *Swork*	Mathilde *Jlli*	

S c h i l d o w

Hindenburgstr.	Neumann	Selma	Rentnerin
Kaiser Wilhelm Str.40	Harry	Kurt	Angestellter
dto.	Harry	Johanna	ohne Beruf

(207)

LITERATURVERZEICHNIS

Atai, Golineh: Die Wahrheit ist der Feind, 1. Auflage Juni 2019, Rowohlt-Berlin Verlag GmbH, Berlin

Friedländer, Saul / Orna Kenan: Das Dritte Reich und die Juden 1933 – 1945, Bundeszentrale für politische Bildung, Bonn 2010

Gold, Dina: Stolen Legacy: Nazi Theft and the Quest for Justice at Krausenstrasse 17/18, Berlin, Ankerwycke, 2015/2016

Görtemaker, Manfred / Safferling, Christoph: Die Akte Rosenburg, Das Bundesministerium der Justiz und die NS-Zeit. Verlag C.H. Beck ohG, München 2016

Haffner, Sebastian: Geschichte eines Deutschen, Die Erinnerungen 1914 - 1933. Deutsche Verlags-Anstalt, Stuttgart/München 2000.

Hartmannsgruber, Friedrich: Akten der Reichskanzlei, Regierung Hitler 1933–1942, herausgegeben für die Historische Kommission bei der Bayerischen Akademie der Wissenschaften von Hans Günter Hockerts für das Bundesarchiv von Hartmut Weber, R. Oldenbourg Verlag, München, 2008, gefunden Staatsbibliothek, Berlin, Signatur 38 MA 39-5; HB7.

Huth, Peter: Die letzten Zeugen. Der Auschwitz-Prozess von Lüneburg. Eine Dokumentation. Reclams Universal-Bibliothek Nr. 17088, Philipp Reclam jun. GmbH & Co. KG., Stuttgart 2015. (gefunden in der Staatsbibliothek Berlin 10 A 15 955).

Münchhausen, Klaus von: Geheime Reichssache Auschwitz, Hitlers Befehle zum Völkermord an den Ostjuden. AJZ-Druck und Verlag GmbH, Bielefeld 2016. (gefunden in der Staatsbibliothek Berlin 1 A 972 330).

Seger, Walter: Wiederaufnahme, Lübbecke 1933 – 1945, BoD Books on Demand, Norderstedt, 2017, ISBN: 978-3-7431-7743-7.

Shelley, Lore: Schreiberinnen des Todes, Lebenserinnerungen internierter Frauen, die in der Verwaltung des Vernichtungslagers Auschwitz arbeiten mußten, Übersetzung: Gerhard Armanski, Lore Shelley (Hrsg.), Verlag AJZ Druck & Verlag GmbH, Bielefeld, 1992.

Winter, Peter Jochen: Den Mördern ins Auge gesehen. Berichte eines Journalisten vom Frankfurter Auschwitz-Prozess 1963-1965, Lizenzausgabe für die Bundeszentrale für politische Bildung, Bonn 2016. (gefunden in der Staatsbibliothek Berlin 1 A 955 374).

ABKÜRZUNGEN

BArch	Bundesarchiv Berlin
Bl.	Blatt
bzw.	beziehungsweise
DSF	Gesellschaft für Deutsch-Sowjetische Freundschaft
d. Verf.	der Verfasser (Erklärung des Verfassers)
FDP	Freie Demokratische Partei
FDGB	Freier Deutscher Gewerkschaftsbund
geb.	geboren
Gestapo	Geheime Staatspolizei
HKB	Häftlingskrankenbau
ITS	ITS International Tracing Services (Internationaler Suchdienst), Bad Arolsen
JKV	Jüdischer Kulturverein
K.L.	Konzentrationslager
KPD	Kommunistische Partei Deutschlands
KZ	Konzentrationslager
M	Mark
Nazi	Nationalsozialist
Nr.	Nummer
NS	Nationalsozialismus
NSDAP	Nationalsozialistische Deutsche Arbeiterpartei
NSV	Nationalsozialistische Volkswohlfahrt
NS-Staat	Nationalsozialistischer Staat
NS-Tarnsprache	Nationalsozialistische Tarnsprache
RGBL	Reichsgesetzblatt
RM	Reichsmark
RV	Reichsvereinigung der Juden

ABKÜRZUNGEN

S.	Seite
SA	Sturmabteilung
SD	Sicherheitsdienst (des Reichsführers SS)
SED	Sozialistische Einheitspartei Deutschlands
SMAD	Sowjetische Militäradministration Deutschland
sog.	sogenannte
SPD	Sozialdemokratische Partei Deutschlands
SS	Schutzstaffel
V.B.A.V.	Verband Brandenburgischer Athletik-Vereine EV
VdN	Verfolgter des Naziregimes
V.f.L.	Verein für Leibesübungen
VVN	Vereinigung der Verfolgten des Naziregimes
z.B.	Zum Beispiel

QUELLENVERZEICHNIS

Archiv Stiftung Gedenkstätten Buchenwald und Mittelbau Dora	Stiftung Gedenkstätten Buchenwald und Mittelbau-Dora 99427 Weimar
Auschwitz-Birkenau State Museum	Auschwitz-Birkenau State Museum ul. Wieźniów Oświęcimia 20 32-603 Oświęcim Poland
BArch	Bundesarchiv Finckensteinallee 63 12205 Berlin
BLHA	Brandenburgisches Landeshauptarchiv Am Mühlenberg 3 14476 Potsdam OT Golm
Family Search	The Church of Jesus Christ of Latter-day Saints 50 E. North Temple Street, COB 18 Salt Lake City, UT 84150-0018
Het Utrechts Archief	Het Utrechts Archief Postbus 131, 3500 AC Utrecht
ITS Digital Archive, Bad Arolsen	INTERNATIONAL TRACING SERVICE Große Allee 5–9 34454 Bad Arolsen
KArchLKBarnim	Landkreis Barnim Kreisarchiv Carl-von-Linde-Straße 8 16225 Eberswalde

QUELLENVERZEICHNIS

Landesarchiv Berlin	Landesarchiv Berlin Eichborndamm 115–121 13403 Berlin
Nachlass Hedda Selke, geb. Löwenthal	Hedda Selke, geb. Löwenthal war die Tochter von Moritz und Mary Elisabeth Löwenthal. Sie gab wesentliche Teile des Nachlasses an das Jüdische Museum, Berlin
Staatsbibliothek Berlin	Stiftung Preußischer Kulturbesitz Staatsbibliothek zu Berlin Unter den Linden 8 D-10117 Berlin
Nationalarchiv Prag, Institut Theresienstädter Initiative	Nationalarchiv Prag Archivní 2257/4, 149 00 Praha 4
Online-Gedenkbuch	Bundesarchiv Potsdamer Straße 1 56075 Koblenz
Sammlung E. u. P. Pohl	Erwin Pohl † und Peter Pohl †, Zepernick
Sammlung Gerlach	Dr. Rolf Gerlach, zeitweise Ortschronist Zepernick
Wikipedia Die freie Enzyklopädie	Wikimedia Foundation Inc. 1 Montgomery Street, Suite 1600 San Francisco, CA 94104 United States of America de.wikipedia.org

GESCHLECHTERBEZEICHNUNG

Aus Gründen der besseren Lesbarkeit wird in der vorliegenden Arbeit vorwiegend die männliche Form genutzt. Falls nicht ausdrücklich anders angegeben, beziehen sich also alle Aussagen sowohl auf divers, weibliche und männliche Personen.

ANMERKUNGEN:

A vor dem Anschluß Österreichs an das Deutsche Reich Schweizertalstraße, nach 1945 Wilhelm-Tell-Straße
01 Inspiriert von Dr. Saul Friedländer, Orna Kenan (Vorwort) 2009
02 Inspiriert von Dr. Saul Friedländer, Orna Kenan (Vorwort) 2009
03 Vergl. Lehrveranstaltung „Schlüsseltexte und –dokumente zur Geschichte des Nationalsozialismus" Universität Wien, Institut für Zeitgeschichte, WS 2008/2009 (www.kurt-Bauer-geschichte.at) abgerufen 13.12.2019.
04 NS-Archiv, Dokumente zum Nationalsozialismus (www.ns-archiv.de/personen/hitler/testament/politisches-testament.php) abgerufen 13.12.2019.
05 Inspiriert von Dr. Saul Friedländer, Orna Kenan (Vorwort) 2009.
06 Reinhard Heydrich (* 7. März 1904 in Halle an der Saale; † 4. Juni 1942 in Prag) war ein deutscher SS-Obergruppenführer und General der Polizei, der während der Zeit des Nationalsozialismus als Leiter des Reichssicherheitshauptamts (RSHA) und Stellvertretender Reichsprotektor in Böhmen und Mähren für zahlreiche Kriegsverbrechen und Verbrechen gegen die Menschlichkeit verantwortlich war. 1941 wurde er von Hermann Göring mit der „Endlösung der Judenfrage" beauftragt und war seit dieser Zeit einer der Hauptorganisatoren des Holocausts. In dieser Funktion leitete er am 20. Januar 1942 in Berlin die Wannseekonferenz, auf der die Vernichtung der im deutschen Machtbereich lebenden Juden abgesprochen und koordiniert wurde. Heydrich wurde am 27. Mai 1942 bei einem Attentat in Prag schwer verletzt und starb acht Tage später. Daraufhin ließ das NS-Regime Racheakte wie die Zerstörung von Lidice und Ležáky verüben. Quelle: Wikipedia.
07 Der Verfasser verwendet die Begriffe „Juden" oder „jüdisch" nicht durchgehend und erst nach reiflicher Abwägung. Diese Bgriffe sind nach seiner Ansicht in der Zeit des Nationalsozialismus zu sehr als Schimpfworte in diskriminierender Weise verwendet worden, um eine Minderheit zu stigmatisieren und brutal zu verfolgen. In den nachfolgenden Seiten wird in der Regel stattdessen überwiegend die Formulierung „jüdischen Glaubens" verwendet, soweit es sich nicht um wörtliche Zitate handelt. Dem Verfasser ist bekannt, dass nicht alle jüdischen Bewohner Zepernicks, die im Folgenden erwähnt werden, praktizierende Juden waren. Insofern ist der Begriff „jüdisch Gläubige" lediglich ein Synonym. Die nationalsozialistische Rassenpolitik unterschied nicht nach dem Glauben, sondern nach der „Rasse". Hierbei führten die Nationalsozialisten bestimmte Merkmale oder Verhaltensweisen darauf zurück, dass sie bestimmend für eine „Rasse" sei. Im Streit um diesen Rassenbegriff steht biologisch nicht in Frage, daß es genetisch bedingte Unterschiede zwischen Menschen gibt. Fraglich ist aber, ob das biologische Konzept der Rasse und die mit ihm verbundenen Kategorien geeignet sind, die augenfällige Vielfalt der Menschen angemessen zu erfassen. Unbestritten ist, dass im Sinne der zoologischen Systematik alle heute lebenden Menschen eine einzige Art bilden. Angehörige aller Populationen können sich unbegrenzt fruchtbar miteinander paaren (Fortpflanzung, Fruchtbarkeit, sexuelle Fortpflanzung).
08 RGBl I S. 1709-1712.
09 Hartmannsgruber (2008), Band V, S. 959, Fußnote 2 (Staatsbibliothek Berlin, Potsdamer Straße 38 MA 39-5: HB 7 - Handbibliothek).
10 Hans Josef Maria Globke (* 10.09.1898; † 13.02.1973) war Verwaltungsjurist im preußischen und im Reichsinnenministerium sowie Mitverfasser und Kommentator der Nürnberger Rassegesetze in der Zeit des Nationalsozialismus und von 1953 bis 1963 unter Bundeskanzler Konrad Adenauer Chef des Bundeskanzleramts. Globke ist das prominenteste Beispiel für die Kontinuität der Verwaltungseliten vom „Dritten Reich" zur frühen Bundesrepublik Deutschland. In der Adenauer-Ära war er als „graue Eminenz" und engster Vertrauter des Kanzlers verantwortlich für Personalpolitik, Kabinettsarbeit, die Einrichtung und Kontrolle von BND und Verfassungsschutz sowie für Fragen der CDU-Parteiführung. Zu seinen Lebzeiten wurde sein

Einsatz für die nationalsozialistische Diktatur nur teilweise bekannt. Im In- und Ausland immer wieder scharf angegriffen, wurde er von der Regierung, dem BND und der CIA aber immer wieder geschützt. Quelle: Wikipedia.

11 https://de.wikipedia.org/wiki/N%C3%BCrnberger_Gesetze (abgerufen 11.11.2019).

12 BArch R 1509 Reichssippenhauptamt, VZ'39 Ergänzungskarten für Angaben über Abstammung und Vorbildung aus der Volkszählung vom 17.05.1939.

13 Freier, Thomas (2015), Statistik und Deportation: http://www.statistik-des-holocaust.de/ OT18-22.jpg (abgerufen 28.11.2017).

14 Yad Vashem, Datenbank zu den Deportierten im Rahmen der Shoah (http://www.yadvashem. org).

15 ITS Archives, Bad Arolsen, Copy of 1.2.1.1 / 11192321.

16 BArch: https://www.bundesarchiv.de/gedenkbuch/de1051246 (abgerufen 13.10.2017).

17 BArch R 1509 Reichssippenhauptamt, VZ'39 Ergänzungskarten für Angaben über Abstammung und Vorbildung aus der Volkszählung vom 17.05.1939.

18 Freier, Thomas (2015), Statistik und Deportation: http://www.statistik-des-holocaust.de/ OT18-22.jpg (abgerufen 28.11.2017).

19 Yad Vashem, Datenbank zu den Deportierten im Rahmen der Shoah (http://www.yadvashem. org).

20 ITS Archives, Bad Arolsen, Copy of 1.2.1.1 / 11192321.

21 BArch: https://www.bundesarchiv.de/gedenkbuch/de1051313(abgerufen 13.10.2017).

22 BArch R 1509 Reichssippenhauptamt, VZ'39 Ergänzungskarten für Angaben über Abstammung und Vorbildung aus der Volkszählung vom 17.05.1939.

23 Freier, Thomas (2015), Statistik und Deportation: http://www.statistik-des-holocaust.de/ OT18-39.jpg (abgerufen 02.12.2017).

24 Yad Vashem, Datenbank zu den Deportierten im Rahmen der Shoah (http://www.yadvashem. org).

25 ITS Archives, Bad Arolsen, Copy of 1.2.1.1 / 11193308.

26 Freier, Thomas (2015), Statistik und Deportation: http://www.statistik-des-holocaust.de/ OT29-40.jpg (abgerufen 17.01.2018).

27 BArch: https://www.bundesarchiv.de/gedenkbuch/de1051085(abgerufen 13.10.2017).

28 BArch R 1509 Reichssippenhauptamt, VZ'39 Ergänzungskarten für Angaben über Abstammung und Vorbildung aus der Volkszählung vom 17.05.1939.

29 Quelle: Familie Mike Benning, New York.

30 BArch R 1509 Reichssippenhauptamt, VZ'39 Ergänzungskarten für Angaben über Abstammung und Vorbildung aus der Volkszählung vom 17.05.1939.

31 Freier, Thomas (2015), Statistik und Deportation: http://www.statistik-des-holocaust.de/ OT25-35.jpg (abgerufen 26.11.2017).

32 Yad Vashem, Datenbank zu den Deportierten im Rahmen der Shoah (http://www.yadvashem. org).

33 BArch: https://www.bundesarchiv.de/gedenkbuch/de1034883 (abgerufen 13.10.2017).

34 BArch R 1509 Reichssippenhauptamt, VZ'39 Ergänzungskarten für Angaben über Abstammung und Vorbildung aus der Volkszählung vom 17.05.1939.

35 BArch R 1509 Reichssippenhauptamt, VZ'39 Ergänzungskarten für Angaben über Abstammung und Vorbildung aus der Volkszählung vom 17.05.1939.

36 Yad Vashem, Datenbank zu den Deportierten im Rahmen der Shoah (http://www.yadvashem. org).

37 BArch: https://www.bundesarchiv.de/gedenkbuch/de875379 (abgerufen 13.10.2017).

38 Nachlass Hedda Löwenthal, Jüdisches Museum, Berlin, Brief vom 21.05.1942/Dok. 90/1/55.

39 Quelle: https://de.wikipedia.org/wiki/Gro%C3%9Fe_Aktion_(Warschau). Ablichtung des Befehls zur Räumung des Warschauer Ghettos. Als Große Aktion (polnisch Wielka Akcja), in der NS-Tarnsprache Umsiedlung in den Osten genannt, wird die Auflösung des Warschauer Ghettos bezeichnet. Sie war verbunden mit der Massenvernichtung der Juden und wurde zwischen dem 22. Juli und dem 21. September 1942 im Rahmen der „Aktion Reinhardt" durchgeführt. Insgesamt kamen etwa 265.000 Juden während der Großaktion ums Leben. Vor Ort wurden etwa 10.000 Menschen ermordet und in dem deutlich verkleinerten Ghettogebiet lebten ca. 70.000 Menschen (legal oder illegal). Nach Treblinka wurden etwa 75 % der Ghettobewohner deportiert und das Ghettogebiet beschränkte sich danach auf die Produktionsbetriebe (sog. Schuppen) im nördlichen Teil des abgesonderten jüdischen Viertels und den Tobbens-Schuppen in der Nähe von der ulica Pańska. (abgerufen 18.10.2019).

40 Interview Dr. Rolf Gerlach vom 03.12.2002.

41 BArch R 1509 Reichssippenhauptamt, VZ'39 Ergänzungskarten für Angaben über Abstammung und Vorbildung aus der Volkszählung vom 17.05.1939.

42 BArch R 1509 Reichssippenhauptamt, VZ'39 Ergänzungskarten für Angaben über Abstammung und Vorbildung aus der Volkszählung vom 17.05.1939.

43 BArch: https://www.bundesarchiv.de/gedenkbuch/de1085062 (abgerufen 13.10.2017).

44 Freier, Thomas (2015), Statistik und Deportation: http://www.statistik-des-holocaust.de/ OT25-35.jpg (abgerufen 14.01.2018).

45 ITS Digital Archive, Bad Arolsen: Doc. No. 101267366#1 (6.3.3.2/ 500000 .../ 501600 .../0501684/3 Outbound/0004).

46 BLHA REP. 36 A II Nr. 18122 S. 2.

47 Information per e-mail von Yad Vashem, Israel.

48 Yad Vashem, Datenbank zu den Deportierten im Rahmen der Shoah (http://www.yadvashem.org).

49 BLHA REP. 36 A II Nr. 18122 S.20.

50 Quelle der Information: Archiv Gedenkstätte und Museum Sachsenhausen, Straße der Nationen 22, D-16515 Oranienburg.

51 Quelle http://family-michaelis.de (abgerufen 22.11.2019).

52 BArch R 1509 Reichssippenhauptamt, VZ'39 Ergänzungskarten für Angaben über Abstammung und Vorbildung aus der Volkszählung vom 17.05.1939.

53 Freier, Thomas (2015), Statistik und Deportation: http://www.statistik-des-holocaust.de/ OT25-35.jpg (abgerufen 14.01.2018).

54 BArch: https://www.bundesarchiv.de/gedenkbuch/de1084798 (abgerufen 02.05.2018).

55 Quelle: http://family-michaelis.de (abgerufen 23.11.2019).

56 BLHA REP. 36A II Nr. 18122 S. 22.

57 BLHA REP. 36A II Nr. 18122 S. 27.

58 BLHA REP. 105 GA K. V L. Bernau P. 1668 Band 61 Bl. 1866 S. 56.

59 BLHA REP. 105 GA K. V L. Bernau P. 1668 Band 61 Bl. 1866.

60 Die Stolpersteine sind ein Projekt des Künstlers Gunter Demnig, das im Jahr 1992 begann. Mit im Boden verlegten kleinen Gedenktafeln soll an das Schicksal der Menschen erinnert werden, die in der Zeit des Nationalsozialismus (NS-Zeit) verfolgt, ermordet, deportiert, vertrieben oder in den Suizid getrieben wurden. Die quadratischen Messingtafeln mit abgerundeten Ecken und Kanten sind mit von Hand eingeschlagenen Lettern beschriftet und werden von einem angegossenen Betonwürfel mit einer Kantenlänge von 96 × 96 und einer Höhe von 100 Millimetern getragen. Sie werden meist vor den letzten frei gewählten Wohnhäusern der NS-Opfer niveaugleich in das Pflaster bzw. in den Belag des jeweiligen Gehwegs eingelassen. Am 29.12.2019 verlegte Demnig in Memmingen den 75.000sten Stolperstein. Quelle: https://de.wikipedia.org/wiki/Stolpersteine (abgerufen 30.01.2020).

61 Quelle: http://family-michaelis.de (abgerufen 24.11.2019).

62 Fritz Sauckel wurde im Nürnberger Kriegsverbrecherprozess zum Tode verurteilt und am 16.10.1946 durch den „Strang" hingerichtet.

63 Johannes Leicht, © Deutsches Historisches Museum, Berlin, 30. September 2015. Quelle: https://www.dhm.de/lemo/kapitel/ns-regime/industrie-undwirtschaft/arisierung.html (abgerufen 20.11.2019).

64 Inspiriert von Dr. Saul Friedländer, Orna Kenan 2009, Seite 105/106

65 BArch R 1509 Reichssippenhauptamt, VZ'39 Ergänzungskarten für Angaben über Abstammung und Vorbildung aus der Volkszählung vom 17.05.1939.

66 Freier, Thomas (2016), Statistik und Deportation: http://www.statistik-des-holocaust.de/ OT25-35.jpg (abgerufen 14.01.2018).

67 Yad Vashem, Datenbank zu den Deportierten im Rahmen der Shoah (http://www.yadvashem.org).

68 BArch: https://www.bundesarchiv.de/gedenkbuch/de1085057 (abgerufen 13.10.2017).

69 ITS Archives, Bad Arolsen, Copy of 1.2.1.1 / 11194118, Transportliste aus dem Gestapobereich Berlin zum KZ Auschwitz.

70 Yad Vashem, Datenbank zu den Deportierten im Rahmen der Shoah (http://www.yadvashem.org)

71 Winters, Peter Jochen (2016).

72 BArch: https://www.bundesarchiv.de/gedenkbuch/de1084919 / 1091648 (abgerufen 25.11.2019).

73 BArch R 1509 Reichssippenhauptamt, VZ'39 Ergänzungskarten für Angaben über Abstammung und Vorbildung aus der Volkszählung vom 17.05.1939.

74 Freier, Thomas (2016), Statistik und Deportation: http://www.statistik-des-holocaust.de/ AT20-3.jpg (abgerufen 12.12.2017).

75 BArch: https://www.bundesarchiv.de/gedenkbuch/de840894 (abgerufen 16.10.2019).

76 u. 77 Nationalarchiv Prag HBMa (Židovské matriky), Ohledací listy - ghetto Tereszín, Karton 23, Band 78.

78 BArch R 1509 Reichssippenhauptamt, VZ'39 Ergänzungskarten für Angaben über Abstammung und Vorbildung aus der Volkszählung vom 17.05.1939.

79 Freier, Thomas (2015), Statistik und Deportation: http://www.statistik-des-holocaust.de/ OT36-26.jpg (abgerufen 26.01.2019).

80 Yad Vashem, Datenbank zu den Deportierten im Rahmen der Shoah (http://www.yadvashem.org).

81 BArch: https://www.bundesarchiv.de/gedenkbuch/de1066519 (abgerufen 26.01.2019).

82 Quelle: Auschwitz-Birkenau State Museum, ul. Wieźniów Oświęcimia 20, 32-603 Oświęcim, Poland. Transportliste 36. Osttransport, 127212808, 127212835/ITS Digital Archive, Arolsen Archives

83 BArch R 1509 Reichssippenhauptamt, VZ'39 Ergänzungskarten für Angaben über Abstammung und Vorbildung aus der Volkszählung vom 17.05.1939.

84 KArchLKBarnim: Eintragung Standesamt unter der Nummer 1691/58.

85 KArchLKBarnim: Eintragung Standesamt unter der Nummer 307/66.

86 BArch: https://www.bundesarchiv.de/gedenkbuch/de920364 (abgerufen 13.10.2017).

87 Quelle: Archiv Stiftung Gedenkstätten Buchenwald und Mittelbau-Dora. T/D 6520627/ITS Digital Archive, Arolsen Archives.

88 Quelle: Archiv Stiftung Gedenkstätten Buchenwald und Mittelbau-Dora. T/D 6520628/ITS Digital Archive, Arolsen Archives

89 Quelle: Archiv Stiftung Gedenkstätten Buchenwald und Mittelbau-Dora. T/D 6520632/ITS Digital Archive, Arolsen Archives

90 Quelle: Archiv Stiftung Gedenkstätten Buchenwald und Mittelbau-Dora. T/D 6520631/ITS Digital Archive, Arolsen Archives

91 Shelley, Lore (1992). In diesem Buch wird geschildert, wie die Todesmeldungen von den „Schreiberinnen des Todes" im Vernichtungslager Auschwitz nach exakten Vorgaben der SS verfasst werden mussten. Es war nur eine Handvoll von Krankheiten erlaubt, die als Todesursache vermerkt werden durften. Zudem wurde streng darauf geachtet, dass immer ein gewisser Zeitabstand, wenn auch nur Minuten, zwischen den dokumentierten Todesdaten bestand. Insofern ist eine Angabe über Todesursache, Todeszeitpunkt und -ort jedenfalls nur nach den Vorgaben der SS-Mörder erfolgt. Die Angaben entsprechen in den wenigsten Fällen der Wahrheit. Geringste Zuwiderhandlungen der Schreiberinnen hätten ihre sofortige Liquidation bedeutet. Menschen, die sofort nach Ankunft für die Gaskammern selektiert wurden, sind nicht erfasst worden. Diese Vorgehensweise wurde in allen Konzentrationslagern praktiziert.

92 Quelle: Archiv Stiftung Gedenkstätten Buchenwald und Mittelbau-Dora. Bundesarchiv - Berlin Document Center, Signatur ITS Digital Archive, Arolsen Archives 5298000 6520633

93 BLHA REP 36 A 4832.

94 BLHA REP 36 A 4832.

95 BLHA REP 36 A 4832.

96 BLHA REP 36 A 4832.

97 BLHA REP 36 A 4832.

98 vergl. Atai, Golineh, 2019.

99 BLHA REP 36 A 4832.

100 Nach dem deutschen Überfall auf Polen 1939 umbenannt in Litzmannstadt.

101 BLHA REP 36 A II 24341 S. 49.

102 vergl. Görtemaker, Manfred / Safferling, Christoph, 2017.

103 Der Künstler Gunter Demnig erinnert an die Opfer der NS-Zeit, indem er vor ihrem letzten selbstgewählten Wohnort Gedenktafeln aus Messing ins Trottoir einlässt. Inzwischen liegen STOLPERSTEINE in 1265 Kommunen Deutschlands und in einundzwanzig Ländern Europas. ‚Ein Mensch ist erst vergessen, wenn sein Name vergessen ist', zitiert Gunter Demnig den Talmud. Mit den Steinen vor den Häusern wird die Erinnerung an die Menschen lebendig, die einst hier wohnten. Auf den Steinen steht geschrieben: HIER WOHNTE... Ein Stein. Ein Name. Ein Mensch.

104 Siehe auch Ausführungen zu Jenny Gold und Egon Teller.

105 Yad Vashem, Datenbank zu den Deportierten im Rahmen der Shoah (http://www.yadvashem. org).

106 BArch: https://www.bundesarchiv.de/gedenkbuch/de1187016 (abgerufen 13.10.2017).

107 In der Kantstraße 158, Berlin, hatte die Reichsvereinigung der deutschen Juden (später Reichsvereinigung der Juden in Deutschland) seinen Hauptsitz. Die Reichsvereinigung war eine von den Nationalsozialisten eingerichtete Zwangsvereinigung, die sich zunächst um die Auswanderung von Juden aus Deutschland kümmerte. Später wurde die Reichsvereinigung angewiesen, die jüdische Bevölkerung zu erfassen für die geplante Deportation. Da Lena zur Kantstraße gegangen ist, kann vermutet werden, dass Sie bei der Zentrale der Reichsvereinigung der deutschen Juden vorstellig geworden ist, um etwas zu klären. Siehe auch Exkurs zur Reichsvereinigung der deutschen Juden.

108 Nachlass Hedda Selke, geb. Löwenthal, Jüdisches Museum, Berlin, Brief vom 27.02.1942/ Dok 90/1/51.

109 Quelle: Institut für Zeitgeschichte München – Berlin, Prof. Dr. Andreas Wirsching, München.

110 - 113 u. 115 - 115 a,b,c Nachlass Hedda Selke, geb. Löwenthal, Jüdisches Museum, Berlin, Brief vom 17.02.1942/Dok 90/1/52, Brief vom 30.04.1942/Dok . 90/1/53, Brief vom 21.05.1942/ Dok . 90/1/55, Brief vom 28.05.1942/Dok . 90/1/56, Brief vom 18.06.1942/Dok . 90/1/61, Brief vom 21.06.1942/Dok . 90/1/62, Brief vom 28.06.1942/Dok . 90/1/63, Brief vom 20.07.1942/Dok . 90/1/68.

114 Soll vielleicht Zepernick heißen.

116 BArch R 1509 Reichssippenhauptamt, VZ'39 Ergänzungskarten für Angaben über Abstammung und Vorbildung aus der Volkszählung vom 17.05.1939.

117 Freier, Thomas (2015), Statistik und Deportation: http://www.statistik-des-holocaust.de/ OT33-93.jpg (abgerufen 27.01.2019).

118 Yad Vashem, Datenbank zu den Deportierten im Rahmen der Shoah (http://www.yadvashem. org).

119 BArch: https://www.bundesarchiv.de/gedenkbuch/de1113028 (abgerufen 13.10.2017).

120 Quelle: Auschwitz-Birkenau State Museum, ul. Wieźniów Oświęcimia 20, 32-603 Oświęcim, Poland.

121 Quelle: Wikipedia: https://de.wikipedia.org/wiki/KZ_Auschwitz_III_Monowitz (abgerufen: 17.09.2019).

122 Quelle Wikipedia: https://de.wikipedia.org/wiki/Gerhard_Neubert.

123 KArchLKBarnim: Eintragung Standesamt unter der Nummer 2067/1955.

124 KArchLKBarnim: Eintragung Standesamt unter der Nummer 193/1971.

125 KArchLKBarnim: Eintragung Standesamt unter der Nummer 14/51.

126 Sammlung Gerlach. Brief vom 23.01.1989 an den Rat der Gemeinde Bernau.

126a Quelle: Ton-Datei beim Verfasser

127 Sammlung Gerlach. Brief von Heinz Meitner an Rosa Meitner anlässlich des Geburtstages von Rosa Meitner (undatiert).

128 Sammlung Gerlach. Brief der Hilfsvereinigung der Juden an Rudolf Meitner vom 04.08.1939.

129 Sammlung Gerlach. Brief der Hilfsvereinigung der Juden an Rudolf Meitner vom 30.10.1939.

130 „Persilschein" – nach dem Namen des Waschmittels „Persil" – meint das symbolische Reinwaschen, durch das man sich sozusagen eine „reine" oder „weiße Weste" verschaffen wollte.

131 International Tracing Service (ITS), Bad Arolsen.

132 BArch R 1509 Reichssippenhauptamt, VZ'39 Ergänzungskarten für Angaben über Abstammung und Vorbildung aus der Volkszählung vom 17.05.1939.

132a BLHA Akte 211, Bl. 432

132b BLHA Akte 211, Bl. 433

132c BLHA Akte 211, Bl. 431

132d BLHA Rep. 161, NS-Archiv, Obj. 04 ZB, Nr. 2940

132e Kreisarchiv Barnim K.I.11359

133 BArch R 1509 Reichssippenhauptamt, VZ'39 Ergänzungskarten für Angaben über Abstammung und Vorbildung aus der Volkszählung vom 17.05.1939.

134 BArch R 1509 Reichssippenhauptamt, VZ'39 Ergänzungskarten für Angaben über Abstammung und Vorbildung aus der Volkszählung vom 17.05.1939.

135 Auskunft der Pass- und Meldebehörde, Panketal

136 Kreisarchiv Barnim K.I. 11032 und K.I.11792.

137 Kreisarchiv Barnim E.I.20130.

138 Geschichtsverein Panketal: Tonbandaufnahme Heinz Nitschke „Vom Aufbau eines Kulturlebens in Zepernick".

139 Bericht des stud. theol. A. Wunder von 1987.

140 Kreisarchiv Barnim E.I.20130.

141 Kreisarchiv Barnim E.I.20130 und K.I.11827/2.

142 BArch R 1509 Reichssippenhauptamt, VZ'39 Ergänzungskarten für Angaben über Abstammung und Vorbildung aus der Volkszählung vom 17.05.1939.

143 BArch R 1509 Reichssippenhauptamt, VZ'39 Ergänzungskarten für Angaben über Abstammung und Vorbildung aus der Volkszählung vom 17.05.1939.

144 https://www.familysearch.org/de/.

145 Sammlung Gerlach: Gesprächsprotokoll Gerlach/W[…] vom 24.03.2003.

146 BArch R 1509 Reichssippenhauptamt, VZ'39 Ergänzungskarten für Angaben über Abstammung und Vorbildung aus der Volkszählung vom 17.05.1939.

147 Bericht des stud. theol. A. Wunder von 1987.

148 Auskunft Katasteramt Eberswalde zum Zeichen A61/3-1-1109/19

149 Freier, Thomas (2015), Statistik und Deportation: http://www.statistik-des-holocaust.de/OT28-46.jpg (abgerufen 08.05.2019).

150 Yad Vashem, Datenbank zu den Deportierten im Rahmen der Shoah (http://www.yadvashem.org).

151 BArch: https://www.bundesarchiv.de/gedenkbuch/de1158859 (abgerufen 08.05.2019).

152 Panketaler Geschichtsverein „Heimathaus" e.V.: Marke für Kleiderbügel aus dem

ehemaligen Kaufhaus Seelig.
153 BLHA Grundakte Zepernick Bd. 45 Bl. 1379 und Bd. 43 Bl. 1338 – Kaufvertrag Seelig/
Boenisch
154 RGBl I 1938 S. 1709-1712
155 Vergl. Hartmannsgruber (2008) S. XXII ff. (Staatsbibliothek Berlin, Potsdamer Straße 38
MA 39-5: HB 7 - Handbibliothek) und Seger, Walter: Wiederaufnahme, Lübbecke 1933 - 1945
156 Bericht des stud. theol. A. Wunder von 1987.
157 https://www.joodsmonument.nl (abgerufen 25.10.2019.)
158 ITS Digital Archive, Bad Arolsen. Es handelt sich dabei um Karteikarten aus der Kartothek
des Judenrates in Amsterdam, die Transportliste vom Sammel- und Durchganglagers Westerbork
zum KZ Auschwitz sowie die Sterbeurkunden für Hella und Emil Seelig.
159 „Pneumonie" ist der medizinische Fachbegriff für eine Lungenentzündung. Im Gegensatz
zur einfachen Bronchitis ist bei der Pneumonie das gesamte Lungengewebe betroffen und der
Verlauf in der Regel schwerer. Bei deutlicher Beteiligung der Pleura (Rippenfell) in Form einer
Pleuritis wird im klinischen Sprachgebrauch von Pleuropneumonie gesprochen.
160 Shelley, Lore (1992). In diesem Buch wird geschildert, wie die Todesmeldungen von
den „Schreiberinnen des Todes" im Vernichtungslager Auschwitz nach exakten Vorgaben
der SS verfasst werden mussten. Es war nur eine Handvoll von Krankheiten erlaubt, die als
Todesursache vermerkt werden durften. Zudem wurde streng darauf geachtet, dass immer
ein gewisser Zeitabstand, wenn auch nur Minuten, zwischen den dokumentierten Todesdaten
bestand. Insofern ist eine Angabe über Todesursache, Todeszeitpunkt und –ort jedenfalls nur
nach den Vorgaben der SS-Mörder erfolgt. In den meisten Fällen wurde als Todesort „Auschwitz,
Kasernenstraße" angegeben. Die Angaben entsprechen in den wenigsten Fällen der Wahrheit.
Geringste Zuwiderhandlungen der Schreiberinnen hätten ihre sofortige Liquidation bedeutet.
Menschen jüdischen Glaubens, die sofort nach Ankunft für die Gaskammern selektiert wurden,
sind nicht erfasst worden.
161 ITS Digital Archive, Bad Arolsen.
162 ITS Digital Archive, Bad Arolsen.
163 ITS Digital Archive, Bad Arolsen.
164 ITS Digital Archive, Bad Arolsen.
165 Het Utrechts Archief, NL-UtHUA_A157406_000009.
166 Auschwitz-Birkenau State Museum, ul. Wieźniów Oświęcimia 20, 32-603 Oświęcim,
Poland.
167 Auschwitz-Birkenau State Museum, ul. Wieźniów Oświęcimia 20, 32-603 Oświęcim,
Poland.
168 https://de.wikipedia.org/wiki/Walter_Quakernack: Der unterzeichnende Standesbeamte
in Auschwitz, Walter Konrad Quakernack (* 09.07.1907 † 11.10.1946 in Hameln) war ein
deutscher SS-Oberscharführer und Angehöriger der Politischen Abteilung (Lagergestapo)
im KZ Auschwitz. Walter Quakernack, Mitglied der SS (SS-Nr. 125.266), war ab Juni 1940
Angehöriger der Lagermannschaft des KZ Auschwitz. Er fungierte dort als Referent in
der Politischen Abteilung (Lagergestapo), dann im Aufnahme- und Entlassungsbüro und
leitete danach das Lagerstandesamt. Zudem war er Leiter der Krematoriumsverwaltung
des Stammlagers und soll Ende 1941 in Block 11 an der ersten Vergasung sowjetischer
Kriegsgefangener teilgenommen haben. Des Weiteren erschoss er KZ-Insassen an der Schwarzen
Wand und im Alten Krematorium. Am 01.09.1942 erfolgte seine Beförderung vom Unter-
zum Oberscharführer und ein Jahr später, am 15.09.1943, erhielt er das Kriegsverdienstkreuz
II. Klasse mit Schwertern. Im Oktober 1943 kam es zu einem Zwischenfall, bei dem die
Tänzerin Franciszka Mann Quakernack seine Waffe entwendete und mit dieser einen SS-
Mann tötete sowie einen weiteren verletzte. Ab April 1944 leitete Quakernack das Nebenlager
Laurahütte des KZ Auschwitz III Monowitz. Dieses Lager, eine Gießerei und Berghütte der
Königs- und Bismarckhütte A.G., wurde im Januar 1945 im Zuge der Evakuierung des KZ
Auschwitz geräumt und die KZ-Insassen in das Außenlager des KZ Neuengamme Hannover-

Mühlenberg überführt. Dort mussten die KZ-Insassen unter dem Lagerleiter Quakernack bei der Hannoverschen Motoren AG (Hanomag) für die Rheinmetall-Borsig AG Flakgeschütze produzieren. Nach der Räumung dieses Lagers am 06.04.1945 gelangten die KZ-Insassen unter Quakernack nach einem „Todesmarsch" am 08.04.1945 in das KZ Bergen-Belsen, welches am 15.04.1945 befreit wurde. Vom britischen Militärgerichtshof wurde Quakernack im zweiten Bergen-Belsen-Prozess am 30.05.1946 in Celle wegen seiner Taten im KZ BergenBelsen und Auschwitz zum Tode verurteilt. Das Urteil wurde am 11.10.1946 im Gefängnis Hameln durch den Henker Albert Pierrepoint vollstreckt (abgerufen 26.10.2019)

169 BArch R 1509 Reichssippenhauptamt, VZ'39 Ergänzungskarten für Angaben über Abstammung und Vorbildung aus der Volkszählung vom 17.05.1939.

170 Bericht des stud. theol. A. Wunder von 1987.

171 Freier, Thomas (2015), Statistik und Deportation: http://www.statistik-des-holocaust.de/ OT28-45.jpg (abgerufen 08.05.2019).

172 Yad Vashem, Datenbank zu den Deportierten im Rahmen der Shoah (http://www.yadvashem. org).

173 BArch: https://www.bundesarchiv.de/gedenkbuch/de1158804 (abgerufen 21.10.2019).

174 BArch: https://www.bundesarchiv.de/gedenkbuch/de1158867 (abgerufen 21.10.2019).

175 Sammlung E. u. P. Pohl.

176 Sammlung E. u. P. Pohl.

177 Foto Sammlung E. u. P. Pohl

178 Sammlung E. u. P. Pohl..

179 Sammlung E. u. P. Pohl: Schreiben V.f.L. „Sportfreunde" Zepernick vom 20.04.1933 an den „Verband brandenburgischer Athletik-Vereine".

180 Sammlung E. u. P. Pohl: Schreiben V.f.L. „Sportfreunde" Zepernick vom 20.04.1933 an den „Verband brandenburgischer Athletik-Vereine".

181 Sammlung E. u. P. Pohl: Schreiben V.f.L. „Sportfreunde" Zepernick vom 28.04.1933 an den „Verband brandenburgischer Athletik-Vereine".

182 Sammlung E. u. P. Pohl: Rundschreiben Nr. 16/1933 V.B.A.V. vom 22.05.1933.

183 Sammlung E. u. P. Pohl: Handschriftliches Schreiben V.f.L. „Sportfreunde" Zepernick vom 24.05.1933 an den „Verband brandenburgischer AthletikVereine".

184 DIE ZEIT, Jg. 1984, Ausgabe 51 vom 14.12.1984.

185 Der Verfasser verwendet den Ausdruck „Machtverschiebung" statt des im allgemeinen Sprachgebrauch verwendeten Begriffs „Machtergreifung". Nach der Auffassung des Verfassers wurde die Diktatur der Nationalsozialisten nicht im Handstreich durch einen Putsch etabliert, wie „Machtergreifung" vielleicht suggeriert, sondern die Machtverschiebung von der Weimarer Republik zum sogenannten 3. Reich, einer Diktatur, kam durch Wahlerfolg zustande, wenn auch unter fragwürdigen Begleiterscheinungen. Zudem ist „Machtergreifung" ein von den Nationalsozialisten geprägtes Schlagwort, obwohl es von den Protagonisten des 3. Reiches in der Öffentlichkeit sehr wenig verwendet wurde, weil man die gemäßigten Kreise anfänglich nicht „verschrecken" wollte. Insofern wollte der Verfasser diese Vokabel, auch weil ihm der Begriff zu unpräzise erschien, nicht übernehmen.

186 Vergl.: https://de.wikipedia.org/wiki/Auschwitzprozesse (abgerufen 28.10.2019).

187 Vergl.: Artikel des Deutschlandfunk "70 Jahre Grundgesetz" vom 03.04.2019 https:// www.deutschlandfunk.de/70-jahre-grundgesetz-als-dietodesstrafe-abgeschafft-wurde.724. de.html?dram:article_id=445402 (abgerufen 28.10.2019).

188 Vergl.: http://www.auschwitz-prozess-frankfurt.de (abgerufen 29.10.2019) Eine Produktion im Auftrag der SAALBAU GmbH in Kooperation mit dem Fritz Bauer Institut Frankfurt am Main.

189 Vergl. in Teilen bei Wikipedia: https://de.wikipedia.org/wiki/Oskar_Gr%C3%B6ning.

190 LG München II, Urteil vom 15.05.2011 (1 Ks 12496/08).

191 Vergl. Huth; Peter (2015)

192 BArch R 1509 Reichssippenhauptamt, VZ'39 Ergänzungskarten für Angaben über

Abstammung und Vorbildung aus der Volkszählung vom 17.05.1939.

193 Auskunft des deutschen Generalkonsulates in Sao Paulo, Brasilien vom 31.10.2019.

194 BArch R 1509 Reichssippenhauptamt, VZ'39 Ergänzungskarten für Angaben über Abstammung und Vorbildung aus der Volkszählung vom 17.05.1939.

195 BArch: https://www.bundesarchiv.de/gedenkbuch/de1168041 (abgerufen 08.05.2019).

196 Yad Vashem, Datenbank zu den Deportierten im Rahmen der Shoah (http://www.yadvashem. org).

197 Yad Vashem, (https://www.yadvashem.org/de/holocaust/about/final-solution/death-camps. html#narrative_info) abgerufen am 24.01.2020.

198 BArch R 1509 Reichssippenhauptamt, VZ'39 Ergänzungskarten für Angaben über Abstammung und Vorbildung aus der Volkszählung vom 17.05.1939.

199 Freier, Thomas (2015), Statistik und Deportation: http://www.statistik-des-holocaust.de/ OT12-2.jpg (abgerufen 06.11.2019).

200 BArch R 1509 Reichssippenhauptamt, VZ'39 Ergänzungskarten für Angaben über Abstammung und Vorbildung aus der Volkszählung vom 17.05.1939.

200a Quelle: Archiv des Landkreises Barnim; Eberswalde, Deutschland; *Personenstandsregister Sterberegister*; Laufendenummer: *1089*. Quelleninformation: Ancestry.com. *Landkreis Barnim, Deutschland, Sterberegister 1874-1966* [database on-line]. Lehi, UT, USA: Ancestry.com Operations, Inc., 2017. Ursprüngliche Daten: Archiv des Landkreises Barnim. *Personenstandsregister Sterberegister.* Eberswalde, Deutschland.

201 Aufzeichnungen das Standesamtes Zepernick 524/958, 100/1968 – Kreisarchiv Landkreis Barnim, Eberswalde.

201a Quelle: Archiv des Landkreises Barnim; Eberswalde, Deutschland; *Personenstandsregister Sterberegister*; Laufendenummer: *1089*. Quelleninformation: Ancestry.com. *Landkreis Barnim, Deutschland, Sterberegister 1874-1966* [database on-line]. Lehi, UT, USA: Ancestry.com Operations, Inc., 2017. Ursprüngliche Daten: Archiv des Landkreises Barnim. *Personenstandsregister Sterberegister.* Eberswalde, Deutschland.

202 BArch: https://www.bundesarchiv.de/gedenkbuch/de1182212 (abgerufen 28.02.2020).

203 Freier, Thomas (2015), Statistik und Deportation: http://www.statistik-des-holocaust.de/ OT31-75.jpg (abgerufen 01.05.2020)

204 https://www.stolpersteine-berlin.de/de/biografie/7293 (abgerufen 01.05.2020)

205 BLHA Bestand Rep. 2 A Regierung Potsdam I HG (Nr. 211)

206 BLHA Bestand Rep. 2 A Regierung Potsdam I HG (Nr. 211, Seite 259)

207 BLHA Bestand Rep. 2 A Regierung Potsdam I HG (Nr. 211, Seite 271)